정보화시대의 신성장국가론

나남출판

나남신서 1151

정보화시대의 신성장국가론

2006년 7월 10일 발행
2006년 7월 10일 1쇄

저자_ 홍성걸·윤석만 外
발행자_ 趙相浩
편집_ 방순영·김지환
디자인_ 이필숙
발행처_ (주) **나남출판**
주소_ 413-756 경기도 파주시 교하읍
출판도시 518-4
전화_ (031) 955-4600 (代), FAX : (031) 955-4555
등록_ 제 1-71호(79.5.12)
홈페이지_ http://www.nanam.net
전자우편_ post@nanam.net

ISBN 89-300-8151-7
ISBN 89-300-8001-4(세트)
책값은 뒤표지에 있습니다.

나남신서 · 1151

# 정보화시대의 신성장국가론

유석진 · 한영빈 · 홍성걸 · 홍동표 · 심상민
윤석만 · 김인영 · 윤진효 · 송위진

NANAM
나남출판

# The State in the Information Era

*by*

Hong, Sung Gul · Yoon, Seok-Man
and Associates

NANAM
NANAM Publishing House

머리말

# 왜 신성장국가론인가

2006년 3월 노무현 대통령은 아프리카를 순방했다. 이때 이집트와 나이지리아, 알제리 등 아프리카의 주요 국가들에 대한 국빈방문에서 노 대통령 일행은 성대한 환영을 받았다. 한국은 그 동안의 경제발전과 정치적 민주화를 성공적으로 이룩한 모범국가로서 이제 아프리카 국가들뿐만 아니라 전 세계 대다수국가들의 선망의 대상이 된 것이다.

1945년 8월, 제 2차 세계대전이 막 끝난 후 분단된 한국의 현실은 참으로 비참했다. 경제규모나 1인당 국민소득, 인구, 산업생산 등 제반 경제지표에서 당시 우리나라와 가장 유사한 국가는 아프리카의 가나였다. 그러나 60여 년이 지난 2004년 말 현재, 한국은 아프리카에 있는 모든 국가들(53개국)의 GDP를 모두 합친 것(약 6,000억 달러)보다 더 많은 6,700억 달러의 GDP를 생산했고, 2005년 멕시코를 제외한 중남미 34개국의 수출액을 모두 합친 2,000억 달러보다 더 많은 2,900억 달러를 수출했다.[1] 지난 60여 년간의 노력으로 한국은

1) 조선일보, http://www.chosun.com/editorials/news/200603/20063140478.html 참조.

세계 11위의 경제대국으로 성장했지만, 가나는 60년 전과 크게 다를 바 없이 여전히 그 상태로 남아 있다.

한국의 경제성장에 대한 수많은 연구들은 하나같이 과감하고 효율적인 정부와 정치지도자의 강력한 추진력, 민간기업의 끝없는 도전정신과 창의력, 근면하고 검소한 국민들과 높은 교육열 등이 한데 어우러져 냉전시기에 주어진 세계시장의 진출기회를 최대한 활용하였기에 이러한 발전을 이룩할 수 있었다고 분석한다. 그러나 언제부터인가 발전의 원동력이었던 한국의 정부, 정치지도자들은 성장과 발전의 장애물처럼 인식되기 시작했고, 제발 정부가 가만히만 있어주면 좋겠다는 자조 섞인 기업인들의 푸념이 일상화되기에 이르렀다. 그러다 보니 한국은 아시아의 경쟁국가들 가운데 가장 성장률이 낮은 저성장국가가 되었고, 환율변동에 따른 소득의 변화를 제외하면 사실상 10년 가까이 제자리걸음을 하였다.[2]

정부는 해외직접투자를 유치하기 위해 최선을 다하겠다고 하지만 외국기업의 국내투자는 지지부진하기만 하다. 그에 반해 국내기업들의 해외투자는 2004년 57억 1천만 달러로 사상최고를 기록한 후 계속 증가하였다. 국내기업의 해외투자 규모도 2004년에는 1억 달러를 넘는 투자가 불과 6건에 불과하였으나,[3] 2006년에는 현대·기아자

---

2) 2005년 중국의 경제성장률은 9.9%에 달했으나 우리나라는 4.0%에 불과하였다.

3) 2004년 1억 달러 이상 해외투자는 LG전자의 영국 전자제품 공장 2억 5천만 달러, 현대자동차의 미국 자동차 도소매망 구축 2억 3천만 달러, 하이닉스반도체의 미국 반도체공장 2억 달러, 삼성전자의 일본 전자제품 도소

동차만 하더라도 미국 조지아 주에 12억 달러, 체코에 약 10억 유로 등 대규모 현지투자를 단행하기로 하였고, 삼성전자는 이미 모든 PC 생산라인을 중국을 비롯한 해외생산기지로 이전하였다. 해외직접투자를 유치하기는커녕 국내 대기업의 투자마저도 다른 국가에 빼앗기고 있는 것이다.

기업이 해외투자를 단행할 때에는 그만한 이유가 있겠지만 결과적으로는 해외투자로 고용할 현지직원의 숫자만큼 우리의 일자리가 수출된 것을 의미한다. 해외기업의 투자를 유치하려고 노력하는 만큼 국내기업의 투자를 유치하기 위한 노력은 왜 이루어지지 않는 것일까? 그들이 외국에 투자해서 얻을 수 있는 이익만큼의 유인을 제공해야 하는 것은 아닌가?

우리나라는 후발공업국가 중에서는 보기 드물게 삼성전자나 POSCO, 현대자동차, LG전자 등 세계적 대기업들을 보유하고 있다. 대부분의 후발공업국들이 국내자본을 키우기보다는 거대한 다국적기업들에 의해 국내경제가 지배되는 데 반하여 우리나라는 포춘 1,000대 기업의 리스트에 당당히 들어가는 대기업들을 수두룩하게 보유하고 있다. 그렇지만 일부 대기업들의 엄청난 흑자에도 불구하고(삼성전자는 2005년도에만 10조 원이 넘는 흑자를 기록했다!), 지난

매망 구축 1억 3천만 달러, 비오이하이디스테크놀로지의 중국 TFT-LCD 공장 1억 2천 3백만 달러, 다음커뮤니케이션의 미국 인터넷서비스업 1억 1천만 달러 등 6건이다. 《동아일보》 2005. 1. 31 (http://www.dongailbo.co.kr/fbin/output?f=totalba&code=ba_&n=2005013002, 검색일: 2006. 3. 29).

1997년 외환위기 이후 한국의 경제와 산업경쟁력은 제자리걸음을 반복했다. 중국이나 베트남, 아일랜드 등 선후진국을 막론하고 다른 나라들은 매년 8~9%가 넘는 고도성장을 지속하는데 말이다. 왜 그럴까? 어떻게 하면 이 어려움을 극복하고 다시 도약하여 선진국으로 발돋움할 수 있을까? 과거 한국경제의 성장과 발전을 주도한 국가는 21세기 국가경쟁력을 제고하기 위해 어떤 역할을 해야 할 것인가?

이 책은 이러한 고민에 대한 나름대로의 해답을 찾으려는 노력으로 준비되었다. 여기에 실린 논문들 중 일부는 지난 2004년 한국정치학회(회장: 심지연 경남대 교수) 연말학술대회 기간중 동아일보사 후원으로 준비된 특별세미나에서 발표되었던 논문들을 수정·보완하였으며, 일부는 이 책의 목적에 공감하고 기꺼이 동참해 준 동료교수와 학자들의 노작이다. 이 책에서는 필자들의 전공분야와 그 동안 연구해온 지식과 경험을 모아 정보화시대 경제성장을 지속할 수 있는 국가의 역할과 대안을 모색해 보고자 하였다.

미래를 준비하기 위해서는 먼저 과거를 되돌아 볼 필요가 있다. 유석진·한영빈은 1960년대부터 1980년대에 이르기까지 이른바 개발연대시기의 경제 및 산업발전과정의 동학을 통해 국가와 시장의 상호작용을 분석하였다. 이 시기는 한국의 경제발전과정에서 가장 역동적 시기였으며 세계에서 가장 짧은 시간 동안에 농업사회에서 산업사회로 변모한 시기였다. 필자들은 경공업과 중화학공업을 연이어 발전시키기 위해 국가가 어떤 역할을 했으며, 시간이 지나면서 국내경제 및 사회구조의 변화와 세계경제 및 시장여건의 변화에 따라 국가의 역할이 어떻게 변했는가를 설명하였다. 개발연대 한국의 국가는 산업발전의 주도자에서 적극적 지원자로, 그리고 다시 규제자로 그 성격과 능력이 변화했으며, 각종 전자공업진흥회를 비롯한 산업협회들이 국가와 관련기업을 매개하는 역할을 수행하였다. 이러한 분석을 바탕으로 필자들은 1990년대 이후 급속한 정보화와 글로벌화의 영향으로 금융의 역할이 크게 증가함에 따라 한국은 금융부분에 대한 관심과 정책을 더욱 강화시켜야 할 것으로 진단하였다.

전자, 반도체, 디스플레이, CDMA를 비롯한 IT 산업의 발전과정에서 나타난 국가의 역할을 분석한 홍성걸은 시간이 경과함에 따라 산업발전과정에서 국가의 역할이 줄어드는 일반적 경향과 함께 CDMA산업처럼 1990년대 이후에 나타났지만 국가가 기술개발과 시장창출의 주도적 역할을 담당함으로써 국제경쟁력을 확보한 산업도 있다는 것을 입증해 시간의 흐름에 따른 산업의 성숙도보다는 산업이나 기술, 시장 등의 특성에 따라서 국가역할이 다양하게 나타날 수 있음을 강조하고 있다. 또 대체로 1990년대 이후의 IT 산업 발전에 나타나는 국가역할을 '시장창출형'으로 특성화하고, 향후 민간기업의 역량, 시장경쟁원칙의 적용, 기업활동에 우호적인 환경조성, 국가실패의 가능성 등을 적절히 인식하여 국가역할이 조정되어야 한다고 주장한다.

이 책에서는 이러한 과거의 경험을 바탕으로 미래 성장동력으로 관심을 끌고 있는 산업의 발전을 위한 국가의 역할에 대하여도 분석 · 예측하였다. 최근 IT 기술의 발전에 따른 디지털융합(컨버전스) 경향을 중심으로 IT 산업의 발전기회와 위기를 분석한 홍동표는 디지털 컨버전스 시대의 산업발전을 위한 국가역할로 (1) 불확실성의 해소를 통한 새로운 기술과 사업에 대한 투자환경 조성, (2) 기술발전의 능동적 수용으로 신규서비스의 조기상용화, (3) 네트워크-서비스-콘텐츠-기기의 선순환효과를 실현할 수 있는 콘텐츠와 킬러 애플리케이션의 개발, (4) 핵심기술과 전문인력 등 IT 경쟁력기반의 확충 등을 제시하였다. 또 심상민은 지난 몇 년간 중국, 일본, 동남아 등을 중심으로 급증하는 한류에 대한 관심을 문화콘텐츠 산업으로 연결하여 국가성장의 동력으로 활용하기 위해서는 한류의 4대 성장코드라고 할 수 있는 응집·신명·개조·역동의 정신을 각각 국가자원 결집과 재배치, 신명은 기업 문화마케팅 강화, 연예산업 빅 브랜드 그룹화 및 세계시민의식의 고취로 각각 격상되어야 하고, 정부는 그러한 방향으로 정책을 이끌어갈 수 있도록 체계적 로드맵을 준비해 착실히 노력해야 한다고 주장한다.

참여정부는 미래의 신성장동력을 유망산업에서 찾아왔지만, 남들이 갖지 못한 우리만의 신성장동력인 재벌이나 대기업들도 앞으로 우리의 산업경쟁력을 제고시킬 매우 중요한 기반구조이다. 박정희 대통령 당시 산업화를 위해 온갖 어려움을 극복하고 막대한 투자와 강력한 리더십을 바탕으로 출발한 POSCO는 오늘날 세계적 철강기업으로 우뚝 섰다. 윤석만은 포항제철에 사원으로 입사하여 30년 넘게 근무한 자신의 경험을 바탕으로 오늘날의 POSCO를 있게 한 정부의 역할을 창업기, 수성기, 경장기로 나누고, 각 단계별로 리더십유형과 내부관리기관의 형성 및 변화를 설명함으로써 국가주도형 경제발전전략의 실천적 사례를 실증적으로 분석하였다.

공기업인 POSCO와 비교하여 순수 민간기업으로서 오늘날 한국의 대표적 기업으로 발돋움한 삼성의 성장과정은 또 다른 의미의 성장동력이다. 김인영은 한국의 개발연대를 설명하는 대부분의 연구가 국가의 주도적 역할에 관심을 가지면서 정작 실제 경제성장에 기여한 기업의 활동이나 기업가의 의사결정에 대한 실증적 연구가 부족함을 지적한다. 국가주도형 산업화시기에(창업기부터 1987년까지) 삼성은 정부의 정책을 무조건적으로 추종했다기보다는 오히려 기업이 경제 및 시장환경의 변화를 일으킬 수 있는 대규모투자를 단행하고 정부와 때로는 협력하고 때로는 갈등하면서 세계시장에서 나타나는 기회와 위협에 적극적으로 대응했고, 그에 따라 오늘날 세계적인 대기업으로 성장할 수 있는 기반이 마련되었음을 강조하였다.

국가경쟁력의 또 다른 척도는 기술능력이다. 특히 향후 IT와 BT, CT 등 미래 성장동력 산업들의 복합적 발전을 주도해 나가는 성장원천은 과학기술분야의 국가능력이다. 윤진효는 한국의 경제발전과정에서 기술정책이 주목을 받지 못해 왔지만, 한국기업들이 짧은 기간 동안에 기술능력을 축적할 수 있었던 것은 기술능력 발전을 위한 정부의 강력한 과학기술정책과 기업들의 적극적 연구개발 노력이 어우러진 결과라고 주장한다. 이를 입증하기 위해 윤진효는 한국의 기술능력 단계를 모방, 내재화, 혁신의 3단계로 구분하고, 각 단계에서의 기술능력 지표값들의 변화와 정부의 기술정책을 시계열적으로 분석하였다.

송위진은 과거 우리나라의 경제발전을 가능케 한 많은 원인 중 한국의 혁신체제에 주목하여 그 변화를 분석하였다. 지금까지 한국의 기술혁신체제의 구조적 특성이 '모방형 · 각개약진형'이었다면 한국경제의 지속적 발전과 선진화를 위해 앞으로 우리가 지향해야 할 기술혁신체제는 '창조형 · 혁신공동체형'으로 특징지을 수 있다. 송위진은 원천기술 창출능력을 가진 기업들을 중심으로 국가의 과학기술혁신체제가 재구조화되어야 한다는 입장에서 이를 위한 제도적 과제와 대안들을 논의하였다.

21세기 초반의 한국은 경제와 산업의 측면에서 매우 중요한 전환기를 맞고 있다. 기업들의 성적은 그런 대로 괜찮은데, 어찌된 일인지 국내 경제상황과 일자리 등 서민경제의 어려움은 가중되었다. 이른바 가진 자와 가지지 못한 자들 간의 양극화현상이 크게 나타나고 있고, 정치권은 서로 책임을 떠넘기기에 바쁘다. 길거리에는 손님을 맞지 못한 택시들이 즐비하게 차선을 막아서고 있고, 수십 개의 작은 식당이나 가게들이 생겼다가는 문을 닫는 현실이 반복되고 있다. 대학을 졸업한 젊은이들이 일자리를 구하지 못해 '이태백'(이십대의 태반이 백수)이 늘어가는가 하면, 40대 이후의 실직자가 급증하는 '사오정'(사오십대 정년)과 '오륙도'(오륙십대까지 직장에 남아 있으면 도둑놈)라는 말은 이미 빛바랜 유행어가 되었다. 막대한 흑자를 기록하는 기업들도 미래가 불안하여 투자를 단행하지 못하여 사내 유보자금이 급격히 늘어나고 있고, 신규투자보다는 경영권방어를 위해 자사주를 매집하는 데 주력하는 등 자금이 생산적으로 사용되지 못하고 있다. 실업자와 비정규직 노동자들이 즐비한데, 가장 임금수준이 높은 제조업의 정규직 노동자들이 임금을 올려달라고 파업하는 도덕적 해이는 이제 이야깃거리도 되지 않는다. 이럴 때 국가는 무엇을, 어떻게 해야 하는가? 왜 대한민국호는 이처럼 표류하는가? 이를 반전시키고 국가발전의 동력을 회복할 길은 없는가?

개인이나 집안의 흥망성쇠가 반복되는 것처럼 국가도 오르막과 내리막을 반복할 수밖에 없다. 하지만 오르막을 얼마나 장기화시키고 내리막을 어떻게 최소화시키느냐에 따라 한 국가는 흥하기도 하고 망하기도 한다. 이 책에서 필자들은 과거와 현재, 그리고 미래 경제사회의 발전을 위한 국가역할의 변화를 설명하고자 하였다. 다양한 산업과 기업들, 그리고 첨단기술의 발전을 위한 기술정책과 기술혁신체제에 이르기까지 지나온 길을 되돌아보고 미래를 준비하는 마음을 이 책에 담았다.

끝으로 이 책을 기획하고 관련학자들이 발표할 수 있는 장을 만들어주신 2004년 한국정치학회 회장 심지연 교수님과 총무이사 마인섭 교수님께 심심한 감사의 말씀을 드린다. 어려운 환경에서도 기꺼이 출판을 맡아주신 나남출판의 조상호 사장님과 여러 직원들, 그리고 편집과 교정에 애쓴 김광문, 송재황 조교에게 필자들을 대신하여 감사의 뜻을 표한다.

2006년 6월

필자들을 대신하여 홍 성 걸

나남신서 · 1151

# 정보화시대의 신성장국가론

## 차 례

1장

# 한국경제 및 산업발전과정의 동학

## 1960~1980년대 국가개입의 형태변화 분석을 중심으로

유석진 · 한영빈

## 1. 국가와 시장의 상호작용

한국은 해방될 당시만 하더라도 전형적인 후진국가였다. 그러나 1970년대 들어 경제개발을 성공적으로 추진하면서 한국은 후진국가의 형태에서 벗어났을 뿐만 아니라 그 후 세계경제에서 중요한 위치를 차지하는 국가로 거듭 성장하였다. 이러한 성공으로 많은 학자들이 한국의 성장원인에 대해 관심을 갖고 다양한 이론적 틀 속에서 그 원인을 설명하고자 하였다. 그 이론적 줄기는 크게 두 가지로 구분될 수 있는데, 하나는 신고전주의 경제학적 시각이며 다른 하나는 국가중심주의적 시각이다. 전자는 한국의 발전을 시장합리성에 순응하는 국가정책 속에 찾으면서 시장에 대한 국가의 보조적 역할을 강조하는 입장을 취하고, 후자는 국가가 계획합리성을 가지고 시장에 강력히

개입한 결과에서 찾으면서 시장에 대한 국가의 지배적 역할을 강조하는 입장을 특징으로 하는 시각이다.[1)]

그러나 양자의 시각은 오늘날 모두 비판받는 경향이 있다. 한국경제 및 산업발전의 동학은 시장 또는 국가와 같은 어떤 한 변수에 의해 일방적으로 주도되었다고 설명하기 어렵고 오히려 양자의 상호작용 속에서 설명되어야 한다고 보는 시각이 증가하기 때문이다.[2)] 이러한 시도들의 공통점은 무엇보다도 국가와 시장 및 그 관계에 역사적이고 구조적인 역동성을 부여하는 것이며 경제발전에서 국가의 역할을 변동적인 것으로 파악하려는 것이다(홍성걸, 1993: 3). 즉, 기존의 시각이 국가와 시장을 단순히 기능적 측면에서만 파악해 각각의 상이한 시대적 조건에 따라 국가와 시장이 다양한 형태로 상호작용하며 발전의 동학을 구성해 가는 특성을 보지 못한 점을 극복하고자 하는 것이다.

이 글의 목적은 이와 같은 문제의식하에 국가와 시장의 상호작용을 중심으로 1960년대부터 1980년대까지의 한국경제 및 산업발전 과정의 동학을 분석하고 이를 기초로 앞으로 가능한 경제발전 동학을 전망하는 데 있다. 국가와 시장의 상호작용을 분석하는 이 글의 이론적 출발점은 시장의 실패가능성과 국가개입의 필요성이다. 그러한 의미에서

---

1) 신고전주의의 입장을 대변하는 대표적 연구는 IMF와 World Bank의 다양한 간행물들을 들 수 있다. 이 외에도 동아시아 경제발전에 대한 대부분의 초기 연구가 이 입장을 견지한다고 할 수 있는데 대표적으로 콜과 라이만(Cole and Lyman, 1971)을 들 수 있다. 반면 국가중심주의적 시각의 대표적 연구로는 해거드(Haggard, 1990), 앰스딘(Amsden, 1989) 그리고 우정은(1991)을 들 수 있다.

2) 신고전주의적 입장 내에서 이런 비판의 한 예로 프리드만(Friedman, 1988)을 들 수 있고 국가중심주의 입장 내에서의 비판으로는 에반스(Evans, 1986)를 들 수 있다.

이 글은 발전의 동학을 일차적으로 국가의 역할에서 찾는다. 그러나 국가개입은 각각의 시기에 변화된 국내외적 시장조건과의 상호작용 속에서 그 형태와 성격이 다르게 규정되어 나타난다고 본다. 따라서 이 글에서는 한국정부가 변화되는 국내외적 시장조건에 어떻게 효율적으로 국가개입의 형태를 변화시켰으며, 국가발전의 동학을 구성하고자 했는지를 살펴보고자 한다.

## 2. 경제성장동학 분석을 위한 이론적 토대

### 1) 신고전주의 시각의 한계

신고전주의 경제학적 시각과 같이 시장합리성을 중심으로 국가발전의 동학을 설명하려는 시도는 궁극적으로 시장의 자기조정 능력을 믿는 사고방식에 기초한다. 이와 같은 사고방식은 경제학계를 200년 이상 지배한 일반균형이론(*general equilibrium theory*)에 뿌리를 둔 것이라고 할 수 있다.[3] 일반균형이론의 핵심은 시장에 균형이 존재한다는 것이다(Rothschild, 1981). 즉, 시장에 문제가 생길 때, 또는 다른 말로 표현해 시장에 일시적 불균형이 생길 때 시장은 자생적인 힘 또는 자기조정 능력이 있어서 궁극적으로 균형에 다시 도달하여 시장이 원활히 작동하는 데는 전혀 문제가 없다는 것이다. 이것은 신고전주의 경제학이 국가에 대한 시장의 우위를 강조하는 배경이 되는 중요한 이론적 요점이다. 이 시각에서 볼 때 국가의 개입은 오히려 시장의 순기능을 악화시키는 결과를 초래하기 때문에 국가개입보다는 시장의 원칙을 중심으로 발전을 도모해야 된다는 정당성이 도출된다.

그러나 이러한 주장은 이미 많은 학자들에 의해 이론적으로나 경험적으로 반박되었다. 이론적 측면에서 보았을 때 가장 커다란 비판점

---

3) 일반균형이론의 뿌리는 공급이 수요를 창출한다고 주장하며 공급과 수요의 균형을 주장한 세이(J. B. Say)까지 거슬러 올라갈 수 있으며 그 후에도 스미스(A. Smith), 리카도(D. Ricardo), 왈라스(L. Walras), 에로(K. J. Arrow) 및 노이만(J. von Neuman) 등으로 연결되며 오랫동안 경제학계의 기본적 사고체계를 형성시켰다고 할 수 있다. 최근에 들어서는 신자유주의적 경제정책의 사상적 배경이 되는 하이에크(F. Hayek)나 프리드만(M. Friedman)에 의해 계승되어 나타났다.

은 일반균형이론이 자신들의 시장모델을 수학적으로만 구성했다는 것이다. 그리하여 이 이론은 난해한 현대수학까지 동원해 시장에서 균형점의 존재(*existence*)를 밝혀냈지만, 구체적으로 시장행위자들이 어떠한 상호작용을 거치면서 균형점에 도달하는가 하는 과정(*procedure*)에 대한 분석이 결여되어 있는 한계를 가진다(DeVroey, 1991: 8).[4] 과정에 대한 분석이 결여되었다는 것은 일반균형이론의 시장모델이 몰역사적이라는 것을 의미한다(Hoffmann, 1987: 9). 시장의 균형은 경제주체가 행위를 하기도 전에 선험적으로 또는 수학적으로 도출되었다. 그 결과 인간들은 단지 균형(가격)에 순응하는 객체(*price taker*)로만 파악되었으며 균형도달에 영향을 주는 주체로서의 측면은 전혀 고려되지 않았다. 따라서 이들이 도출한 시장의 균형점과 인간 사이에는 괴리, 즉 구조와 행위 사이에 분리가 존재하며 이 경우 시장에서 균형이 존재한다는 일반균형이론의 주장은 인간이 실제로 생활하는 시장사회와는 전혀 상관이 없는 비현실적인 것이다.

경험적으로 보았을 때 이들의 주장이 비현실적이라는 것은 1870년대, 1930년대, 1970년대 그리고 최근 들어 1990년대에 발생한 경제위기를 통해 증명되었다. 각각의 위기의 시기에서 시장은 일반균형이론가들이 예상했던 것처럼 자기조정적인 힘을 발휘하여 곧바로 균형을 회복하고 경제적 위기를 해결했던 것이 아니다. 오히려 자기파괴적인 모습을 보여주면서 세계경제를 장기적 침체로 이끄는 결과만을 낳았다. 즉, 세계경제의 위기 속에서 보여준 시장의 모습은 균형을 회복하는 힘이 있는 것이 아니라 오히려 불균형을 끊임없이 양산하는 힘을 내재적으로

---

4) 드브로이는 가격결정과 가격형성을 구분한다. 전자는 균형의 논리적 존재를 밝히는 것과 관계되며 후자는 균형이 어떠한 상호작용을 통하여 도달되는가를 밝히는 것과 연관된 것이다. 그는 일반균형이론이 전자와 연관이 있으며 후자의 문제를 해결하지 못하는 한계를 보인다고 비판한다.

가진 것이라 할 수 있다. 더 나아가 각각의 경제위기 극복과정에 나타났듯이 시장에서 균형 및 경제성장 동력의 회복은 국가가 적절하게 개입할 때 가능했다는 것을 보여주었다.[5] 이것은 일반균형이론에 기반을 둔 신고전주의적 시각으로 국가발전의 동학을 설명하려는 시도들이 역사적 사실과도 부합되기 어렵다는 것을 보여준다.

### 2) 국가개입의 필요성과 개입형태의 다양성

시장은 신고전주의적 시각과 같이 몰역사적 모델 속에서 파악될 수 있는 성질의 것이 아니라 비가역적(非可逆的)인 역사적 시간 속에서 파악되어야 한다. 그러한 한에서 시장은 기본적으로 사유재산을 가진 경제주체들이 자신들의 경제적 이해를 관철시켜온 하나의 역사적 제도의 장(場)이다(Altvater, 1991: 69). 오늘날의 시장제도 속에서 이런 경제적 이해들은 자본주의적으로 독특하게 제도화된 노동력과 화폐의 교환과정을 통하여 관철되었으며, 시장은 이 과정을 통하여 경제성장을 매개해준다는 특성을 가진다. 따라서 경제성장의 원천은 시장의 이런 원칙이 유지될 수 있는 조건들이 갖추어져 있느냐의 여부에 달려 있다. 그러나 경제적 이해를 최대화하려는 경제주체들의 이기적 행위들이 난무하는 시장에서 이런 원칙이 안정적으로 유지되기는 어렵다. 더욱이 노동력과 (화폐)자본과의 교환법칙 속에서 발생하는 자본주의경제의 갈등적이고 모순적인 요소는 근본적으로 치유되기 어려운 속성을 가졌기 때문에 시장 내에서 성장의 동학이 자동

5) 대표적인 것이 케인스주의이다. 케인스는 1930년대의 대공황시 전통적인 경제학자들의 주장과는 달리 유효수요이론을 통해 국가가 생산영역에 개입해 수요를 창출해야 한다는 것을 강조하였고 이러한 케인스적 정책이 채택된 후에야 시장은 비로소 장기적 침체로부터 벗어날 수 있었다.

적으로 확보되기가 더욱더 어려워진다. 이렇게 볼 때 시장의 원칙은 시장 내에 있는 개별 경제주체들이 보장하기에는 부적절하다. 따라서 시장의 원칙을 유지하면서 경제성장이 지속적으로 확보되기 위해서는 시장의 힘에 직접적으로 종속되는 않는 제도가 요구된다.

국가와 시민사회의 분리가 일반화된 현대사회에서 이런 역할을 국가가 떠맡았다. 국가는 시장영역에 대한 개입을 통해 경제성장에 필요한 제반조건들을 장기적으로 확보해주는 기능을 하는 제도라고 할 수 있다. 이때 국가는 개별 경제주체들의 도구적 수단에 불과한 것이 아니라 자본일반(*capital in general*)의 요구에 조응하며 사회적 응집력을 유지하는 객관적 제도로 기능한다(Altvater, 1971). 그리고 이러한 기능을 효율적으로 유지하기 위해 국가는 법, 화폐 및 노동과 같은 다양한 영역에 개입하는 것을 특징으로 한다. 또한 국가가 개별 경제주체들의 사적 이해관계에 끌려다니는 것이 아니고 이들로부터 상대적 자율성을 가진 제도이기에 자본일반에 반하는 개별자본들에 대해서도 대항해 개입하며 경제성장의 동학을 구성하는 것이라고 할 수 있다.

국가는 시장의 법칙이 방해받지 않고 경제성장을 할 수 있도록 시장에 개입하는 역할을 한다. 그러나 시장의 경제성장 조건이 고정된 것이 아니라 변화된다는 점에서 국가의 역할은 시장의 조건에 영향을 받는데 이로 인해 국가개입의 형태는 다양하게 나타날 수 있다. 자본일반을 고려하는 국가에서 국가개입의 형태를 결정하는 것은 일차적으로 세계시장에 형성된 시장의 시대적 조건이다. 국가는 이 조건을 근간으로 거시적 차원에서 어떠한 수단을 통해 어떠한 영역에 어떠한 방식으로 개입할 것인가를 결정한다. 그러나 시장은 세계시장만이 존재하는 것이 아니라 국내시장도 존재한다. 따라서 국가개입의 형태는 이차적으로 각국에 주어진 특수한 국내시장 조건에 의해서 규정된다. 즉, 그 나라가 갖고 있는 자원, 기업의 능력, 산업발전 단계 및 사회관계 등에 따라 국가의 개입에 대해 상이하게 반응하기 때문에 국가는 자본일반의 요구에 조응하면서도 국내의 사회적 응집력을 유지하기 위하여 국내적 조건의 변화에 맞추어 국가개입의 형태를 적절히 조정할 수밖에 없다고 본다.

다음 절에서는 이와 같은 이론적 논의를 토대로 1960~1980년대 한국의 경제성장을 견인한 국가개입 형태에 대해 분석하고자 한다. 이를 위해 먼저 국가개입의 형태를 일차적으로 규정한 이 시기 세계시장의 축적조건 변화과정을 살펴본 뒤에, 이런 국제적 조건들이 국내에 어떠한 국가개입의 형태로 접목되면서 한국경제의 성장을 견인하였는지를 보고자 한다.

## 3. 경제성장을 위한 세계시장 조건의 변화

한국이 고성장을 이룩한 1960~1980년대의 기간을 세계시장의 측면에서 보았을 때, 1970년대 중반을 기점으로 성장의 조건이 근본적으로 변하기 시작하였다. 1970년대 중반은 세계경제가 구조적 위기를 겪은 시기였는데, 위기를 극복하는 과정 속에서 시장의 조건이 변화되었다. 이러한 조건의 변화는 자본주의경제의 발전양식이[6] 산업화 발전양식에서 금융·정보화 발전양식으로 이행한 것이다.

1970년대 중반 세계경제의 위기를 겪기 전까지만 하더라도 1950~1973년까지의 시기는 자본주의경제가 태동한 이래 가장 빠르게 성장한 시기였다. 이 시기의 25년 동안에 생산된 것은 그 이전의 75년 동안 생산된 것보다 많았으며, 인류역사상의 그 어떤 25년보다도 몇 배 높은 생산성을 보이던 시기였다(암스트롱, 1993: 183). 이와 같은 성장을 이룩한 이 시기의 특징은 다음과 같다. 첫째, 제조업분야의 상품무역을 중심으로 하는 실물경제가 성장의 주된 요인이었다. 특히 자동차산업을 중심으로 세계경제가 급성장했는데 이것이 가능했던 이유는 대량생산과 대량소비를 근간으로 하는 포드주의가 정착되면서 제조업분야에서 커다란 이윤을 지속적으로 확보할 수 있었기 때문이었다. 둘째, 이 시기에 국가들은 국민국가 단위의 경제를 중심으로

6) 여기서 발전양식 개념은 카스텔의 논의에 입각해 사용하였다. 그는 생산양식과 발전양식을 구분하는데 생산양식이 잉여가 전유되고 통제되는 구조적 원리에 관한 개념이라면 발전양식은 보다 하부적이고 세부적인 형태로 잉여의 수준과 품질을 결정하는 기술적 생산관계를 나타내는 용어이다. 이러한 구분하에서 볼 때 현대사회는 분명 자본주의라는 생산양식을 유지하고 있으나 이전의 산업화시대와는 다른 기술적 관계에 의존해 발전하기에 '정보화 자본주의'라고 부를 수 있다(카스텔, 2003: 39~42).

성장했다는 점이다. 이러한 이유는 무엇보다도 브레튼우즈체제(Bretton Woods System)가 만들어낸 고정환율제와 자본통제에 기인하는 바가 크다고 하겠다. 고정환율제는 한 나라의 화폐가치가 세계경제의 경기변동과 어느 정도 독립되어 움직일 수 있는 가능성을 열었기에 대다수의 국가들은 금융정책과 재정정책 등에서 자국중심적인 경제발전전략을 추진할 수 있었다. 특히 엄격한 자본통제가 이루어졌던 브레튼우즈체제하에서 국제금융시장의 발전가능성이 억제됨에 따라 자본조달의 유일한 원천이었던 국민국가를 중심으로 기업들의 활동이 통제되는 경제구조가 형성될 수 있었다. 이와 같은 경제구조는 이 당시 전 세계를 지배한 케인스주의에서 나타난다. 국가개입의 필요성을 강조하는 케인스주의가 내수시장 규모의 확대를 통해 총수요를 증가시켜 성장을 추구한다는 측면에서 기본적으로 일국중심주의적인 성장전략이었다(Altvater, 1983).

그러나 1970년대 중반 경제위기를 겪은 이후 등장한 새로운 발전양식은 이전과는 전혀 다른 특징을 보여준다. 첫째, 새로운 발전양식은 가치창출 및 수익의 원천을 이전과 같이 실물영역이 아니라 금융 및 지식·정보와 같은 새로운 영역에서 찾았다. 금융영역은 고정환율제 및 자본통제가 유지되던 브레튼우즈체제에서는 발달하기가 어려워 커다란 수익의 원천이 되지 못하였다. 그러나 1971년 이 체제가 붕괴되고 변동환율제 및 자본이동의 자유화가 이루어지면서 상황은 변화되었다. 고정환율제하에서는 환율 및 이자의 문제가 크게 대두되지 않았지만 변동환율제에서는 환차익 또는 각 국의 이자율차이가 중요해지면서 금융영역이 새로운 수익의 원천으로 등장하였다.[7] 더

---

7) 알트파터(Altvater)는 새로운 수익의 원천으로 등장한 이자에서 오늘날 경제의 문제를 찾는다. 그에 의하면 1980년대 이래 세계화된 국가들에서 실질이자율이 GDP의 실질성장률보다 비정상적으로 높게 나타나는데 이것이

구나 자본이동의 자유화는 이런 수익을 위해 이동하는 자본거래의 양을 빠른 속도로 증가시키는 촉진제역할을 함으로써 금융영역이 수익의 규모면에서 크게 성장하는 데 기여하였다.[8] 지식·정보경제 역시 1980년대 들어 새로운 수익의 원천으로 자리잡기 시작하였다. 이러한 이유는 이 당시 정보기술혁명이 진행되면서 세계가 정보화사회로 이행하기 시작하였다는 점과 밀접한 연관이 있다. 기존의 산업들이 더 이상의 국제수요를 찾지 못하고 과잉공급 상태에 머물면서 침체에 허덕였던 것과는 달리 정보기술의 발전은 새로운 수요를 창출할 수 있었다. 인터넷, 컴퓨터 및 텔레커뮤니케이션 영역들이 그러한 것들이라 할 수 있는데, 이것들은 1980년대 들어 인간들의 삶의 영역에 자리잡기 시작하면서 폭발적인 수요를 창출하였다. 따라서 기업들뿐만 아니라 모든 국가들에게 지식·정보경제는 생산성향상, 고부가가치 창출 및 고수익을 보장하면서 성장의 새로운 원동력으로 인식되기 시작하였다.[9]

1970년대 중반 이후 나타난 두 번째 특징은 국민국가 단위의 경제가 무너졌다는 것이다. 이러한 이유로 몇 가지를 지적할 수 있다. 우선 금융세계화 현상을 들 수 있다. 브레튼우즈체제의 붕괴 이후 나타

---

금융불안정과 경기침체를 유발하는 원인이 된다고 본다. 보다 자세한 논의는 Altvater (2004) 를 참조할 것.

8) 1979년 1,200억 달러에 불과했던 통화시장의 일일거래량은 그 후 계속해 급격하게 증가를 하는 추세를 보였으며, 1998년에 이르면 1조 5천억 달러에 달할 정도로 국제경제에서 차지하는 비중이 커졌다.

9) 이런 지식·정보경제는 1990년대 들어 이른바 신경제(*New Economy*)라는 이름으로 미국에서 나타난다. 신경제의 특징으로 지식의 축적, 기술변화의 가속화 등 노동, 자본이 아닌 새로운 생산요소에 의해 고성장, 저실업, 저물가를 동시에 유지할 수 있는 경제 패러다임을 지칭한다. 이에 대한 보다 자세한 논의는 Scherrer (2001) 를 참조할 것.

나기 시작한 금융세계화 현상으로 한 나라의 통화가 세계경제의 환율 및 이자에 크게 영향을 받았다. 그리고 이것은 궁극적으로 개별국가의 통화와 재정정책의 자율성을 상실시켰다. 따라서 경제성장에 중요한 금융수단 통제능력을 상실한 개별국가들은 과거와 같이 자국중심의 경제성장정책을 추진하지 못하고 세계경제의 경기변동에 보조를 맞출 수밖에 없었다. 다음으로 지적할 수 있는 것은 기술정보혁명을 통해 구축되기 시작한 네트워크 경제의 출현이다. 정보기술을 바탕으로 하는 네트워크 경제는 전 세계를 거리 및 공간에 상관없이 실시간적으로 작동할 수 있는 하나의 장(場)으로 통합시키면서 국민국가 단위의 경제를 무너뜨렸다. 마지막으로 지적할 수 있는 것은 초국적기업의 성장과 이에 따른 생산의 국제화현상이다. 1970년대의 위기 이후 초국적기업들은 비용절감을 위하여 생산거점을 해외로 옮기기 시작했는데, 이 과정 속에서 글로벌 통합생산체제(*global integrated production system*)를 형성하였다. 이 체제는 생산과정이 한 국가에서 이루어지지 않고 최적의 비용과 효율성을 고려하여 수많은 국가들에 분산되어 지구적 차원에서 이루어지는 것을 말하는데, 이것은 결과적으로 일국중심의 경제가 무너지는 것을 의미하였다.[10] 더욱이 이러한 생산방식이 정보기술의 발달로 점점 많은 영역에서 가능해졌고 이로 인해 상품 및 생산형태의 글로벌 스탠더드의 형성이 가속화됨에 따라 국민국가경제를 중심으로 하는 생산과 성장은 그 의미를 크게 상실하였다.

이상과 같이 1970년대 중반을 기점으로 뚜렷하게 대비되어 나타난 세계경제의 특징은 국가개입의 형태에 커다란 영향을 미쳤다. 우선

---

10) 보다 구체적으로 말해 이것은 가치창출단계가 글로벌소싱(*global sourcing*)에 종속된다는 것을 말한다. 즉 연구·개발, 회계, 마케팅, 디자인, 법·제도적 노력들이 세계적 단위 속에서 이루어지는 것을 말한다.

1970년대 중반 이전의 시기를 볼 때 국가개입은 직접적이고 적극적인 형태로 나타났다. 그 이유는 이때까지만 하더라도 세계경제가 아직 국민국가 단위의 경제로 구성되었기 때문에 일국중심적인 정책이 가능했다는 점, 그리고 개별국가가 금융정책의 독립성을 보장받음으로써 강력한 금융통제 수단을 가지고 기업들의 생산 및 투자영역을 효과적으로 통제할 수 있었다는 조건에 기인한다. 또한 실물경제가 수익의 원천이었던 이 시기의 조건은 국가가 개입하는 영역에도 커다란 영향을 미쳤다. 실물경제 중에서도 포드주의의 성공적인 성장의 중요한 원동력이었던 중화학공업이 국가발전을 원하던 국가들이 개입하기에 가장 매력을 느꼈던 영역이었다. 그러나 1970년대 중반 이후로 변화된 세계경제 조건은 국가개입의 형태를 간접적이고 소극적인 형태로 변화시켰다. 우선 금융영역과 정보기술의 발달로 국민국가 단위의 경제가 무너지면서 세계시장 단위의 경제구조가 형성되었는데, 이런 세계시장을 대상으로 적극적이고 직접적인 개입이 어려웠기 때문이다. 또한 강력한 금융통제 수단을 상실함에 따라 국가는 더 이상 자국의 경제와 기업들의 생산 및 투자영역에 직접적으로 개입하기 어려워졌기 때문이다. 국가가 개입하는 영역도 이 시기에 변화하였다. 금융세계화로 실물보다는 금융부문에서 더 커다란 수익이 창출되기 시작해 국가개입의 영역은 자연스럽게 산업보다는 금융으로 이행하였다. 그러나 금융부문에서 형성된 막대한 자본들이 정보기술분야로 투자된다는 점에서 양자는 분리되기 어려운 면이 있다.

## 4. 한국경제 발전과정에서 국가개입 형태의 변화

세계경제 조건들의 변화는 국가개입의 형태 및 영역에 영향을 미친다. 따라서 이러한 조건에 영향을 받으며 경제성장을 이룩했던 한국의 국가개입 형태 및 영역 또한 거시적 차원에서 볼 때 세계경제 조건들의 변화에 조응하면서 변화했다고 볼 수 있다. 그러나 구체적인 국가의 성격은 한국 내에 존재하던 특수한 시장 및 사회조건과 맞물리면서 형성되었다고 본다. 이 절에서는 1960~1980년대 한국경제 및 산업발전 과정에서 나타난 국가개입의 형태를 세계경제 조건이 변화된 시점에 맞추어 1970년대까지와 1980년대로 구분하여 국가개입 형태의 변화를 설명하고자 한다. 특히 각각의 시기에 세계경제 조건들이 한국 내에서 어떻게 수용되면서 국가개입의 구체적 형태 및 성격 구성했는지에 대해 조선, 자동차 및 반도체산업을 중심으로 간략하게 살펴보고자 한다.

### 1) 1960~1970년대까지의 국가개입 형태: 개발국가[11]

해방 후 한국은 주로 미국의 원조에 의지하며 살아가는 전형적인 후진국가의 형태에 머물러 있었다. 그러다가 1950년대 경제개발의

11) 찰머스 존슨(Chalmers Johnson)은 일본의 산업화경험을 토대로 제시한 개발국가 개념의 중요한 요소로 첫째, 올바른 정책수단을 수행할 수 있는 엘리트 관료집단의 존재, 둘째, 이들의 정책적 자율성보장, 셋째, 국가개입에 대한 민간부분의 수용, 넷째, 대장성으로 대표되는 조정기관의 존재를 들었다(Johnson, 1982: 17~20). 한편 앰스딘(Amsden, 1989)은 개발국가를 국가가 투자를 직접지도하고 지도대상 산업이나 기업에 대해 보조금을 지급하며 보조금지급의 대가로 규율을 행사해 높은 경제적 성과를 올린 국가로 정의한다. 웨이드(Wade, 1990) 역시 앰스딘과 비슷하게 국가에 의해 지배 또는 지도된 시장(*guided market*)을 개발국가의 특성으로 본다.

필요성이 한국지식인들에 의해 형성되기 시작하였다. 이는 1957년 이후 미국원조의 급격한 감소 또는 원조에서 차관형태로의 전환 등이 경제위기의식을 불러일으키면서 경제계발계획을 부채질하였기 때문이다. 경제개발을 둘러싸고 이 당시 수많은 이론적 줄기들이 난무하였는데, 그럼에도 불구하고 이들의 공통점은 공업화의 중요성과 정부의 경제질서에 대한 개입, 잉여노동력 또는 잠재실업의 문제 그리고 자본축적의 중요성을 강조했다는 점이다(박태균, 2003: 256). 그러나 이와 같은 경제개발계획은 1960년대 초 장면 정부 때까지만 하더라도 미진하게 추진되다가 박정희 쿠데타정권이 들어서면서 비로소 강력하게 추진되었다.

박정희 시대는 강력한 권위주의를 바탕으로 국가가 시장에 적극적으로 개입하여 경제성장전략을 추진한 개발국가라는 특징을 가지고 있다. 국가가 시장에 적극적으로 개입한다는 측면에서만 보았을 때 박정희 시대의 국가개입은 그리 독특한 것은 아니었다고 할 수 있다. 왜냐하면 위에서 보았듯이 당시 주어진 세계시장의 조건은 적극적인 국가개입을 일반적으로 허용하는 것이었기 때문이다. 독특한 점은 국가가 계획합리성을 가지고 투자의 방향성을 직접 선도하였다는 점이다. 이러한 특성은 서구국가에서는 찾아보기 어려운 것이었는데, 이것이 한국에서 가능했던 이유는 경제성장을 매개하는 시장이 서구와 달리 확고히 뿌리내리지 못하였기 때문이다. 즉, 서구의 경우 이미 오래된 역사적 경험 속에서 자신들의 고유한 시장합리성 및 원칙 등이 제도화되어 국가가 이런 제도 틀을 벗어나기 어려웠던 반면, 한국의 경우 시장원칙이 제도화되어 있지 않아 국가주도적인 개입이 상대적으로 수월하였다. 따라서 박정희 정권은 시장형성적인 개입을 경제세력들의 커다란 저항 없이 추진할 수 있었고, 이런 개입은 군사정부의 권위주의를 통해 더욱 수월하게 진행할 수 있었다.

시장형성을 위한 개입의 목표 및 방향성은 수출중심의 시장구조 형성과 중화학공업의 육성이었다. 이러한 국가전략의 목표 및 방향설정은 남미에서 나타난 바와 같은 소비재산업을 중심으로 하는 수입대체산업화의 한계를 극복하기 위한 것이다. 이를 위해 국내산업을 대규모화하고 중화학, 기계공업과 같은 생산재부문을 육성하여 경제성장을 이룩하고자 한 것이다(김인영, 1998). 이와 같은 시장구조 형성을 위해 박정희 정권이 사용한 중요한 수단은 법과 금융수단을 통한 지원과 규율이었다. 박정희 정권은 핵심산업들을 다양한 입법을 통해 보호하였고 금융수단을 통하여 기업들에게 보조금을 지급하고 그 대가로 규율을 행사하며 한국 고유의 시장제도를 형성하였다. 특히 금융·재정정책의 자율성이 보장되어 있던 이 당시 세계경제 조건은 강력한 금융통제를 통해 정부가 기업을 지배하면서 한국의 특유한 경제발전구조를 형성할 수 있는 가능성을 훨씬 수월하게 하였다.

자동차산업은 이런 전략의 한 사례라고 할 수 있다. 1950년대까지 미약했던 자동차산업이 본격적인 궤도에 오르기 시작한 것은 1962년부터였다. 국가는 1962년 "자동차공업 5개년계획"과 "자동차공업보호법"의 발표를 시작으로 1963년 "자동차공업 종합육성계획", 1965년 "국산화율 제고정책", 1967년 "기계공업진흥법"과 같은 여러 가지 법안과 정책들을 내놓으며 자동차산업을 국가의 핵심산업으로 성장시키고자 하였다. 또한 1968년에는 "특수자금 취급규정"을 마련하여 금융상의 혜택을 주기도 하였다. 이러한 자동차산업에 대한 개발국가적 성격은 1970년대에 들어서 보다 더 명확하게 드러난다.[12] 1972년

12) 유석진은 1960년대의 자동차산업에 대한 정부의 정책에서는 개발국가보다는 지대추구적인 국가의 성격을 갖는다고 한다. 그는 정책관료들이 정치권과 기업들의 결탁으로부터 격리되어 자율성을 누리는 1970년대에 들어서야 비로소 개발국가의 모습을 보인다고 주장한다(유석진, 1994: 180~

정부는 8·3 조치를 발표하였는데, 이것은 금리인하·산업합리화자금의 설치·사채동결 등과 같은 조치를 통하여 자금경색에 시달리던 대기업들에게 혜택을 준 것으로 자동차산업은 그 중 가장 큰 혜택을 받았다. 1973년 정부는 "중화학공업 육성정책"을 발표했는데, 이것은 경공업위주의 수출주도산업화의 한계를 타개하기 위해 철강·조선·기계·전자·화학 그리고 비철금속 등의 중공업으로 산업구조조정을 도모하는 것이었다. 자동차산업은 넓은 의미로 볼 때 기계공업분야에 포함되는 것이었으며 이를 기점으로 국가의 계획하에 놓인다. 1973년에 발표된 "장기자동차공업 진흥계획"은 이런 국가의 계획합리성이 구체화된 것이다.

조선산업도 개발국가의 성격이 드러나는 또 하나의 사례라고 할 수 있다. 정부는 초기부터 조선산업을 핵심적인 수출전략산업으로 지정하여 중점적으로 육성하기 위해 지원하였다. 1967년 "조선공업진흥법"이 제정되었으며 조선업의 육성은 1970년부터 본격화되었다. 이런 의지는 1970년 4대 공장계획에서 드러났고 1973년에는 "중화학공업 육성계획"에 조선을 포함시켜 수출전략화하였다. 또한 같은 해에 "장기조선공업 진흥계획"을 발표하여 새로운 대형조선소인 옥포조선소 건설계획을 확정하였고, 각종 조세 및 관세면제, 연불수출금융과 같은 혜택을 부여해 조선산업을 육성하고자 하였다. 이러한 노력으로 1974년 현대중공업이 준공되었고, 조선산업은 세계 조선시장에 본격적으로 진출할 수 있었다. 정부는 금융적 측면에서도 보조를 해주었는데, 1970년대 중반 오일쇼크로 현대조선이 경영위기에 직면하자 국가가 대부를 해주어 이를 극복하게 해주는 등 조선산업에서 개발국가의 성격이 뚜렷하게 나타났다.[13]

---

181). 반면 김시윤·김정렬(2002)은 자동차산업이 전반적으로 지대추구적 네트워크의 특성을 반복했다고 주장한다.

반도체산업은 이 당시까지만 하더라도 지식·정보경제로의 이행이 이루어지지 않은 시대적 조건으로 인하여 정부가 그 중요성을 크게 인식하지 못한 상태였다. 따라서 정부는 이 분야를 대단히 미약한 형태로 육성하였다. 그 대신 반도체산업을 포함한 전자산업은 정부가 주도적으로 육성하였다. 1959년 금성의 진공관라디오 생산과 함께 시작된 한국의 전자산업은 박정희 정권이 들어서면서 밀수를 금지시키고 외국의 경쟁으로부터 보호하기 시작하면서 성장하였다. 그 뒤 전자산업은 수출전략산업으로 지정되었으며 각 전자기업의 매년 수출목표까지 지정하는 등 정부는 이 분야에 대해 적극적으로 개입하였다. 또한 법개정을 통해 외국자본을 유치하고자 노력하였다. 1969년에는 "전자산업진흥법"을 입법했으며, 1973년 중화학공업 육성계획에 따라 전자산업은 중점적 육성산업으로 거듭 성장하였다. 1976년에는 전자공업진흥회가 만들어졌으며, 그 결과로 삼성, 금성반도체, 대한전선, 아남전기, 한국반도체 등 많은 반도체기업들이 시장에 신규진입하는 성과를 낳았다. 그럼에도 불구하고 이 시기는 계획은 풍부했지만 국내외적 조건의 미성숙으로 반도체산업이 실질적으로 성장하지는 못한 시기였다고 할 수 있다.

---

13) 이에 반해 김주환(1999)은 조선산업의 경우 개발국가적 성격이 있으나 현대, 대우 및 삼성조선을 비교해 보았을 때 각각의 경우에 따라 앰스딘이 규정한 지배-규율테제가 다른 형태로 나타나기 때문에 이 테제는 수정되어야 한다고 주장한다.

### 2) 1980년대의 국가개입 형태: 규제국가[14)]

1980년대에 들어서면서 국가개입의 형태가 변화하는 모습을 볼 수 있다. 이것은 일차적으로 변화된 국제경제적 조건에 기인한다. 이 시기에 국민국가들이 세계시장으로 점점 더 흡수·통합되는 현상이 가속화되면서 국내시장은 세계경제의 경기변동에 매우 취약해졌다. 따라서 정부가 이전과 같이 세계경제 조건과 상관없이 임의적으로 자국의 국내시장에 개입하며 독자적인 계획경제를 추진하는 것이 어렵게 되었다. 한편으로는 국내시장 조건의 변화 역시 국가개입 형태의 변화를 초래하였다. 과거에는 시장의 힘이 성숙하지 않아 국가가 국내시장에 직접적으로 개입하는 것이 수월했으나, 1970년대의 경제성장과정 속에서 한국적 시장제도가 틀을 갖춤에 따라 시장형성과 같은 직접적 개입은 어려워졌다. 그동안 재벌로 성장한 기업과 민주화과정 속에서 성장한 노동자세력들은 국가의 개입에 대해 저항할 능력을 갖게 되었다. 특히 1980년대 들어 자본이동이 자유화되면서 자본조달을 국제금융시장에서 확보할 수 있게 된 재벌기업들이 국가의 통제로부터 벗어날 수 있었다. 따라서 시장은 자생력을 얻게 되었고 국가는 이런 시장에 과거와 같은 방식으로 개입하기가 어려워졌다.[15)] 이

---

14) 여기서 규제국가란 함은 비차별적, 간접적, 시장순응적 그리고 기능적 산업정책으로 국가가 개입하는 형태를 의미한다(유석진, 1994: 202). 또한 규제국가란 시장의 자율성을 강조하며 제도적 규제를 상정하는 국가개입을 의미하기도 한다. 즉 과거와 같이 국가주도적 산업정책을 실시하지는 않지만 대신 시장의 투명하고 공정한 경쟁을 유도하기 위해 발전된 규제장치를 고안하고 운영하는 업무를 떠맡는 국가개입 형태를 의미한다. 이렇게 볼 때 규제국가는 탈규제(*deregulation*)의 산물이라기보다는 재규제(*re- regulation*)의 결과라고 보아야 할 것이다(이연호 외, 2002: 202).

15) 1980년대 이후 한국의 재벌기업들이 국가의 통제로부터 벗어나 독자적인 힘

러한 상황변화는 국가가 지속적인 경제성장을 유지하기 위하여 국가개입의 형태를 변화시켜야 할 필요성을 낳았으며, 산업정책의 변화를 통해 그 구체적인 모습을 드러내었다.

1970년대에 중점적으로 육성된 중화학공업은 1970년대 말에 들어서서 과잉투자 현상을 보였다. 이로 인하여 경제전체의 효율성이 떨어지고, 한국은 취약한 경제구조의 모습을 보이기 시작하였다. 이에 따라 정부는 1979년 "경제안정화시책"을 발표하였다. 여기서 제시된 새로운 전략은 (1) 전략산업의 지정이나 수입대체보다는 비교우위를 중시하고, (2) 산업구조조정은 국가보다는 민간주도로 하며, (3) 사회간접자본의 확충이 필요하며, (4) 국가개입을 축소하고 시장의 역할을 증대시켜야 한다는 것이다. 즉, 정부는 과거와 같은 시장형성적 전략에서 벗어나 변화된 세계추세에 맞추어 시장순응적 전략으로의 전환을 도모하기 시작하였다. 이러한 원칙에 따라 정부는 산업정책적 측면에서 기존산업에 대한 보호조치들을 철폐하고 외국과의 경쟁을 강화하기 위하여 수입과 해외직접투자를 자유화시켰다. 또한 국내의 세법도 개정되었는데, 이 과정에서 세제혜택을 받는 전략산업이 14개에서 6개로 축소되어 국가가 보호하는 산업이 크게 줄었다. 1981년에는 독점금지법을 시행하여 국내기업간의 경쟁을 강화시켰고, 1982년에는 전략산업의 대부에 적용되었던 우대금리제도도 폐지되었다. 이렇게 볼 때 이 시기의 산업정책은 이전에 보호받았던 산업들에 대한 조치들을 폐지시키면서 산업들이 세계시장의 조건에 순응

---

을 가질 만큼 성장할 수 있었던 이유는 국내적 요소보다는 국제적 요인에 기인하는 바가 더 크다고 할 수 있다. 즉 재벌기업의 성장은 한국만의 특수한 현상이 아니라 이 시기에 변화된 국제경제적 조건 속에서 세계 모든 국가에서 나타난 현상으로 보아야 할 것이다. 기업들이 국가통제로부터 벗어나는 역사적 과정에 대한 자세한 서술은 헬레이너(Helleiner, 1994)를 참조.

하도록 유도하는 것이었다(장병익, 1992: 136). 즉, 국가는 시장형성적 전략에서 시장순응적 전략으로 전환하면서 국가개입을 축소하였다. 대신 시장에서 공정한 경쟁 및 안정된 시장제도가 이루어질 수 있도록 새로운 규제장치를 창안하는 규제국가의 개입형태로 전환했다고 할 수 있다(이연호 외, 2002).

자동차산업에서도 이와 같은 전략의 변화가 적용되었는데, "경제안정화시책"에 따라 과잉설비를 정리할 목적으로 1980년에 추진된 자동차와 발전설비의 통합이 그 시작이라고 할 수 있다. 그 후 1986년 "공업발전법"을 통해 자동차산업에 대한 규제국가적 성격은 더욱 확연히 드러난다. 이 법은 기존의 7개 진흥법[16]을 폐지함으로써 국가가 산업영역에 선별적으로 개입하는 것을 축소하고 시장의 일반원리에 의해 투자 및 생산결정이 이루어지도록 유도하는 것이었다. 또한 금융, 세제상의 조항이 전무하여 산업에 대한 기존의 보호주의적 요소를 제거하는 것이기도 하였다. 1986년 자동차산업이 합리화업종으로 지정됨에 따라 3년의 기간 동안 기아를 제외한 새로운 기업의 자동차산업 진입이 금지되면서 합리화과정을 걸었다.

1980년대의 세계 조선산업은 침체에 놓였던 시기였다. 유럽은 이미 1960년대부터 그리고 일본은 1979년부터 구조조정을 시작했는데 한국의 조선산업은 오히려 이런 환경 속에서 급성장하였다. 이것은 한국의 조선산업이 유럽과 일본의 구조조정시기를 이용하여 저부가가치 선종의 건조전략을 성공적으로 수행하였기 때문이다. 그러나 조선산업 역시 1980년대 중반 이후로는 과잉설비 문제 그리고 조선업계의 불황으로 어려움을 겪었다. 그로 인해 구조조정하기 시작했는데, 이

16) 기계공업진흥법(1967), 조선공업진흥법(1967), 철강공업진흥법(1970), 석유화학공업육성법(1970), 비철금속제련사업법(1971), 섬유공업근대화촉진법(1979) 그리고 전자공업진흥법(1981) 등이다.

때 대우조선 처리문제를 둘러싸고 국가가 보여준 모습은 규제국가적이었다. 대우조선은 국가로부터 막대한 보조금을 받았음에도 불구하고, 1980년대 이후 부실화되어 이를 해결하기 위해 김우중 회장은 국가의 추가출자를 요구하였다. 그러나 정부는 과거와 달리 시장원리에 맡긴다는 원칙하에 추가대부를 거부했고 대우조선 자체의 해결책을 강조하였다. 1989년 "조선산업 합리화계획"을 통해 정부가 비록 대우조선에 구제금융을 하기는 했지만 이를 계기로 조선산업에 대한 정부의 규제국가적 특성이 강화되기 시작하였다.

1980년대 이후 중화학공업 부문이 합리화과정을 거쳤던 반면, 반도체산업은 도약의 시기에 있었다. 이것은 이미 앞에서 논의한 대로 제조업중심의 실물경제 성장동력이 쇠진함에 따라 1970년대 중반 세계경제 위기를 맞이한 가운데 서구선진국가들이 이 위기를 극복할 새로운 성장동력으로 금융 및 정보·통신기술에 관심을 가지기 시작했기 때문이다. 한국 역시 이러한 국제경제적 조건변화에 반응할 수밖에 없었으며, 이에 따라 부처간의 논란[17]이 있었으나 정부는 1980년 들어 전략산업으로 반도체부문을 선정하고 "반도체공업 육성계획"을 발표하였다. 또한 1985년 상공부는 "반도체산업의 종합육성대책"을 마련하였으며 이 계획에 따라 반도체산업을 모방단계에서 독자적 기술확보 단계로 발전시키고 반도체수출을 증대시켜 국가발전을 도모하고자 하였다. 그러나 주어진 국제경제적 조건은 적극적인 개입을 불허하는 것이었기 때문에 반도체산업을 육성하려는 정부의 의지는

---

17) 산업정책을 둘러싸고 상공부와 기획원 사이에 갈등이 있었다. 상공부는 지속적인 경제성장과 중화학추진을 강조하였고 반면 기획원은 안정과 균형된 산업구조를 강조함으로써 갈등이 일어났다. 이 갈등 속에서 1970년대 상공부에게 지배적 위치를 내주었던 기획원의 위상이 회복되었다고 볼 수 있다. 이와 같은 여건 속에서 반도체산업도 그 육성문제를 둘러싸고 갈등을 겪는다.

1970년대와 같이 직접적 개입형태가 아닌 간접적 형태, 즉 전자진흥회가 국가의 역할을 대신하는 형태로 나타났다. 그리하여 정부는 1981년 개정된 전자진흥법에서 전자진흥회에 특권과 독점적 지위를 부여해 유일한 사업자단체로 규정해주는 등 과거와는 다른 방식으로 국가성장전략을 도모하는 형태를 취할 수밖에 없었다. 전자진흥회는 다른 산업, 예를 들어 자동차산업의 자동차공업협회의 구성원과는 달리 전자부문의 기업들이 직접적으로 참여하는 것을 특징으로 한다(김시윤·김정열, 2002: 146). 이것은 전자진흥회가 시장합리성을 추구하는 조직임을 의미하는 것이라 하겠다. 이들은 비교우위 개념에 입각하여 전자산업부문의 발전방향을 설정하였고, 기술개발 연구부문에서 서로 협력을 하였다. 또한 수출쿼터 할당권을 가지고 전자산업의 시장합리성을 유지하고자 노력하였다. 반면 정부는 이런 전자진흥회를 돕는 선에서 자신의 역할을 수행하였다. 즉 정부는 적극적인 정책개입이 어려워지자 주로 반도체산업의 R&D나 기술인력의 공급 등 간접적인 지원에 주력하였다.[18)]

18) 국가의 소극적 정책은 윤정로(1989)와 같이 반도체산업이 중화학공업과는 달리 민간기업에 의해 발전되었다고 주장하게 만든다. 그러나 홍성걸(1993)은 R&D나 기술인력 공급 등에서 국가가 간접적으로 지원했다는 측면에서 반도체산업이 순수하게 민간기업주도적으로 발전되었다고 볼 수는 없다고 반박한다.

## 5. 국가개입 형태변화의 필요성

1960~1980년대 고성장을 이룩한 한국경제 및 산업발전 과정에 있어 국가개입의 형태는 국내외적 조건의 변화와 함께 변화되는 모습을 보였다. 그리고 그 변화의 형태는 1970년대의 개발국가에서 1980년대에 들어 규제국가로의 이행이라고 할 수 있다. 비록 이런 국가개입 형태의 존재와 그 변화가 일차적으로는 국제경제적 조건에 의해 규정되었지만 그 구체적 내용은 국내의 조건과 상호작용을 하면서 구성되었다고 할 수 있다. 개발국가는 박정희 정권의 권위주의와 시장제도가 형성되어 있지 않던 당시의 국내적 조건과 결합되어 나타난 특수한 형태의 국가개입이었다. 규제국가는 한국의 민주화 그리고 한국적 시장제도가 고착화된 상황 속에서 나타난 시장순응적인 국가개입 형태라고 할 수 있다.

그러나 이와 같이 국가개입의 형태를 변화시키며 고성장했던 한국경제는 1990년대 들어 침체된 모습을 보이기 시작하다가 1997년 외환위기를 계기로 끝없이 추락하는 모습을 보였다. 이와 함께 과거 타 국가들에게 선망의 대상이었던 한국적 성장모델은 더 이상 매력적으로 인식되지 않을 뿐만 아니라 오히려 개혁되어야 할 모델로까지 인식되는 실정이다. 따라서 현재 한국사회는 경제성장을 위해 과거와는 다른 형태의 국가발전전략을 도모해야 하는 중요한 전환기적 시기에 놓였다고 할 수 있다.

국가개입의 형태가 지금까지 논의한 바와 같이 국제경제적 조건의 변화와 긴밀하게 연관되었다고 가정할 때, 오늘날 한국사회에 가장 적합하다고 생각되는 국가발전전략은 어느 정도 추론이 가능하다고 생각된다. 1990년대 들어 나타난 국제경제적 조건의 가장 큰 특징은 금융영역의 급속한 팽창과 실물경제의 몰락이다. 이제 금융경제는 실물경제를 지배하고 있으며 그러한 한에서 실물경제의 성장은 금융경제에 의해 규정된다고 해도 과언이 아니다(Herr, 1986). 그리고 금융부문의 속성으로 말미암아 일국중심주의적, 즉 세계시장의 조건을 무시하는 자국중심적 경제정책을 추구하기 어렵기 때문에 과거와 같이 직접적 개입형태를 취하기는 어려울 것이다. 그럼에도 불구하고 오늘날 금융영역이 지속적인 불안정성을 보이는 것은 이 부문에서 아직 안정적인 시장규칙이 발달되지 못했다는 것을 의미한다. 그러므로 이 부문에 대한 국가의 개입은 어느 정도 시장형성적 개입을 가능하게 하는 공간을 열어주었다고 본다. 이러한 관점에서 볼 때 한국경제가 과거와 같은 고성장을 다시 회복하기 위해서는 국가가 실물경제에 중심을 두는 산업정책보다는 금융정책적 측면에 보다 더 적극적으로 개입하는 형태를 취해야 할 것이다.

이와 더불어 지적할 수 있는 것은 금융부문의 자본흐름이 신경제(*New Economy*)에서 나타나듯이 주로 정보기술과 관련된 산업분야에 치중되어 투자되었다는 점이다. 따라서 금융영역의 성장은 정보기술산업과 불가분의 관계를 가지고 나타났음에 주목해야 할 것이다. 이렇게 볼 때 국가의 개입은 일차적으로 금융정책에 대한 것이어야 하고, 이차적으로는 이것을 정보기술 산업정책과 어떻게 연결시킬 것인지에 대한 합리적 계획을 세우면서 나타나야 할 것이다.[19]

---

19) 이와 같은 국가개입의 형태는 성장보다는 안정에 주안점을 두면서 시장형성적인 개입을 한다는 점에서 안정국가(*stabilization state*)라고 부르고 싶다. '안정국가'라는 용어 자체는 다이슨(Dyson)으로부터 빌려온 용어이다. 이 용어는 유럽과 관련된 최근의 그의 저서에서 현재 유럽변화의 추세가 탈규제 및 재규제의 시기에서 안정을 추구하는 시기로 이행하는 것을 묘사하는 맥락 속에서 사용한 것이다(Dyson, 2002).

## ■ 참고문헌

구춘권(2000), “화폐적 축적의 자립화: 포드주의의 위기와 국제금융시장의 팽창”, 《한국정치학회보》 제34집 vol. 3, pp. 293~312.

김시윤·김정렬(2002), “한국 경제위기와 정부-기업관계: 자동차산업과 전자산업의 비교”, 《한국정치학회보》 제36집 vol. 2, pp. 133~152.

김인영(1998), 《한국의 경제성장: 국가주도론과 기업주도론》, 자유기업센터.

김주환(1999), “한국 ‘발전국가’에서의 국가-기업 관계와 ‘지원-규율’ 테제: 조선산업 3대기업(현대조선, 대우조선, 삼성조선)을 중심으로”, 《한국과 국제정치》, 경남대극동문제연구소, pp. 143~172.

김형국(1991), “정부·민간기업관계의 재정립: 반도체산업 구조조정을 중심으로”, 《한국과 국제정치》, 경남대 극동문제연구소, pp. 37~71.

유석진(1994), “자동차산업정책을 통해 본 국가성격변화”, 《한국정치연구》, 서울대학교 한국정치연구소, pp. 173~209.

박태균(2003), “1950·1960년대 경제개발 신화의 형성과 확산”, 유철규 편. 《한국자본주의 발전모델의 역사와 위기》, 함께읽는책, pp. 247~284.

암스트롱, 필립 외(1993), 《1945년 이후의 자본주의》, 동아출판사.

윤영삼·허민영(2000), “한국조선산업의 구조조정에 대한 전망”, 《지역사회연구》, 한국지역사회학회, pp. 189~221.

이연호 외(2002), “한국에서 규제국가의 등장과 정부-기업관계”, 《한국정치학회보》 제36집 3호, pp. 199~222.

장병익(1992), “한국자동차 산업정책에 관한 연구”, 《경제연구》, 한국경상학회, pp. 127~191.

카스텔, 마뉴엘(2003), 《네트워크 사회의 도래》, 한울아카데미.

홍성걸(1993), “국가, 사회, 그리고 산업정책: 반도체산업 발전과정에서의 정치경제학”, 한국행정학회 1993년 월례발표회.

Altvater, Elmar(1971), “Zur Einigen Problemen des Staatsinterventionismus”, *PROKLA* Heft 3.

______(1991), *Die Zukunft des Marktes*, Münster: Westfälisches, Dampf-boot.

______(2004), "Inflationäre Deflation Oder die Dominanz der Globalen Finanzmärkte", *PROKLA* Heft 134.

Altvater, Elmar, Kurt Hübner, M. Stanger(1983), *Alternative Wirtschafts-politik Jenseits des Keynesianismus*, Opladen: Westdeutscher Verlag.

Amsden, Alice(1989), *Asia's Next Giant: South Korea and Late Industrialization*, London: Oxford University Press.

Cole, David C. and Lyman, Princeton N. (1971), *Korean Development: The Interplay of Politics and Economics*, Cambridge: Harvard University Press.

DeVroey, Michel(1991), "Der Mark-von Wegen Einfach", *PROKLA* Heft 82, pp. 7~22.

Dyson, Kennth(ed.) (2002), *European States and the Euro: Europeanization, Variation and Convergence*, Oxford: Oxford University Press.

Evans, Peter(1986), "State, Capital, and the Transformation of Dependence: The Brazilian Computer Case", *World Development* 14, pp. 791~808.

Friedman, David(1988), *The Misunderstood Miracle*, Ithaca: Cornell University Press.

Haggard, Stephan(1990), *Pathways from the Periphery*, Ithaca: Cornell University Press.

Helleiner, Eric(1994), *States and the Reemergence of Global Finance*, Ithaca: Cornell University Press.

Herr, Hansjörg(1986), *Geld, Kredit und Ökonomische Dynamik in Marktver-mittelten Ökonomien: die Vision Einer Geldwirtschaft*, München: Florenz.

Hoffman, Hubert(1987), "Postkeynesianische Ökonomie-Übersicht und Orientierung", K. Dietrich u. a. (Hrsg.), *Postkeynesisnismus: Ökonomische Theorie in der Tradition von Keynes, Kalecki und Sraffa*, Marburg: Metropolis, 1987, pp. 9~36.

Johnson, Chalmers (1982), *MITI and Japanese Miracle*, Stanford: Stanford University Press.

Rothschild, Kurt W. (1981), *Einführung in die Ungleichgewichtdtheorie*, Berlin: Springer Verlag.

Scherrer, Christoph (2001), "New Economy: Wachstumsschub durch Produktivitätsrevolution?", *PROKLA* Heft 122.

Wade, Robert (1990), *Governing the Economy: Economic Theory and the Role of Government in East Asian Industrialization*, Princeton: Princeton University Press.

Woo, Jung-en (1991), *Race to the Swift: State and Finance in Korean Industrialization*, New York: Columbia University Press.

2장

# IT 산업 발전과정의 정치경제학

## 발전과정에서 나타난 국가역할의 재검토

홍성걸

### 1. IT산업과 정부정책

IT산업은 1990년대 중반 이후 한국경제를 이끌어온 주된 성장동력이었으며, 10년 후 한국 국가경쟁력의 원천이 되어야 한다는 데 의문의 여지가 없다. 한국의 IT산업은 과거 전자산업과 반도체산업의 발전을 토대로 1990년대 중반, 삼성전자와 LG전자 등 2대 전자기업이 TFT-LCD산업에 대한 집중적 투자를 시작하면서 본격화되었으며, 비슷한 시기에 WTO 기본통신협상을 계기로 통신서비스시장의 개방을 눈앞에 둔 정부에 의한 과감한 경쟁도입, 그리고 '산업화에는 뒤졌지만 정보화에는 뒤질 수 없다'는 강한 추진력을 바탕으로 한 범국가적 정보화의 추진이 어우러져 지난 10여 년간 눈부신 성장을 이룩하였다. 이 글에서는 지금까지 한국 IT산업의 발전과정에서 나타난 국가역할을 검토하여 향후 국가경쟁력의 근간이 될 신성장동력산업의 발전을 위해 바람직한 정부의 역할은 무엇이어야 하는가에 대한 교훈을 도출하고자 한다.[1)]

2005년 말 현재, IT산업의 수출은 약 780억 달러에 달하였는데, 이는 우리나라의 총 수출액 2,847억 달러의 27.4%에 해당한다. 같은 해 우리나라의 전체 무역수지 적자는 235.4억 달러였지만 IT산업의 무역흑자는 337.3억 달러에 달해, 다른 산업 전체의 교역에서의 적자를 IT산업이 메우고 있다. 그 규모에 못지않게 한국의 IT산업은 세계시장의 40% 이상을 차지하는 주력제품을 셋이나 보유하였다. 즉 메모리 반도체분야에서 삼성전자와 하이닉스, TFT-LCD분야에서 삼성전자와 LG-필립스 LCD가 약 43% 정도의 시장점유율을 보이며, CDMA 단말기와 시스템분야에서는 삼성전자와 LG전자, 큐리텔 등이 세계시장의 약 70%를 차지한다. 최근 중국의 급성장으로 시장점유율이 하락했지만 GSM 단말기를 포함할 경우 국내 단말기산업은 세계 이동통신 단말기시장의 약 40%를 생산하는 것이다. 여기에 최근에는 중국과 동남아, 일본을 넘어 유럽까지 진출한 온라인게임 산업과 한류열풍을 일으킨 드라마와 영화 등 각종 콘텐츠산업에 이르기까지 상당한 국제경쟁력을 확보함으로써 한국의 IT산업은 어려움을 겪는 한국경제의 효자노릇을 톡톡히 하고 있다.

한국의 IT산업은 1960년대 이후 본격적인 산업화와 더불어 시작된 전자산업에 그 뿌리를 둔다. 1959년 LG전자의 전신인 금성사가 진공관라디오를 조립생산하면서 시작된 한국의 전자산업은 이후 컬러TV,

---

1) 2003년 7월 24~25일간 한국경제의 미래를 짊어질 차세대 성장산업에 대한 국제회의가 서울에서 열렸다. 이 회의에서 정부는 지능형로봇, 텔레매틱스, 디지털가전, 평판디스플레이 등을 포함한 10대 신성장동력산업을 발표하였다(《동아일보》 2003.7.27).

냉장고, 전자레인지, 에어컨 등 가전산업과 반도체와 배터리 등 부품산업, 산업전자 등으로 분화되어 발전하였고, 1980년대 초반부터 본격적인 반도체 제조업(*fabrication*)이 출범하였다. 또 메모리 반도체의 성공을 바탕으로 1995년부터는 TFT-LCD를 중심으로 한 평판디스플레이 산업에 대한 과감한 투자가 시작되었고, 이어서 PDP 등 차세대 디스플레이 제품으로 확산되었다. 한편 무선통신으로의 전환이 예견되었던 1980년대 후반부터 이동통신분야의 기술개발을 모색한 우리나라는 1990년대 초반 당시까지 원천기술만 개발되어 있던 CDMA방식의 대량생산기술과 시스템 기술개발을 위한 대규모투자를 단행하였다. 이것이 성공함으로써 세계 최초로 CDMA방식의 이동통신을 상용화함은 물론 이를 바탕으로 세계시장에 진출해 미국, 일본 등 GSM방식과 더불어 CDMA방식을 복수표준으로 선택한 지역의 이동통신 서비스에 필요한 시스템과 단말기를 공급하기 시작하였다. 그리고 보다 창의적이고 모험적인 사업으로 분류되는 게임산업에서도 국내게임 업체들은 온라인게임을 중심으로 세계시장을 위협하고 있다.

한국 IT산업의 이러한 성과의 이면에는 각 산업분야별 관련협회 등으로 연계된 국가와 민간기업의 유기적 관계와 정부의 다양한 시장 지향적 지원정책, 세계시장이나 무역체제의 변화로 인한 기회와 위협, 주요 교역상대국이나 경쟁국들과의 갈등과 경쟁, 이를 이익창출로 활용하려는 기업인들의 적극적이고 모험적인 투자와 기술개발 노력이 있었으며, 때로는 상당한 운도 작용하였다. 특히 우리나라는 경제발전의 초기부터 적극적인 정부주도에 의한 초고속 압축성장을 이룩했기 때문에 이에 따른 경로의존성의 영향으로 국내외 경제 및 산업환경의 커다란 변화에도 불구하고 산업발전과정에서 국가가 주도적 역할을 수행하는 경향이 나타난다. 하지만 위와 같이 장기간에 걸쳐 다양한 IT산업들이 발전되는 과정에서 나타난 국가의 역할은 매우 다양했을 뿐만 아니라 역동적이었으며, 비록 국가가 산업발전과정에서 주도적 역할을 담당했다고 하더라도 시기에 따라, 혹은 산업분야에 따라 그 내용이 크게 달랐다. 이 글에서는 국내 IT산업의 발전과정에서 나타난 국가역할의 다양한 변화모습을 검토하고, 그 원인을 분석함으로써 향후 신성장동력산업의 발전을 위해 바람직한 국가역할은 무엇이어야 하는가에 대한 교훈을 도출하고자 한다.

## 2. 이론적 배경 및 분석틀

### 1) 발전과정에서의 국가역할

18세기 중엽 자유경쟁시장이 도입된 이후 시장에서의 국가역할에 대한 논의는 많은 변화를 거쳐왔다. 고전 및 신고전주의 경제학이 풍미했던 19세기에는 국가역할을 시장의 실패를 보완하는 것으로 한정했지만, 1920년대 말 경제대공황을 극복하는 과정에서 나타난 케인스 경제학과 화폐금융론, 재정학 등에 의해 주류경제학에서도 국가의 적극적 역할을 인정하기에 이르렀다. 특히 후진국의 경제발전을 연구한 선행연구에서는 국가역할의 중요성을 일찍부터 인정했으며, 이러한 연구들은 자본주의 경제체제가 국가의 개입이 없이 효율적으로 발전할 수 있다는 신고전주의 경제학의 주요명제에 꾸준히 반론을 제기하였다(Gerschenkron, 1962). 한편 1960년대부터 30여 년 이상 지속된 동아시아국가들의 눈부신 경제성장은 시장경제에서 국가역할에 따라 경제발전의 성과가 크게 달라질 수 있다는 것을 극명하게 보여준 사례로서 학계의 주목을 끌기에 충분했다. 결국 신고전주의 경제학의 핵심인 자동조절적 시장(*self-regulating market*)을 신봉하는 IMF나 World Bank도 경제발전과정에서 국가의 긍정적 역할을 인정하지 않을 수 없게 되었다(World Bank, 1993).

정치학이나 사회학분야에서도 발전과정에서 국가역할에 대한 논의가 활발히 진행되었다. 네틀(Nettl, 1968)이 사회과학연구에서 국가의 개념을 구체화하고 이의 필요성을 강조한 이후 수많은 학자들이 특정 사회현상이나 경제발전 경험을 연구하는 데 국가의 역할이나 국가능력, 국가자율성 등의 변수들을 활용하였다(Evans, Rueschemeyer and Skocpol, eds., 1985 ; Skocpol, 1995 ; Krasner, 1978). 특히 아래에서 논의하는 바와 같이 한국을 비롯한 동아시아의 경제발전이나 산업정책과 관련해서도 국가의 주도적 역할을 비롯한 국가관련 변수들이 발전이론의 중심이 되었다(Amsden, 1989 ; Woo, 1991).

국가론에서 이러한 이론적 변화와 함께 발전과정에서의 국가역할에 대한 설명에서도 상당한 변화가 있었다. 특히 초기 동아시아의 경제나 산업발전에 대하여 시장중심론과 발전국가론의 이분법적 논리에서 벗어나 특정산업분야에서 국가와 기업관계의 제도화과정과 국내외 다양한 행위자들과의 상호작용을 연구함으로써 발전과정에서 국가역할의 다양성을 입증하는 연구들이 크게 증가하였다(Friedman, 1988 ; Linden, Hart, Lenway and Murtha, 1999 ; Tilton, 1994 ; Hong, 1997). 이들 연구들은 공통적으로 산업이나 경제발전과정에서 나타나는 국가역할은 특정 정치사회의 구조나 행위자들뿐만 아니라 국가와 기업, 노동조합, 국제자본, 다국적기업 등 특정정책 이슈에 대한 정책네트워크를 구성하는 주요행위자들의 상호작용에 영향을 미치는 제도의 형성과정과 특성에 따라 다양하게 나타난다는 점을 강조한다. 결국 발전과정에서 나타나는 국가역할에 대해 초기에는 국가에 대한 이론적 입장에 따라 특정 국가역할을 강조하고 그것을 신봉하였으나, 신제도주의의 등장과 함께 제도적 변수, 구조적 변수, 그리고 상황적 변수 등이 복합적으로 어우러져 국가역할을 경험적으로 설명하는 연구들이 대거 출현하였다.

### 2) 동아시아의 경제발전과 국가

동아시아국가들의 경제 및 산업발전에 관한 정치경제학적 연구들은 크게 두 가지 이론적 입장에서 발전되었다. 하나는 신고전주의 경제학의 입장에서 주장된 것으로, 동아시아 경제발전은 근본적으로 시장경제가 원활히 작동함으로써 '보이지 않는 손'에 의해 효율적 자원배분이 이루어졌기 때문에 가능했다는 이론이다. 시장중심론 혹은 다원주의론이라고도 불리는 이 이론은 경제발전과정에서 나타난 국가의 적극적인 역할을 부정하지는 않지만 국가는 효율적인 시장경제의 원활한 작동을 가능하게 하는 보조적 역할에 머물렀다. 그리고 경제 및 산업발전의 근본적 원인은 시장경제와 관련된 다양한 변수들, 예컨대 높은 저축률, 이자율, 양질의 노동력, 인구구성의 변화, 외국인투자 유치, 시장에 의한 효율적 자원배분 등이었다고 주장한다(Krueger, 1978 ; Balassa, 1981 ; Galenson, ed., 1985 ; Hughes, ed., 1988 ; World Bank, 1993).

이에 대하여 존슨(Johnson, 1982)이 동아시아(일본)에 적용한 발전국가론은 사회 내의 지배적 이익으로부터 자율성을 가진 국가의 기획과 정책집행이 없이는 동아시아의 경제발전은 불가능했을 것이라고 주장한다. 이후 앰스딘(Amsden, 1989), 웨이드(Wade, 1990), 우(Woo, 1991), 해거드(Haggard, 1990) 등은 발전국가론을 한국과 대만 등 다른 신흥 공업국가에도 적용했는데, 이들은 공통적으로 엘리트로 충원된 정부조직이 미래에 대한 비전을 바탕으로 시장을 창출하는 등 적극적인 시장개입을 통해 경제 및 산업발전을 주도했다고 주장한다.

신고전주의 경제학이나 발전국가론은 동아시아의 경제발전과정에서 나타난 국가역할의 내용과 원인을 설명하는 데 크게 공헌한 것은 사실이다. 그러나 발전과정에서 나타나는 국가의 다양한 역할을 시장 또는 국가의 이분법적 논리로 설명하는 것은 문제가 있다. 이에 따라 경제발전과정에서의 다양한 국가역할을 보다 정확히 설명하고 이해하기 위해서는 행위자이면서 동시에 구조로서의 국가가 다른 행위자들과 어떻게 상호작용하는가와 그러한 상호작용에 영향을 미치는 정치, 경제, 사회의 제반 제도적 변수들을 분석틀에 포함시켜야 한다는 신제도주의적 입장에서 많은 연구들이 나타났다. 이 연구들은 동아시아의 발전과정에서 국가가 중요한 역할을 한 것은 사실이지만 경제전반 혹은 특정산업분야마다 국가의 역할이 다르다는 것에 주목한다. 즉, 국가와 사회의 관계나 국가의 조직적 특성, 산업분야의 민간기업이나 산업조직의 존재와 응집력 및 국가와 다른 행위자들의 관계와 관련된 제도적 특성, 국가간 혹은 지역간 역사적 경험과 사회문화적 특성의 차이 등이 발전과정에서의 국가역할에 크게 영향을 미치기 때문에 국가역할의 통시적이고 탈공간적인 일반화는 문제가 있다고 주장한다(Samuels, 1987 ; Friedman, 1988 ; Okimoto, 1989 ; Doner, 1992 ; Moon and Prasad, 1994 ; Kang, 1995 ; Cho, 1997 ; Hong 1997 ; Woo-Cumings ed. 1999). 이러한 논의의 연장선상에서 에반스(Evans, 1995)는 경제와 산업발전과정에 대한 국가개입의 필요성은 이미 논의의 대상이 아니며, 중요한 것은 시장경제에 대한 국가개입이 '어떤 종류'(*what kind*)인가의 문제라고 주장하면서, 국가가 어떻게 사회에 체화되어(*embedded*) 있느냐에 따라 국가자율성의 정도에 차이가 발생하고, 그에 따라 동일한 산업분야의 발전과정에서 나타나는 국가의 역할과 능력도 달라질 수 있다고 한다. 또 국가와 기업 또는 산업조직과의 관계뿐만 아니라 기업내부 조직이나 기업간 관계를 포함하는 보다 넓은 의미의 제도적 틀에 대한 이해가 없이는 동아시아의 산업발전을 바르게 이해할 수 없다는 주장도 이러한 신제도주의적 접근의 하나로 이해할 수 있다(Whitley, 1992 ; Fields, 1995 ; Hamilton, Biggart, and Orru eds., 1997). 신제도주의 연구들은 발전과정에서 나타나는 다양한 국가역할을 이해하고 설명할 수 있는 장점이 있지만 주로 특정시기나 특정산업 발전에서 나타나는 국가역할에 한정해 분석하는 경향을 보임으로써 경제사회 전체의 발전과정에서의 국가역할을 종합적으로 설명하는 데에는 한계가 있다.

한편 신제도주의 접근이 주로 국가를 비롯한 행위자들의 정책네트워크와 여기에 영향을 미치는 다양한 국내외 제도적 변수들을 중심으로 국가역할을 설명한 반면, 제레피(Gereffi, 1996)를 비롯한 일련의 연구들은 세계경제의 글로벌화 현상에 주목해 개발도상국들의 경제발전 경로와 패턴을 설명한다. 이들은 개발도상국의 경제발전과정을 다국적기업의 '지구적 생산망과 노동분업구조'(*Global production networks and division of labor*)의 입장에서 설명한다. 이들은 개발도상국의 경제발전은 결국 선진국의 다국적기업들이 주도하는 세계시장에 편승해야 하기 때문에 다국적기업들이 구축하는 생산네트워크와 노동분업구조에 편승하는 시기와 방식, 그리고 편입 후 선진국으로부터 기술을 이전받아 부가가치가 높은 산업분야로 이동하는 과정에 관심을 갖는다. 이 입장에 따르면 산업분야에 따라 다국적기업에 의해 상이하게 형성된 생산망의 특성과 그러한 생산망에 진입하는 시기와 방식 등에 따라 개도국의 산업발전 기회와 한계가 달라질 수 있다. 경제발전에 성공한 개도국의 국가들은 이렇게 다국적기업에 의해 창출되는 발전의 기회를 잘 활용했기 때문에 성공할 수 있었다는 것이다(Cumings, 1984 ; Henderson, 1989 ; Bernard & Ravenhill, 1995 ; Borrus, 1994 ; Ernst, 1994 ; Gereffi and Korzeniewicz, eds., 1994). 그러나 이 이론은 개도국들이 일단 세계경제체제에 편입하면 경제발전의 내용과 한계는 대체로 다국적기업의 생산망과 세계시장의 노동분업구조에서 특정국가의 상대적 위치라는 외부변수들에 의해 피동적으로 결정된다는 입장을 견지함으로써 경제발전과정에서의 국가역할을 제한적으로 인식한다는 한계가 있다.

### 3) 신자유주의와 관료적 발전국가 대 유연한 발전국가

1980년대부터 세계 각국이 공공부문의 다운사이징을 시도하는 등 신자유주의적 정부개혁이 보편화되고, 인터넷을 통한 정보혁명과 글로벌화의 진전이 결합되면서 정보화시대의 국가역할에 대한 회의적 논의가 출현하기 시작하였다. 이에 따라 1995년 《대들러스》(*Daedalus*) 특별판은 "Diminished Nation-state", "Defective State", "Decline of the Nation-State" 등 국가역할의 축소경향에 대한 다양한 논문을 수록하기도 하였다(Strange, 1995 ; Schmidt, 1995 ; Brubaker, 1995). 하지만 정보화와 글로벌화는 발전과정에서의 국가역할을 상대적으로 감소시키고 기업이나 금융자본, 비정부기구, 개인 등 비국가적 행위자의 역할을 증대시킨다고 주장한다. 아울러 국가역할은 분야에 따라 다양하게 나타날 수 있으며 오히려 글로벌화된 세계질서를 유지하고 새로운 규범이나 규칙을 만들어내기 위해서도 국가의 역할이 매우 중요하다는 주장이 설득력 있게 제시되었다(Evans, 1997).

1997년 동아시아의 경제위기가 발생하면서 같은 시기에 초고속성장을 경험한 아일랜드 경제와 국가역할에 대한 관심이 집중되기 시작했다. 그 대표적인 연구가 오라이언(ÓRiain, 2000)이 아일랜드의 소프트웨어산업의 발전과정에서 나타난 국가역할에 대해 연구하면서 주장한 '유연한 발전국가'(FDSs)의 개념이다. 동아시아의 경제성장과 국가역할에 대한 발전국가론에 입각한 연구들은 기본적으로 엘리트로 구성된 관료집단에 의한 합리적 국가관리를 가정하는 막스 베버의 국가관을 공유한다. 그리고 경제성장과정에서 동아시아의 발전국가들은 노동을 배제시킨 가운데 국내자본가들과의 긴밀한 발전지향적 관계를 맺으면서 사회에 체화된 자율성과 능력을 바탕으로 경제성장을 이끌었다는 측면에서 오라이언(2000)은 이를 '관료적 발전국가'

(*bureaucratic developmental states*: BDSs)라고 부른다. 이에 대하여 '유연한 발전국가'라 부르는 아일랜드의 경제성장과정에서 나타난 발전국가는 글로벌화에 대응하는 방식과 체화된 자율성의 원천, 그리고 지속가능성에 대한 위협이라는 세 가지 측면에서 BDSs와는 다르다. 국내시장 보호나 특정산업에 대한 보조금지급, 정책금융의 활용 등 국내산업 육성을 위한 BDSs의 전형적 방식과는 달리 FDSs는 국내외 자본을 연계하여 포스트포디즘적 생산양식에 적합한 국제적 네트워크의 개발을 통해 경제발전을 유도한다. 아일랜드 경제의 경우, 국내외경제 간의 장벽을 완전히 없애고 외국인직접투자를 적극적으로 유치해 국내 경제활동에 참여시켰다는 측면에서 전통적인 BDSs의 정책과는 다르다. 한편 BDSs가 갖는 체화된 자율성의 제도적 원천은 엘리트로 구성된 합리적 관료조직과 이들이 국내자본가들과 맺고 있는 긴밀한 발전연합인 반면, FDSs가 향유하는 국가자율성의 제도적 근원은 국가구조나 정부조직이 갖는 유연성과 국내 경제성장을 주도하는 외국인직접투자, 그리고 유입된 전문노동력이다. 아일랜드의 경우, IDA Ireland, Enterprise Ireland, Forfàs 등 세 기관이 산업고용통상부와 수상실(*Office of Taoiseach*), 그리고 각 부처들과 느슨하게 연계되어(*loosely coupled*) 개방적인 경제정책과 산업정책을 추진했다는 측면에서 합리적이고 견고하게 조직화된(*tightly organized*) 관료제가 주도적 역할을 하는 BDSs와는 다르다. 끝으로 BDSs의 경우 지속적인 발전국가의 역할을 위협하는 요인으로 지적되는 것은 경제발전에 따라 세계화된 국내자본들이 국내경제보다는 세계경제에 부합하는 활동을 증가시키는 현상과 개방된 경제환경에 신속히 적응하지 못하는 경직된 관료조직이지만, FDSs의 경우 급속히 글로벌화되는 국내사회와 외국자본의 수요에 무조건적으로 대응하면서 나타나는 관료조직의 파편화(*fragmentation*) 경향이라고 할 수 있다. 〈표 2-1〉

〈표 2-1〉 관료적 발전국가 대 유연한 발전국가

| 구 분 | 관료적 발전국가 | 유연한 발전국가 |
|---|---|---|
| 글로벌화에 대한 대응방식 | ▪ 종속관계의 관리<br>-보호무역의 전략적 활용<br>-산업보조금<br>-국내금융시스템 | ▪ 글로벌화의 중재<br>- 세계자본 주위의 국내네트워크 형성<br>- 국내혁신네트워크의 글로벌화 |
| 체화된 자율성의 원천 | ▪ 국가 관료조직의 일관성<br>▪ 국내자본가에 체화됨 | ▪ 국가구조의 유연성<br>▪ 전문직 노동자와 외국자본에 체화됨 |
| 지속가능성에 대한 위협 | ▪ 자본의 세계화<br>▪ 관료조직의 경직성 | ▪ 사회의 세계화<br>▪ 국가의 파편화 |

자료: ÓRiain(2000: 165).

은 BDSs와 FDSs의 개념적·현실적 차이를 비교한 것이다.

지금까지 논의한 바와 같이 산업발전과정에서의 국가역할에 관한 논의는 다양하게 전개되었다. 특히 동아시아의 경제 및 산업발전 과정에서의 국가역할과 관련하여 신고전주의 경제학의 정치학적 버전이라고 할 수 있는 신자유주의적 입장과 베버리안 국가론에 바탕을 둔 발전국가론의 입장이 대조적 설명을 제시하는 가운데 다양한 형태의 수정모델들이 제시되었다.[2] 이 중 가장 대표적인 연구는 피터 에반스(Peter Evans)가 한국과 인도, 브라질 등의 컴퓨터산업 발전과정에 대한 사례연구에서 제시한 '체화된 자율성'(*embedded autonomy*) 논의라고 할 수 있다.

에반스(Evans, 1995)는 후발공업국가에서 나타나는 국가의 구조적

2) 동아시아국가의 경제발전과정에서의 국가역할에 대한 자세한 논의는 Hong (1997), Kim and Ma, eds. (2000) 참조.

특성을 약탈적 국가(*predatory states*)와 발전국가(*developmental states*), 그리고 그 중간적 위치에 있는 국가(*intermediate states*)로 나누고, 성공적인 발전국가의 구조적 기초로서 '체화된 자율성'(*embedded autonomy*)의 중요성을 강조한다. 그리고 발전국가가 경제의 생산능력을 강화해가는 전형적인 역할로서 전통적 의미의 규제자 혹은 감독자의 역할(*custodian*), 산업생산에 직접 참여하는 창조자의 역할(*demiurge*), 민간의 산업참여를 유도하거나 지원하는 산파의 역할(*midwifery*), 그리고 보다 기술적으로 정교한 첨단산업으로의 진출을 독려하는 관리자 혹은 보호자의 역할(*husbandry*) 등으로 분류한 바 있다(Evans, 1995: 74~81). 이러한 다양한 역할들은 상호배타적이라기보다는 서로 혼합되어 나타나는 경우가 많으며, 특히 산업분야에 따라 국가의 다양한 역할이 요구되기도 한다.

한국의 IT산업은 다양한 산업부문이 순차적으로, 때로는 중복되어 발전했으며, 그 과정에서 정부도 다양한 지원정책을 통해 산업발전을 지원하였다. 여기서는 두 가지 기준에 따른 변화, 즉 시간의 흐름에 따른 변화(*temporal variation*)와 산업분야별 다양성에 따른 변화(*sectoral variation*)를 종합적으로 고려하여 다양한 IT산업의 발전과정에서 나타난 국가역할의 변화패턴을 조망하고 그 방향성을 제시함으로써 미래 신성장동력산업의 발전을 위해 바람직한 국가역할은 무엇인가에 대한 체계적인 답변을 제시하고자 한다.

여기에서의 주요 연구방법은 관련 선행연구들을 대상으로 한 문헌연구이다. 필자는 선행연구들을 검토해 이 연구를 위해 설정한 〈그림 2-1〉의 분석틀에 따라 재구성함으로써 분석대상이 된 산업의 발전과정에서 나타난 정부역할의 특성과 원인을 파악하는 데 주력하였다. 이러한 역사적 접근을 통한 분석작업은 결국 과거 산업발전의 경험을 통해 미래 한국경제의 성장동력이 될 신성장동력산업의 발전을 유도하기 위한 바람직한 국가역할을 찾아내기 위해 수행되었다.

한국 IT산업들 중 핵심적 산업들을 중심으로 〈그림 2-1〉의 분석틀에 입각해 국가역할이 어떻게, 왜, 그리고 어떤 방향으로 변화되었는가를 분석한 다음, 결론에서 미래 성장동력 산업의 발전에 대한 시사점을 정리하기로 한다. 논의의 편의상 이 글에서는 지난 1960년대 초반 한국경제의 본격적인 도약 이후 첨단산업분야에서 발전된 주요산업들, 예컨대 전자, 반도체, 평판디스플레이, CDMA 등 IT 제조업의 사례를 중심으로 논의하되, 1990년대 중반 이후 통신서비스 시장에 경쟁이 도입된 이후의 IT산업 발전을 위한 종합적 지원시기도 분석대상에 포함하였다.

〈그림 2-1〉 분석틀

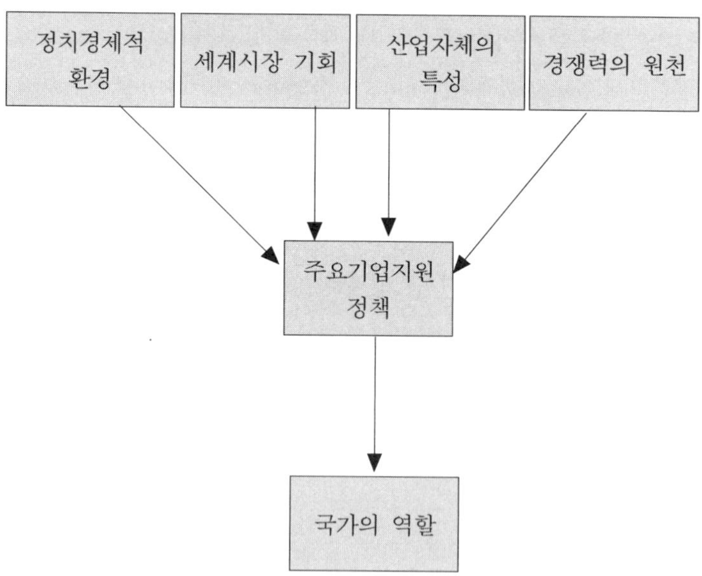

## 3. IT산업 발전과정에서의 국가역할의 변화

### 1) 전자산업 (1960~1970년대)

우리나라의 전자산업이 출범하던 1960년대 우리가 가지고 있던 경쟁력의 원천은 무엇보다도 양질의 저임금노동력이었다. 때마침 국내임금의 상승으로 해외생산기지를 찾던 미국을 비롯한 선진국의 전자업체들이 홍콩에 이어 대만과 한국에 진출하기 시작하였고, 우리나라는 이렇게 형성된 세계분업구조에 편승함으로써 전자산업의 해외직접투자를 유치할 수 있었다(Gereffi and Korzeniewicz eds., 1993). 당시 외국투자를 유치하기에 우리나라보다 조건이 나은 국가들이 많았는데, 우리나라가 남북분단으로 인한 국가안보의 불안이라는 부정적 조건에도 불구하고 세계 분업구조에 쉽게 편승할 수 있었던 이유는 무엇이었을까? 무엇보다도 미국과의 상호방위조약과 주한미군의 존재가 외국투자가들의 안보불안을 줄이는 데 크게 기여했다. 뿐만 아니라 초기 다국적기업에 의한 전자산업의 해외투자가 주로 노동집약적 분야의 대량생산능력 확대위주로 진행되었고, 높은 교육열로 인해 양질의 저임금노동력을 보유한 우리나라가 이상적인 해외투자 대상국으로 부상하였기 때문에 가능했다고 볼 수 있다. 5·16 군사정변 이후 절대빈곤으로부터 벗어나기 위해 정부는 과감한 해외투자 유치정책을 추진했다. 대학졸업자들도 고등룸펜으로 전락할 정도로 실업률이 높았던 상황에서 외국 전자기업의 국내진출은 일자리를 창출할 뿐만 아니라 산업화에 필요한 자본축적을 가능하게 했기 때문에 정부는 다양한 외자도입정책을 통해 이들의 국내진출을 받아들이고자 노력하였다. 제 3공화국 이후 행정시스템이 정비되고 경제제일주의와 수출지상주의를 반영한 정부조직의 구축으로 주무부처인 상공부가 전자산업 육성기능을 활발히 수행할 수 있었다는 점도 빼놓을 수 없다.

1960년대 후반부터 이들 외국기업들로부터 독립하거나 혹은 국내 자본에 의한 독자적인 전자산업 진출이 증가하였다. 정부는 국내기업들의 전자산업 진출을 확대하기 위한 다양한 직접적 지원정책, 예컨대 정책금융, 보조금지급, 조세감면, 관세환급 등을 활용하여 지원정책을 추진하였다. 이러한 지원은 전자공업진흥회 등 산업협회를 통해 수출촉진과 직접적으로 연계됨으로써 정부와 기업의 긴밀한 협력관계를 유지하는 제도적 기초가 되었다(김시윤, 2004).

이에 따라 과거 다국적기업의 현지생산기지로서 노동집약적 성격을 띠었던 한국의 전자산업은 1970년대 이후 대기업들의 경쟁적 진출과 가전제품을 중심으로 독자적 생산능력을 보유하고 세계시장에 진출하기 시작하였다. 이어서 반도체를 비롯한 고부가가치 전략품목으로의 진출이 가능해졌다. 대체로 1970년대 말까지 정부는 다양한 전자산업 지원정책을 강구할 수 있었는데, 그 이유는 무엇보다도 GATT체제하에서 자유무역이 선호되었지만 동서냉전의 구도하에서 우리의 가장 큰 수출시장이었던 미국이 최혜국대우 등 예외적으로 우호적 조치를 용인해 주었기 때문이다. 또한 1970년대 중화학공업화를 추진했던 시기에 수출이 연평균 40%에 가까운 초고속성장을 기록했던 전자산업은 국내산업 중 중화학공업에 대한 투자재원을 확보할 수 있는 거의 유일한 사업(*cash crop business*)이었다. 따라서 정부는 중화학공업이 아니면서도 6대 전략산업의 하나로 선정하여 적극 육성하였다.

결론적으로 1970년대까지의 한국 전자산업의 발전과정에서 나타난 국가의 역할은 에반스의 유형 중 산파적 역할(*midwifery*)에 해당한다고 할 수 있으며, 비록 정부가 직접적인 생산자(*demiurge*)로서 산업에 참여하지는 않았으나 수출지상주의를 천명하여 모든 지원정책을 수출촉진과 연계하였고, 전자공업진흥회라는 산업협회를 통해 직간접적으로 기업들을 실질적으로 통제했다고 판단한다. 즉 정부는 국내자본의 전자산업 진출을 독려하여 다국적기업의 현지생산기지에 만족하지 않고 독자적인 전자산업의 발전을 가능하게 한 토대를 확립했다. 이러한 국가역할이 가능했던 이유는 당시의 국제 정치경제적 상황과 GATT로 대표되는 느슨한 무역체제, 초기 전자산업의 특성, 우리 경쟁력의 원천, 효과적인 담당 정부조직 등이 복합적으로 작용했기 때문이었다. 이후 전자산업은 이윤창출과 성장을 위한 기업들의 창의적 노력을 바탕으로 시장기제를 통해 주로 발전하였다. 그 과정에서 정부는 경제전반의 공정경쟁을 위한 규제자의 역할을 하면서, 주로 중소기업에 대한 지원정책을 발굴하고 집행하였다.

### 2) 반도체산업(1980～1990년대)

전자산업과 마찬가지로 우리나라의 반도체산업은 1960년대 중반 저임금양질의 노동력을 활용하려는 미국의 반도체기업들의 현지생산기지로 출발하였다. 당시 다국적기업들은 우리나라에서 반도체공정 중 특히 조립 및 포장공정을 중심으로 생산활동을 전개하였는데, 이의 영향을 받아 1969년 국내 최초로 아남반도체가 설립되어 반도체 조립생산을 시작하였다. 이어서 1974년, 소규모의 ㈜한국반도체가 설립되어 메모리 반도체 제조업에 진출하였으나 큰 성과를 거두지는 못하고 곧바로 과다투자로 인한 부도사태에 직면하여 1975년 당시 전자산업에 진출했던 삼성전자에 흡수합병되면서, 삼성의 반도체산업 진출의 계기가 되었다.

국내업체들의 본격적인 반도체산업 진출은 1970년대 후반부터 소규모 연구시설과 생산시설을 운영하던 LG와 삼성이 1983년부터 반도체 제조업분야에 대규모투자를 단행하면서부터 시작되었다. 이어서 전자산업분야의 경험이 전무한 현대가 현대전자를 설립하여 반도체산업에 진출하여 지난 1997년 경제위기 이후 구조조정을 통해 2개사(삼성전자, 하이닉스)로 통합될 때까지 국내 메모리 반도체산업은 삼성・LG・현대의 3사체제를 유지하였다.

반도체산업이 도약할 당시의 국내외 정치경제적 상황은 다음과 같다. 우선 1970년대 가전을 중심으로 한 전자산업의 급성장은 막대한 수출증대 효과를 가져왔으나 이를 지속하기 위해 필수적인 부품인 반도체의 해외의존도(특히 일본)가 높은 상황에서 가전산업의 발전에는 구조적 한계가 있을 수밖에 없었다. 이에 따라 전자산업을 선도하던 국내기업들은 비록 위험부담이 매우 크지만 반도체산업 진출을 결정하고 과감한 투자를 단행하였다. 세계시장에서는 개인용컴퓨터의 사용이 증가하면서, 반도체의 수요도 증가하기 시작하였다. 이에 따라 반도체산업에 먼저 진출한 일본의 전자업체들이 막대한 수익을 창출하면서 1970년대 중화학공업화 과정을 거쳐 몸집이 커진 전자산업분야의 재벌업체들이 반도체산업 진출을 선언하였다. 이렇게 시작된 국내 반도체산업은 삼성전자가 처음으로 제품을 출시한 1985년경부터 세계 반도체시장의 과잉공급에 따라 큰 어려움을 겪었다. 하지만 이어서 발생한 미국과 일본 간의 반도체 무역갈등으로(이른바 미・일 반도체전쟁) 일본산 반도체의 미국시장 점유율이 제한받기 시작하면서 삼성전자의 반도체부문이 수익성을 확보하고 세계시장에서 주요 공급자로서 자리잡게 되었다. 이렇게 세계 반도체시장에서 미국과 일본 간의 무역갈등은 막 태어난 국내 반도체산업에게 없어서는 안될 귀중한 시장기회를 부여하였다.

국내업체들의 메모리 반도체제조업 진출은 메모리 반도체산업 자체의 특성과 국내 재벌기업들의 규모의 경제가 크게 작용하였다. 특히 메모리 반도체는 상대적으로 부가가치가 높은 비메모리 제품군에 비해 관련기술이 비교적 단순하여 짧은 시간 내에 따라잡을 수 있고 대규모투자에 의한 대량생산이 관건인 규모의 경제가 작용하는 산업이다. 이러한 산업 자체의 특성은 재벌화된 국내 전자기업들이 보다 우월한 입장에서 경쟁력을 확보할 수 있게 하는 데 매우 중요한 요인이 되었다. 또 재벌화된 기업들은 대마불사(大馬不死)의 논리에서 보듯이 대규모자금의 동원능력에서 중소기업이나 단독의 전문기업에 비해 훨씬 유리했다. 국내 자본시장의 저발전으로 경영진들이 단기적 이익에 급급하지 않고 장기적 발전전략에 따른 의사결정이 가능했고, 단기 투기자본에 의한 적대적 M&A 등이 불가능했다는 점도 국내기업들의 경쟁력의 원천을 구성하는 요소로 인정된다.

한편 1980년대에 접어들면서 산업육성을 위한 정부정책의 환경에도 큰 변화가 있었다. 국내적으로는 1970년대 중화학공업화 과정을 거치면서 과잉투자의 논란이 커졌다. 그리고 제2차 오일쇼크 이후 경제의 안정화, 시장화, 개방화가 전두환 정부의 경제정책 기조로 자리잡으면서 특정산업에 대한 국가의 직접적 지원정책의 중요성이 점차 퇴조하였다. 또 1980년대 초반부터 미국의 상호무역주의(*reciprocal trade*)에 대한 요구와 불공정 무역행위(*unfair trade practice*)에 대한 주장이 높아지면서 GATT체제에 대한 회원국들의 불만이 높아졌다. 자유무역을 대신하여 관리무역체제가 나타나기 시작하였으며, 특정산업을 직접적으로 지원하기 위한 정책은 사실상 집행이 어렵게 되었다. 이에 따라 정부는 과거 각 분야별 산업의 발전에 크게 기여해 왔던 산업분야별 육성법들을 일괄 폐지하고 "공업발전법"(1986)을 제정하여 분야별 지원에서 기능별 지원정책으로 전환하였다.

이렇게 되면서 1970년대까지 일반적으로 활용되던 정책금융이나 보조금지급 등 직접적인 지원정책은 크게 줄어들고 기술개발을 위한 연구컨소시엄의 구성과 지원, 관련분야의 전문인력 양성, 중소기업 지원, 기초기반 기술개발지원, 기초기반 기술도입의 인허가 등 기능별 지원정책이 주로 활용되었다.[3] 또 세계시장에서 각종 무역갈등이 나타날 경우 정부와 기업의 긴밀한 협조를 통해 이를 해소하거나 완화하는 노력이 나타났다. 특히 1980년대 후반부터 삼성전자를 비롯한 국내 반도체업체들이 각종 특허권분쟁과 반덤핑제소에 휘말리면서 국제무역관계에서 정부와 기업의 공조가 자주 나타났다.

한편 1987년부터 시작된 5대 국가기간 전산망사업은 PC를 비롯한 각종 시스템산업에 귀중한 시장기회를 제공하면서 관련분야의 산업육성 효과를 가져왔다. 특히 전국의 초·중·고등학교에 30대 규모의 컴퓨터교실을 설치하는 교육정보화사업은 PC에 대한 수요를 증가시켜 PC조립에 필수적인 메모리 반도체의 수요를 창출함으로써 반도체산업 지원정책으로서의 효과가 컸던 정책 중의 하나이다.

1990년대 초반 이후 한국의 메모리 반도체산업은 세계적인 경쟁력을 확보하면서 일본과 더불어 세계시장에서 2강체제를 확보하였고, 이후 삼성전자는 메모리 반도체분야에서 부동의 세계 1위 자리를 고

---

3) 중소기업 지원은 주로 소재 및 장비산업, 그리고 비메모리분야와 관련해 이루어졌다. 사실 국내 반도체산업은 메모리분야에서는 세계적인 경쟁력을 확보했으나, 비메모리분야에서는 취약함을 면치 못했고, 장비와 소재의 분야에서도 아직 국제적 경쟁력을 확보하지 못하였다. 이 때문에 반도체수출이 늘어날수록 관련장비와 소재의 수입도 동반상승한다든가 국내생산품의 대부분을 수출하면서도 국내 소요반도체의 상당부분을 수입에 의존하는 기형적 무역구조를 나타냈다. 이러한 문제점을 극복하기 위해 정부와 민간기업들이 다양한 노력을 경주했으나 아직 이렇다 할 성과를 보이지는 못하였다. 자세한 것은 한국반도체산업협회(1995), 삼성경제연구소(2001. 8), 산업은행(2003. 7), 홍성걸(1992), 김미경(1996), Hong(1997) 등 참조.

수하고 있다. 1990년대 후반부터는 인터넷의 보편화와 MP3, 플래시 메모리, 휴대전화, LCD 모니터, LCD TV 등 디지털가전의 상용화가 이루어지면서 삼성전자의 각종 메모리제품들은 없어서 못팔 정도로 세계시장에서 대용량 메모리제품에 대한 수요가 폭발적으로 증가했고, 이러한 수요증가에 힘입어 한국의 메모리 반도체산업은 명실공히 세계 최고의 수준으로 성장·발전하였다.

결론적으로 반도체산업의 발전과정에서 나타난 정부지원정책의 내용적 변화는 에반스의 분류에 따르면 초기 대규모기업의 진출을 유도하던 산파적 역할(*midwifery*)과 관리자 혹은 보호자의 역할(*husbandry*)이 동시에 나타난 것으로 판단할 수 있다. 그리고 1990년대 이후 한국의 반도체산업은 세계시장의 상황변화에 따른 기업의 자율적 의사결정에 의해 발전했으며, 이것은 민간의 역량이 충분하여 국가개입의 필요성이 없을 때에는 정부의 지원이 철회되어야 함을 시사한다. 그렇지 못할 경우 심각한 정책실패를 야기할 수 있는데, 이와 관련하여 중요한 사례가 경제위기 이후 반도체산업의 구조조정과정에서 나타난 국가역할이다. 당시 정부는 국내 반도체시장의 규모와 공급과잉을 이유로 구조조정을 강제하였고, 그 결과 LG반도체가 현대전자에 흡수되어 하이닉스 반도체가 되었다. 하이닉스의 문제는 국민경제에 큰 부담을 주면서도 해결되지 못하였고, 우여곡절 끝에 반도체경기가 되살아나면서 현상유지되는 상황이다. 이 사례는 정부가 공정경쟁을 위한 규제자나 감독자, 혹은 조정자의 역할을 벗어나 경제적 합리성이 결여된 방향으로 산업에 개입함으로써 나타난 부정적 결과로 받아들여야 하며 향후 민간의 역량이 갖추어지고 시장이 성숙된 환경에서 국가의 과도한 개입은 부적절하다는 것을 시사한다.[4]

---

4) 김대중 정부의 빅딜정책은 경쟁력강화를 위해 재벌기업간 업종전문화를 시도한 것이었으며, 성숙기에 접어든 반도체산업분야에 대한 정부의 직접적

### 3) 평판디스플레이산업(1990년대 중반)

반도체산업이 1983년부터 도약을 시작하여 20여 년에 걸쳐 세계 최고수준의 경쟁력을 확보했다면 평판디스플레이산업은 1995년 본격적인 투자가 시작된 지 불과 4년 만에 세계 2위(시장점유율 31%), 그리고 6년 만에 세계 1위(시장점유율 43%)의 생산국으로 부상한, 문자 그대로 초고속 성장산업이다.

1977년 (주)서통이 미국으로부터 관련기술을 도입하여 전자시계와 탁상용 전자계산기의 계기판용으로 주로 쓰이던 TN(*Twisted Nematic*)형 LCD를 생산하면서 시작된 국내 디스플레이산업은 1980년대 이후 서통을 인수한 한국전자와 함께 삼성전관, 삼성전자, LG전자, 현대전자, 오리온전기 등 대기업들이 진출하면서 기존의 중소기업들이 모두 퇴출되었다. 그 후 반도체경기의 호조에 따라 막대한 흑자를 기록한 반도체 3사가 TFT-LCD에 본격적인 투자가 시작한 1994년 말에는 삼성전자, LG LCD, 현대전자 등 3사체제가 갖추어졌다. 이후 경제위기를 지나면서 외국자본과의 합자 및 하이디스(현대전자의 LCD부문)의 중국 매각 등을 거쳐 오늘날 LG필립스 LCD와 삼성전자의 2사체제로 정착되었다.

LCD, 특히 TFT-LCD 분야에 대한 신속하고도 과감한 투자가 이루어진 것은 1990년대 중반 반도체산업의 활황으로 막대한 자금력을 보유한 반도체기업들이 TFT-LCD를 차세대 전략품목으로 선택하고 과감하고도 신속한 투자를 단행했기 때문이다. 또 반도체산업의 경험을 바탕으로 선진업체들과의 기술적 경쟁이 가능한 분야였다는 점에서도 국내기업들은 기술경쟁력을 확보할 수 있었다. 이는 디스플

---

이고 반강제적 개입으로 특징지을 수 있는 국가주도의 정책이었고, 그 결과는 참담한 실패였다. 이에 대하여 자세한 것은 홍성걸(2004) 참조.

레이산업 발전과정의 초기에 반도체산업의 전문인력이 디스플레이 분야에 배치되어 기술개발에 투입되었다는 점에서도 입증된다. 결국 두 산업의 기술적 유사성이 국내기업들에게 조기에 국제경쟁력을 확보할 수 있는 가장 큰 원인으로 작용했다고 해도 과언이 아니다.[5]

우리나라에서 평판디스플레이에 대한 투자가 본격화된 1990년대 중반 국제정치경제체제와 무역환경은 국가가 산업발전과정에서 핵심적 역할을 하던 과거와 크게 달라졌다. 1989년 베를린장벽이 무너지면서 냉전체제는 급속도로 해체되었고, 그 결과 강대국들의 관심이 정치문제를 떠나 경제문제에 집중되기 시작하였다. 미국이 공세적인 무역정책을 더욱 강화하면서 1992년 범세계적 자유무역체제를 지향하는 WTO를 출범시켰으며, 이에 따라 특정산업의 육성을 지원하는 정책(*industrial targeting*)은 불가능하게 되었다. 이렇게 되면서 공급적 측면에서의 정부의 지원정책수단도 크게 제한되었으며, 보다 간접적인 수단, 즉 수요측면의 산업지원정책의 중요성이 증가하였다.

한편 국내에서도 오랫동안 계속되었던 군사정권의 시대가 끝나고 김영삼 정부가 들어서면서 보다 자유롭고 민주적인 과정을 통한 경제정책이 나타나기 시작하였다. 그동안 억눌렸던 분배에 대한 욕구가 분출되면서, 재벌기업의 경영투명성에 대한 요구가 증가함은 물론

5) TFT-LCD산업과 메모리 반도체산업은 전자가 대형화경쟁이고 후자는 소형화경쟁이라는 차이가 있으나 근본적으로 매우 유사한 특성을 갖는다. 두 산업은 모두 지속적인 연구개발 투자와 대규모 설비투자를 필요로 하는 지식집약적 장치산업이고, 디스플레이는 메모리반도체 공정기술을 활용하기 때문에 수율을 높이기 위해 숙련된 인력을 필요로 한다는 점에서도 유사하다. 또 두 산업은 공급과잉과 부족이 주기적으로 반복되는 특성을 가지고 있으며 전후방 산업연관효과가 매우 커서 컴퓨터를 비롯한 세트업계의 호불황에 매우 민감한 부품산업이라는 점도 유사하다. 자세한 것은 한국디스플레이연구조합(2002. 8)과 http://new.edirak.org 참조.

특정재벌에게 도움이 될 만한 정책들에 대한 특혜시비가 빈번하게 일어났다. 이에 따라 반도체나 LCD 등 주력제품을 생산하는 재벌기업들에 대한 적극적인 지원정책의 시행은 더욱 어려워졌다.

한국이 디스플레이산업에 본격 진출하기 시작한 1990년대 중반 일본기업들이 세계시장을 지배하고 있었다. 샤프와 히타치, 후지쯔와 NEC 등 일본의 9개 디스플레이 기업이 세계시장의 약 90%를 차지할 정도로 막강한 시장지배력을 보유하고 있었다. 이러한 상황에서 한국기업들의 디스플레이시장 진출은 어찌 보면 매우 무모한 것처럼 보였다. 하지만 한국의 반도체기업들은 재벌구조에 따라 이미 대규모자금의 동원능력을 갖추었고, 반도체분야의 막대한 흑자를 통해 충분한 투자자금을 보유하였다. 또 금융시장의 저발전에 따라 주주들에 대한 이익분배 요구가 크지 않았던 국내기업들은 단기적 이익보다 장기적 이익의 관점에서 전략적 투자를 단행할 수 있었다. 따라서 반도체산업의 막대한 흑자를 통해 투자여력이 발생하자 차세대 경쟁품목으로 디스플레이를 선택하고 기술적으로 크게 앞서 있는 일본과의 경쟁을 회피하지 않고 신속하고도 과감한 투자를 단행했던 것이다.

한국기업들이 이처럼 과감한 투자를 단행한 이유 중의 하나로 디스플레이산업의 핵심기술이 반도체산업과 유사하다는 점 이외에도 첨단산업 중 비교적 단순한 기술로서 과감한 투자를 통해 시장에서의 첨단기술 수준을 바로 따라잡을 수 있다는 점을 빼놓을 수 없다. 디스플레이는 공급되는 유리기판의 대형화경쟁이며, 차세대규격의 유리기판 생산을 언제, 어느 규격으로 선정하여 시장에 진입하느냐 하는 전략적 선택이 성공의 관건이 되는 산업으로서 반도체산업의 발전전략과 매우 유사하다고 할 수 있다.

한국기업들이 대규모투자를 단행하면서 세계 디스플레이시장에서의 공급과잉이 예상되자 일본의 선행기업들은 오히려 시장의 불확실성에 따라 투자를 축소했는데, 이것이 한국기업들이 조기에 세계 시장점유율을 급격히 높일 수 있었던 근본원인이 되었다. 예컨대 한국의 LCD 3사는 1997년까지 전년대비 200%가 넘는 공격적 투자를 계속하여 급속한 성장을 기록한 반면 일본의 LCD 9개사는 투자축소를 단행하였다. 그 결과 한국의 디스플레이 3사의 투자총액이 일본의 9개사의 총 투자액보다 더 많았던 것이다.[6]

그러면 기업들이 이렇게 시장에 활발히 진출하고 막대한 투자를 단행하고 있을 때, 정부는 어떤 정책을 통해 디스플레이산업의 발전을 지원했을까? LCD산업이 처음 시작되었던 1977년부터 1980년대 말까지 정부는 별다른 지원정책을 추진하지 않았다.[7] 1991년 한국디스플레이 연구조합이 설치되면서 정부의 지원정책이 구체화되기 시작했는데, 이 시기 대표적인 정부의 지원정책으로 공업발전기금과 공업기반 기술개발사업의 자금을 활용한 기술개발지원을 들 수 있다. 하지만 대량생산을 위한 생산기술 및 공정기술의 개발은 대기업들에 의해 독자적으로 추진되는 것이 일반적이었으며, 정부의 기술개발지원은 G-7과제의 일환으로 추진된 차세대 평판표시장치 기반기술 개발사업, 공업기반 기술과제로 추진된 LCD기반기술 개발사업, 그리고

---

6) 1997년 일본 디스플레이 9개 업체의 총 투자액은 1,965억 엔이었는데, 국내 3사의 투자액은 2,652억 엔에 달했다(홍성걸, 1999). 일본기업들은 한국에 의해 디스플레이시장을 잠식당하자 대만업체들에게 관련기술을 이전함으로써 최근에는 AUO, CMO/IDT, HannStar 등 대만업체들의 약진이 두드러진다. 한국, 대만, 일본의 주요업체들의 세계시장점유율과 경쟁관계에 대하여 자세한 것은 정보통신정책연구원(2003. 5)과 홍성걸(2004) 참조.

7) 산업연구원의 보고서에 의하면 이 시기 정부의 체계적인 육성정책이 없었기 때문에 국내 LCD산업이 몇몇 중소기업에게 맡겨졌고, 그 결과 1990년대 중반 일본에 크게 뒤질 수밖에 없었다(산업연구원, 1994: 160).

한미 디스플레이 기술협력사업 등 크게 3가지로 요약될 수 있다. 정부는 이들 과제의 수행에 있어 관련 대기업과 중소기업은 물론 디스플레이분야의 전문인력을 양성하는 대학들을 공동으로 참여시킴으로써 연구개발과 인력양성이 동시에 이루어지도록 하였다. 그러나 전반적으로 볼 때 디스플레이산업의 발전과정에서 나타난 정부의 역할은 일부 기초기반기술의 개발지원에 그쳤고 그 규모도 상대적으로 미미했다. 한국경제가 외환위기로 인해 매우 어려운 시기에도 기업들이 비록 계획된 투자계획을 전면 재조정하고 축소할 수밖에 없었으나, 디스플레이산업은 민간기업의 주도적 노력에 따라 지속적 발전을 거듭하였고, 앞으로도 민간기업의 의사결정에 따라 산업발전이 지속될 것으로 보인다.

이와는 별도로 디스플레이산업에 대한 간접적 지원효과가 큰 것은 각종 정보화사업이다. 한국은 1990년대 중반 이후 초고속정보통신망 구축을 위한 각종사업을 추진하였고, 부처별, 지방자치단체별로 다양한 정보화사업을 추진하였다. 그에 따라 막대한 PC모니터 수요가 발생하였는데, 2000년을 지나면서 과거 CRT모니터가 점차 LCD모니터로 교체되기 시작해 최근에는 노트북 컴퓨터가 크게 늘어나고 대부분의 데스크탑 컴퓨터들도 LCD를 모니터로 사용하기 시작하였다. 또 앞으로 디지털TV가 보편화되면 더욱 TFT-LCD와 PDP 등 평판디스플레이의 수요가 증가할 것으로 예상된다. 즉 1990년대 중반 이후 국가가 적극적으로 추진한 정보화사업은 디스플레이시장의 규모를 확대시키는 시장창출의 역할을 함으로써 간접적으로 산업발전을 지원하는 효과를 나타냈다고 할 수 있다.

결론적으로 평판디스플레이산업의 발전과정에서 나타난 국가의 역할은 신고전주의에서 주장하는 최소화된 국가, 즉 공정경쟁을 유지하기 위한 중립적 규제자(*custodian*)로서의 역할에 머물렀다고 할 수 있다. 유사한 IT산업임에도 불구하고 국가의 역할이 이처럼 다르게 나타나는 가장 큰 이유는 무엇보다도 반도체산업과 LCD산업의 발전을 주도한 민간기업들의 역량이 크게 강화되었기 때문이라고 할 수 있었다. 또 IT산업과 관련된 세계시장 자체가 관료화된 정부조직에 의한 의사결정으로는 경쟁에서 이길 수 없을 정도로 빠르게 변화했기 때문이기도 하다. 재벌중심의 대기업구조인 한국의 민간기업은 평판디스플레이와 같은 장치산업의 치열한 경쟁을 스스로 이겨낼 수 있는 역량을 갖추고 있었다. 이 경우 산업발전을 위한 국가의 역할은 민간의 자율성과 창의, 모험적 의사결정이 신속히 일어날 수 있도록 환경을 조성하는 것으로 충분하다는 것을 시사한다. 향후 정부는 재벌구조를 해체하려고 할 것이 아니라 재벌의 장점을 십분활용한 산업발전전략을 수립하여 국가의 지원이 없어도 국가발전의 핵심적 역할을 담당할 첨병으로 활용해야 할 것이다.

### 4) CDMA 산업 (1990년대 이후)

CDMA (*Code Division Multiple Access*) 는 국산 전전자교환기 (TDX), 메모리 반도체와 더불어 IT산업의 성공사례 중 하나로 손꼽힌다. 특히 같은 시기에 민간기업의 과감하고 신속한 투자를 바탕으로 급성장한 평판디스플레이산업과는 달리 정부의 적극적이고 지속적인 정책적 노력의 결과로 기술표준의 선택, 상용화 기술개발, 및 기술이전 등을 체계적으로 진행시킴으로써 세계 최초로 CDMA시스템의 상용화를 가능하게 한 기술적 성공사례이기도 하다.[8)]

1980년대 중반까지 유선전화의 회선도 모자라서 전화를 신청하면

8) CDMA 산업의 성공요인과 발전과정에 대하여 자세한 것은 오길환 외 (2002) 와 오길환 (2004) 참조.

두세 달씩 기다려야 했던 우리나라였지만 과학기술부와 정보통신부(당시 체신부)의 기술관료들을 중심으로 이동통신시스템으로의 전환을 모색하였다. 당시 정부는 이미 유럽에서 상용서비스가 실시되어 있던 TDMA(*Time Division Multiple Access*)방식의 이동통신기술(GSM)을 도입하기로 하였다. 기술도입선을 찾아 여러 차례 교섭을 시도했으나 이미 반도체와 전전자교환기 등의 분야에서 국제경쟁력을 갖춘 산업을 독자적으로 발전시킨 우리나라에 관련기술을 제공하려는 국가나 기업은 거의 없었다. 이에 따라 이동통신시스템의 도입계획이 지지부진하다가 1990년 당시 CDMA 원천기술만 개발하여 특허권을 보유한 미국의 퀄컴(Qualcomm)사와 기술도입계약을 체결하고, 이의 상용화를 위한 공동개발계획을 수립함으로써 한국전자통신연구원(ETRI)과 퀄컴사의 공동연구가 시작되었다. 실제 연구과정에서는 국내 주요기업들이 지정생산기업(*designated manufacturer*)으로 참여해 후에 시스템의 상용화와 단말기 제조과정에서 활발한 기술이전이 이루어질 수 있도록 하였다. 1989년 이동통신에 대한 개념연구를 시작으로 1996년 상용화기술을 개발하기까지 이 연구사업에는 연인원 1,246명의 연구인력과 총 896억 3,400만 원의 예산이 투입되었다(오길환, 2004: 198). 1996년 CDMA기술이 상용화되면서 시스템과 단말기가 공급되기 시작하자 이전까지 국내시장을 점유하던 외국업체들의 시장점유율은 급속도로 하락하였으며, 미국과 일본, 중국 등이 CDMA를 복수표준으로 선정함으로써 한국의 CDMA산업은 세계시장의 70%를 석권하는 독보적인 위치를 차지하였다.

CDMA기술의 도입을 결정할 당시 국내외 정치경제적 환경을 살펴보면 TDMA에서 CDMA로의 방향선회는 선택의 측면보다는 불가피한 측면이 더 컸다고 할 수 있다. 즉 선진기업들 중 어느 곳에서도 기술을 공여하겠다는 의사가 없는 상황에서 한국의 선택은 이동통신

자체를 포기하느냐, 아니면 불확실성이 높은 CDMA에 미래를 거느냐의 기로에 서게 되었다. 이것은 결국 당시 이미 상용화되어 불확실성이 적은 기술의 획득이 불가능해진 상황에서 강요된 선택이었다. CDMA의 상용화기술을 개발하기 위한 공동연구는 국책연구원인 전자통신연구원을 중심으로 삼성, LG, 현대 등 민간기업들이 함께 참여해 이루어졌으며, 이에 따라 개발된 기술을 곧바로 이전하여 제조업체들이 단말기를 공급할 수 있도록 하였다. 정부는 일찍부터 CDMA의 단일표준에 의한 이동통신서비스를 천명함으로써 시스템과 단말기, 기지국, 교환기 등 다양한 부분들이 통합적으로 작동될 수 있도록 하였으며, 통신서비스시장의 구조조정을 통해 1995년부터 이동통신시장의 경쟁을 촉진시켜 시장경쟁을 통한 통신품질 및 서비스의 개선의 경쟁이 이루어지도록 하였다.

CDMA 산업분야에서 우리나라의 경쟁력의 원천은 상용화기술의 개발 이후에 두드러지게 나타났다. 즉 일단 상용화기술이 성공적으로 개발되면서 국내 CDMA산업의 경쟁력은 세계시장에서 독보적인 존재가 되었다. 왜냐하면 CDMA방식의 이동통신을 상용화해 서비스를 실시하는 국가는 한국이 유일했기 때문에 어느 나라든 CDMA방식을 이동통신의 표준으로 설정할 경우 시스템과 단말기를 한국으로부터 수입하지 않을 수 없었기 때문이다.

CDMA산업의 발전을 위해 정부가 채택했던 각종정책을 보면 TFT-LCD산업에서는 볼 수 없었던 적극적인 국가역할이 나타난다. 우선 앞에서 설명한 바와 같이 이동통신의 기술표준으로서 정부는 과감히 CDMA를 선택하였고, 이의 상용화기술 개발을 위해 국책연구원을 통해 총 연구개발비 896억 원 중 643억 원의 연구비를 정부재정에서 지원하였다. 정부는 또 상용화서비스를 확산시키기 위해 이동통신사업자들에게 단말기보조금을 허용함으로써 국내수요를 촉진시켰으며, 기기제조업이 가능한 이동통신사업자(LG Telecom)를 허가함으로써 통신서비스업과 단말기제조업 간의 상승효과가 가능하도록 하였다. 또 IMT 2000 사업자선정에서도 CDMA방식에 의한 동기식을 고집함으로써 CDMA산업의 지속적 발전을 유도하였고 CDMA산업의 해외진출을 위한 다양한 지원활동과 부품의 국산화를 위한 연구개발투자도 지원하였다(오길환, 2004: 224). 정부의 이러한 활동은 CDMA산업이 LCD산업과는 달리 상당부분 국가에 의해 주도적으로 발전되었음을 의미하는 것이다.

결론적으로 CDMA산업의 경우 지금까지 산업발전과정에서 국가의 역할이 상대적으로 줄어들었던 것과는 달리 국가에 의한 산업창출이 이루어졌다. 이는 정부가 비록 생산자로서 산업에 직접 참여하는 창조자(*demiurge*)로서의 역할을 도맡은 것은 아니지만, 과거 민간기업의 역량이 부족하여 세계시장에서 경쟁이 심한 고위험산업에 진입하기 어려웠을 때 각종 직접적인 지원정책을 통해 산업발전의 산파역(*midwifery*)을 담당했던 것과 크게 다르지 않다. CDMA산업의 발전과정에서 국가의 역할이 이처럼 직접적이고 주도적으로 나타난 원인은 무엇보다도 이 산업이 원천기술의 특허만을 보유한 외국의 소규모 기업과의 공동연구를 통해 세계 최초로 상용화기술을 개발해야 했다는 측면에서 이 산업에 대한 진출이 민간기업이 감당하기에는 너무 높은 위험을 감수해야 했기 때문이다. 또 그 연구개발비 또한 미래의 불확실성이 높은 상황에서 특정 민간기업이 감당하기에는 너무 큰 액수에 달했다는 점을 지적할 수 있다. 다시 말하면 경제전반에서 민간기업의 역량이 증가했다고 하더라도 신규산업으로서 매우 큰 위험이 있는 경우 민간기업의 자발적 진입이 이루어지기 어렵고, 따라서 만일 그 산업이 국가의 미래 성장과 발전에 꼭 필요하다면 국가에 의한 직접적 참여가 불가피하다는 것이다. CDMA산업이 반도체산업이나

LCD산업과 다른 점은 이들 산업분야의 핵심기술들은 이미 성숙기에 접어들어 쉽게 획득할 수 있었다는 점이다. 또 상대적으로 짧은 연구개발을 통해 선진국을 따라잡을 수 있는 가능성이 컸으나 CDMA의 경우에는 퀄컴이라는 중소기업이 원천기술만을 개발해 특허를 취득하고 있었을 뿐, 어느 나라도, 어느 기업도 시스템을 개발하여 실제 상용화서비스를 제공한 적이 없었다는 점이다. 이러한 점을 고려할 때 CDMA산업의 발전과정에서 나타난 국가역할은 향후 신성장동력산업의 발전을 지원하는 과정에서 중요한 시사점을 제공한다고 하겠다.

### 5) 1990년대 중반 이후의 IT산업 지원정책: 정보통신부의 출범과 정보화를 통한 수요창출

김영삼 정부는 5·16 군사정변 이후 비록 민주적 정치과정을 통해 태어난 최초의 민간정부였지만 최고통치자로서 대통령의 권위와 능력은 과거 권위주의적 국가시절과 큰 차이가 없었다. 특히 ‘작고 강한 정부’를 지향한 문민정부의 행정개혁에 정보기술의 확산과 보급이 핵심수단으로 인식되면서 대통령의 정보화에 대한 관심도 높았다. 이러한 대통령의 관심은 “산업화에는 뒤졌지만 정보화는 앞서가자”는 구호에서 알 수 있는 바와 같이 초고속 정보통신기반 구축사업을 비롯해 강력한 정보화 드라이브의 원동력이 되었다. 그 결과, 1994년 12월 경제부처를 중심으로 한 정부조직개편에서 ‘체신부’를 ‘정보통신부’로 개칭하여 전통적으로 서비스(통신, 우정 등) 전달을 주요업무로 하던 부처에 산업정책 기능과 정보화 기획기능을 부여하였고, 1995년 정보화촉진기본법 제정, 1996년 국무총리를 위원장으로 하는 정보화추진위원회의 신설, 청와대에 정보화비서관 신설 등 일련의 제도개편이 이루어짐으로써 정보통신부를 중심으로 한 국가주도의 정보화정책 추진을 위한 제도적 기초가 완성되었다.

김대중 정부가 들어서면서 외환위기를 극복하는 과정에서 IT산업의 중요성이 크게 부각되고 국가사회 전반의 효율성과 투명성을 증대시키기 위한 수단으로서의 정보화에 대한 관심이 지속되었다. 특히 정보통신부를 중심으로 한 정보화추진체계가 확립되었고, 전자정부의 조기실현을 위한 전자정부특별위원회가 구성되어 공공부문의 포털화를 추진하였다. 이 과정에서 정보통신부와 행정자치부를 비롯한 각 주무부처들과의 갈등과 경쟁도 심화되었지만, 아래에서 논의하는 바와 같이 정보통신부는 비록 산업화시대의 경제기획원과 비교할 수는 없으나 정보화정책분야에서 영향력을 발휘할 수 있는 제도적 기반을 갖추고 있었다.

정보화추진의 기관적 기초의 핵심은 앞에서 설명한 바와 같이 정보통신부였다. 과거 체신부는 통신서비스의 규제와 우정사업 등을 위주로 한 약체조직이었다. 행정고시에 합격하고 체신부에 배속되어 이제는 국장이 된 한 정통부의 고급관료는 그의 아버지로부터 겨우 우체부가 되려고 행정고시를 했느냐는 핀잔을 들었을 정도였다. 그러나 1995년 정보통신부로 개편된 이후 모든 것이 달라졌다. 행정고시를 포함, 모든 공무원 충원과정에서 가장 우수한 임용후보자들이 선호하는 부처로 바뀐 것이다.

1994년 12월의 정부조직 개편은 체신부가 단순히 이름만 정보통신부로 바뀐 것이 아니었다. 당시의 개편대상이 된 경제부처들 중에서 오로지 체신부만 더욱 큰 기능을 부여받고 강화되었다. 우선 산업자원부로부터 중형컴퓨터를 제외한 정보산업의 육성기능을 이관받았다. 물론 아직도 영역과 기능의 다툼이 있기는 하지만 정통부로서는 전혀 새로운 산업육성 기능을 부여받음으로써 강력한 부처로 성장할 수 있는 계기가 마련되었다. 아울러 과기부로부터 소프트웨어산업

육성기능을 이관받아 정통부는 전체 정보통신산업을 총괄육성하는 정책기능을 부여받았다. 아울러 정보화기획실을 신설하였는데, 이는 정부의 정보화정책을 총괄·기획·지원하고 정보화추진위원회의 사무국기능도 수행하는 정보화추진의 핵심부서이다. 여기에 기존의 전파, 우정, 통신서비스 등의 규제 및 사업기능을 고스란히 유지함으로써 정보통신부는 산업화시기의 경제기획원에 버금가는 조직으로 다시 태어났다고 해도 과언이 아니다.

정보화기획실은 실질적으로 국가사회의 정보화를 총괄하는 기능을 수행한다. 정보화기획실은 1994년 12월 정부조직 개편과정에서 축소되는 경제부처의 소속공무원을 중심으로 정통부 내에 설치되었다. 따라서 처음부터 정보화기획실의 핵심공무원들은 과거 경제기획원과 재무부출신의 인사들이 많았고, 이들은 경제개발계획의 수립과 관련된 역할과 노하우에 익숙해져 있었다. 정보화촉진 기본계획의 수립이나 매년 각 부처로부터 소관업무와 관련된 각종 정보화사업을 제안받아 이를 심의·조정하고 정보화추진위원회를 통해 확정시키는 일련의 과정은 정보통신부가 다양한 정보화정책의 형성과 확정단계에서 막강한 영향력을 행사할 수 있게 한 원인이 된다. 또 정보화기획실이 정보화추진위원회의 사무국기능을 수행하면서 정통부는 정보화추진위원회의 간사역할을 수행하게 되었는데, 이것도 정보화의 총괄·기획·지원기능과 더불어 정통부의 위상을 강화시키는 데 기여한 것으로 평가된다.

정보통신정책국은 정보통신산업의 육성을 총괄하는 기능을 수행한다. 정보통신정책실로 출범하여 정보화기획실과 더불어 정보기술의 수요측면인 정보화정책과 공급측면인 정보통신 산업정책을 추진하도록 설계되었지만, 김대중 정부에 들어서서 정부조직의 축소개편을 통해 국의 수준으로 낮아졌다. 하지만 실제로 수행하는 기능은 차이가 없으며, 정보통신산업의 주요 산업분야별로 기술개발, 인력양성, 수출진흥 등의 전통적인 산업정책 기능을 수행한다.

사실 비교적 낮은 위상을 가지고 경제부처들 중에서 상대적으로 약체였던 체신부가 정보통신부로 급부상한 것은 조직개편 과정에서 의외의 현상이 아닐 수 없다. 하지만 이것은 정보통신부의 힘이나 위상이 높아서가 아니다. 1990년대 초반 이후 개방화로 인해 산업육성에 대한 국가역할이 약화되었고 이에 따라 산업정책에 대한 수요가 줄어들었기 때문에 당시 상공부의 기능축소가 요구되었고, 이에 대한 반사이익으로 정보통신부의 산업정책 육성기능이 추가된 것으로 해석할 수 있다. 또 정보통신부로 개칭되면서 관련산업에 대한 기능이 산자부에 남을 경우의 정책조정문제를 고려하여 정보통신부로 일원화시킨 것으로 볼 수 있다. 실제로는 상공부처럼 막강한 경제부처가 산자부로 축소되면서 정통부와 정보산업의 육성과 관련하여 갈등과 경쟁이 지속되었고, 행정자치부의 경우에도 전자정부와 지역정보화 등을 둘러싸고 정통부와 심한 갈등을 빚고 있다.

정보통신부가 정보화정책의 핵심부처로서 그 기능을 수행하기 위해서는 무엇보다도 각종 정보화사업을 추진할 수 있는 '돈'을 가지고 있어야 한다. 이는 과거 경제기획원이 부총리급 기관으로서 산업화를 주도하고 막강한 영향력을 행사할 수 있었던 근거는 무엇보다도 경제정책 전반에 대한 기획기능과 그것을 뒷받침할 수 있는 예산편성권을 보유했기 때문이었다는 사실에서도 알 수 있다. 정보화시기의 예산권은 여전히 기획예산처가 보유하지만 정보통신부는 정보화촉진기본법에 의해 정보화촉진기본계획의 수립과 정보화촉진기금을 관리·운용하는 권한을 부여받음으로써 정보화와 정보통신산업의 육성을 주도할 수 있는 법제도적 기반을 확보하였다.

정보화분야에서 정보통신부의 영향력을 확고히 해주는 결정적 요인은 바로 정보화촉진기금이다. 정보화촉진기금은 1995년 8월 정보화촉진기본법을 제정하면서 국가사회의 정보화와 정보통신산업의 육성, 초고속 정보통신기반의 구축 등을 위해 설치된 기금이다.[9] 1996년 1월부터 시행된 이 기금은 1993년부터 "정보통신연구·개발에 관한 법률"로 출연되었던 정보통신진흥기금을 확대·개편한 것이다. 기금의 재원은 정부의 출연금과 융자금, 기간통신사업자의 출연금과 기금운용 수익금 및 기타 수익금으로 구성되며, 일반계정과 연구개발계정으로 나뉘어 정보화촉진 및 정보화관련 연구개발, 인력양성, 표준화 등에 사용된다(정보통신부, 2003.4b).[10]

"정보화촉진기본법"은 이 기금의 관리·운용의 주체를 정보통신부 장관으로 명기한다(제35조). 정보화촉진기본법을 처음 제정할 당시, 정보통신부는 재정경제원과 상당한 마찰이 있었다. 당시 정보통신부는 기금을 조성하여 정부의 예산회계제도 및 국회의 승인 등 복잡한 절차 없이 융통성 있게 사용하기를 원했지만 재정경제원의 입장에서는 그러한 예산회계상의 예외를 인정하기 어려웠기 때문이다. 이에 따라 당시 정홍식 정보통신정책실장은 기본법제정 지원을 위해 구성된 지원반회의에서 기본법의 다른 내용은 어떻게 되어도 좋으니 정보

---

9) 정보화촉진기금은 1995년 8월 제정된 정보화촉진기본법 제33조(정보화촉진기금의 설치)에 근거해 설치되었고, 예산회계법 제7조 및 기금관리기본법 제2조의 2에 의해 운영된다. 2005년에는 다시 '정보통신진흥기금'으로 명칭을 바꾸었다.

10) 정보통신진흥기금의 일반계정 사업들은 2004년도를 마지막으로 모두 통신사업특별회계로 이관되어 2005년부터는 연구개발부문과 연구기반구축, 인력양성 등의 부문에 사용되었으며, 그 규모도 당초 약 2조5천억 원 정도에서 약 1조 4,500억 원대로 감소하였다. 신규출연금의 재원이 발굴되지 않는 한 정보통신진흥기금은 점차 소진될 것으로 예상되어 국가사회 정보화에 크게 기여한 기금의 지속을 위해서는 별도의 조치가 요구된다.

화촉진기금만은 정통부가 융통성 있게 쓸 수 있도록 해달라고 강하게 요청하기도 하였다. 결국 기금은 형식적으로는 국고로 들어가 예산 회계상의 절차를 밟지만 실질적으로는 정통부의 재량을 인정하기로 하고 동시에 정보화기획실의 신설을 통해 경제부처의 잉여인력을 정통부가 흡수하는 선에서 합의되었다고 한다.

그렇다고 해서 정보통신부가 이 기금을 마음대로 쓸 수 있는 것은 아니다. 실제로 기금운용계획은 정통부차관을 위원으로 하고 정통부, 기획예산처, 재경부, 산자부, 과기부, 교육부, 행자부 등 관계 부처의 국장들과 민간위원(2인)으로 구성되는 기금운용심의회의 의결을 거쳐 기획예산처 장관의 협의·조정과 대통령의 승인, 그리고 최종적으로 국회의 심사와 의결로 확정된다. 1993년부터 2002년까지 총 9조 1,745억 원이(일반계정 3조 4,194억 원, 연구개발계정 5조 7,551억 원) 조성되어 총 6조 1,245억 원이 지출되었고, 2003년에는 2조 4,545억 원(순수사업비 1조 4,890억 원), 2004년에는 1조 4,584억 원 규모의 사업이 수행되었다(정보통신부, 2003.4b ; 정보통신진흥기금 평가자문단, 2005.4: 4). 하지만 기금의 규모가 막대하여 이를 운용하는 주관기관으로서의 정통부의 위상은 높아질 수밖에 없다. 또 각종 정보화사업의 우선순위조정이나 정책조정과정에서 기금의 관리·운용주체인 정보통신부의 영향력은 커질 수밖에 없고, 그에 따라 과거 산업화시대의 경제기획원에는 미치지 못하지만 전반적인 정보화 과정에서 정보통신부의 주도적 역할이 가능해졌다.

정보화촉진 기본계획도 정보화촉진기본법에 의해 정보통신부가 수립하도록 권한을 부여받았다. 이 계획은 정보화분야에서 과거 산업화시대의 경제개발 5개년계획과 유사한 역할을 수행한다. 다만 초기 경제계획의 강제성이나 성과목표와는 달리 미래에 대한 비전을 제시하고 앞으로 정부가 정보화분야에서 지향하는 목표와 투자계획, 중점 육성분야 등을 사전에 고지함으로써 민간에게 미래에 대한 불확실성을 줄여주는 성격을 갖는다. 이에 따라 정보통신부는 5년을 단위로 한 장기계획의 수립을 통해 정보화정책의 기본방향과 전략적 육성분야, 정부정책의 주요내용, 정부가 지향하는 미래의 정보화수준 등을 선언적으로 제시한다.[11] 또 매년 각 부처로부터 제안된 다양한 정보화사업(신규 혹은 지속사업)이나 프로그램들을 협의·조정하고 정보화추진위원회의 결의를 통해 확정된 사업들을 정보화촉진기금과 예산을 통해 뒷받침하도록 연동계획을 통해 반영한다. 이러한 기획 및 조정기능을 통해 정보통신부는 과거 경제기획원이 수행하던 것과 유사한 정책조정 기능을 정보화분야에서 수행할 수 있게 되었다.

일반적으로 산업의 발전에 필요한 요소로 지적되는 것이 기술, 인력, 그리고 자금이다. 1995년 정보통신부의 출범과 함께 과거 전자산업으로 분류되었던 국내 IT산업은 정보통신부를 주무부처로 해 본격적으로 지원·육성되기 시작한다. 그러나 과거 개발연대와는 달리 정부의 IT산업 지원정책은 각종 기초기반기술 개발지원, 핵심분야의 전문인력 양성에 관심을 기울였고, 벤처기업이 기술혁신을 주도하는 IT산업의 특성에 따라 벤처기업의 육성을 위한 다양한 정책도 강구되었다. 그러나 무엇보다도 광범위하게 IT산업의 발전에 영향을 미치는 지원정책은 바로 정부의 각종 정보화사업들에 의한 대규모 시장수요의 창출과 통신서비스시장의 경쟁도입에 따른 IT제품과 시스템에 대한 수요의 급증을 들 수 있다.

앞에서 언급한 바와 같이 1987년 5대 국가기간 전산망사업이 추진되면서 국내 IT업계에 막대한 규모의 시장이 창출되었다. 예컨대 시

11) 처음에는 '정보화촉진기본계획'이라는 명칭이었는데, 나중에는 '사이버코리아 21'(1999), 'e-Korea비전 2006'(2002), 'u-Korea 2007'(2003), 'IT-839'(2004), 'u-IT Korea 839'(2006) 등으로 바뀌어졌다.

스템통합 산업은 국내 정부 및 공공기관은 물론, 금융기관이나 민간 기업들에 이르기까지 정보화가 활발히 추진되면서 산업의 도약에 필요한 귀중한 시장기회를 얻었으며, 각종 소프트웨어 개발업체나 컴퓨터의 조립생산에 종사하는 기업들, KT나 하나로 텔레콤 등 광대역 통신망사업자들도 초고속정보통신망의 구축과 3,300만 명에 달하는 인터넷 이용인구로 인하여 매우 귀중한 사업기회를 얻었으며, 이는 곧 관련 IT산업의 발전을 위해 필수적인 시장수요의 창출에 직결된다고 하겠다.

그뿐만 아니라 1999년부터 본격적으로 추진되어 온 전자정부사업과 지역정보화사업, i-Park나 해외인터넷 청년봉사단 파견, 외국의 IT전문가초청 정보화교육사업 등을 비롯한 다양한 정보통신관련 국제협력사업들도 궁극적으로는 국내 IT산업의 수요를 창출하고 세계시장에서 한국 IT산업에 대한 시장을 확대하는 데 기여하였다. 예컨대 1999년경 정보통신부가 추진한 국민 PC운동은 당시로서는 파격적으로 인터넷이 가능한 PC를 100만 원 이하에 보급하겠다는 사업이었다. 이 사업은 목돈을 일시에 마련하여 PC를 구입할 수 없는 서민들이 자녀의 교육이나 기타의 목적으로 보다 쉽게 PC를 구입할 수 있는 계기를 마련해 주었다. 또 새로 건설되는 아파트들에 대한 IT인증제의 실시는 아파트건설시부터 초고속인터넷이 가능한 인텔리전트 빌딩으로 건축하게 함으로써 IT산업에는 중요한 시장수요를 창출하였다. 2004년 1월부터 실시된 번호이동성제도도 공식적으로는 소비자들이 자신의 번호를 유지하면서도 통신서비스사업자를 선택할 수 있게 함으로써 공정경쟁 환경을 조성한다는 것을 강조하지만, 실질적으로는 포화상태에 이른 이동통신 단말기시장에 새로운 수요를 창출해 주는 효과가 매우 컸다는 것을 부인할 수 없다.

한편 IT산업의 발전, 특히 휴대전화를 비롯한 통신부문의 발전에 가장 큰 기여를 한 정책은 1995년 단행된 통신사업 구조조정이었다. 통신사업 구조조정은 WTO의 기본통신협상을 비롯한 통신서비스 관련 국제협약이 타결되면서 국내 통신시장의 전면적 개방이 요구되는 시기에 30여 개의 신규 통신사업자를 일시에 허가함으로써 과거 한국통신(유선 및 국제전화, 현 KT)과 SK텔레콤(무선분야)에 의해 분점되었던 국내 통신서비스시장에 경쟁을 도입한 것이다. 경쟁도입을 통해 새롭게 등장한 사업자들은 치열한 시장경쟁을 통해 경쟁력을 높였을 뿐 아니라 소비자들에게는 보다 질 높은 통신서비스를 제공하면서 새로운 통신서비스 수요를 지속적으로 창출했으며, 이것은 통신서비스의 원활한 제공을 위해 필요한 산업분야, 즉 휴대전화 단말기, 소프트웨어, SoC(*System on Chip*), 교환기 등의 시장규모를 크게 확충하였다. 또 1999년 전자정부특별위원회의 설치와 함께 본격화된 전자정부사업은 공공부문의 IT프로젝트를 획기적으로 증가시키면서 SI(*System Integration*)업체와 각종 중소규모의 IT업체들의 성장과 발전에 필요한 귀중한 시장을 창출하였다.

이처럼 즉 1990년대 중반 이후의 정부의 IT산업 지원정책은 IT산업의 전반에 걸쳐 기술개발과 전문인력의 양성, 벤처기업 육성 등의 구체적 정책들이 포함되었지만 무엇보다도 통신시장의 경쟁도입과 전자정부 등 다양한 정보화사업을 통한 시장기회의 창출이 IT산업발전의 근본토대가 되었다.

## 4. 맺음말 : 지식기반경제의 바람직한 국가역할

지금까지 논의한 바와 같이 IT산업 발전과정에서의 국가역할은 시간의 흐름에 따라 대체로 국가의 주도적 역할에서 민간중심의 자율적 발전으로 변화하는 경향을 보이는 것은 사실이지만 각 산업분야에 따라 국가역할의 다양성도 뚜렷이 나타난다. 1960년대 전자산업의 발전과정에서 국가는 어려운 상황에서 전자산업을 육성하는 산파역할을 수행하였고, 1970년대에는 수출전략산업으로 육성하는 과정에서 관리자, 보호자로서의 역할을 수행하였다. 반도체산업의 경우에도 초기에는 산파역할과 관리자, 보호자의 역할을 수행하다가 1990년대 이후에는 공정경쟁을 위한 중립적 규제자의 역할을 수행했어야 함에도 불구하고 외환위기의 극복과정에서 과도한 개입을 시도함으로써 부정적 결과를 초래한 바 있다. 한편 평판디스플레이산업의 발전과정에서는 정치경제적 상황이 안정적이었음은 물론 민간기업의 역량이 충분히 갖추어졌다. 산업 및 기술적 특성도 반도체산업과 유사하여 민간주도의 발전이 가능했음은 물론 오히려 바람직했다. 이에 따라 한국 IT산업 중 평판디스플레이산업은 국가의 개입이 가장 적었던 산업으로 기록된다. 반면에 CDMA산업의 경우, 무선통신시대의 도래에 적극적으로 대응해야 한다는 기술관료들의 비전과 기술공여국들의 TDMA 기술이전 거부, 그에 따른 CDMA 원천기술의 도입과 상용화기술 개발에 따른 고위험 및 대규모 연구개발투자 등으로 인해 국가의 주도로 발전하였다. 즉, CDMA산업은 발전국가의 전형이 부활한 사례라고 할 수 있다.

한편 1990년대 중반 이후 한국 IT산업 발전을 위해 필요한 시장기회는 정부의 각종 정보화사업과 통신서비스시장의 개방, 전자정부의 추진 등에 의해 창출되었다. 이러한 점에서 정부가 IT의 소비자이면서 동시에 정보화의 선도자로서 수요창출을 통해 IT산업의 발전에 크게 기여했다고 평가할 수 있다.

1960년대 이후 약 50여 년간의 한국 IT산업 발전과정을 돌이켜볼 때 국가의 역할이 이처럼 다양하게 나타나는 것은 특정산업의 발전을 위한 국가역할에 정형적인 정답은 있을 수 없다는 것을 의미한다. 특히 CDMA산업에서 보는 것처럼 1990년대에 들어와 발전된 산업이면서도 국가가 기술개발과 산업발전을 주도한 경우도 있다는 것은 매우 흥미로운 사실이다. 이 글에서는 산업발전과정에서 이렇게 다양한 국가역할이 나타나는 이유로서 산업발전의 초기에 국내외 정치경제적 환경, 세계시장 기회, 산업(기술) 자체의 특성, 특정국가가 갖고 있는 경쟁력의 원천 등 제반 구조적·제도적·상황적 변수들을 지적하고 이들이 어떻게 구체적 정책수립과 집행 및 그에 따른 국가역할에 영향을 미쳤는가를 분석하였다.

그러면 지금까지 우리나라의 IT산업 발전과정에서 나타난 다양한 국가역할이 미래 국가경쟁력 제고를 위한 미래 성장동력 산업들을 발전시키는 데 바람직한 국가역할에 시사하는 바는 무엇인가?

첫째, 국가의 지원과 개입은 민간의 역량을 고려하여 결정되어야 한다는 점이다. 국가가 산업발전과정에서 적극적 역할을 수행한 경우는 대체로 그 산업이나 기술이 국가경쟁력의 미래에 매우 중요하지만 민간의 역량이 부족하여 산업에 진입하지 못하거나 역량은 있으나 위험이 너무 커서 진입하지 않는 경우였다. 그러므로 민간의 역량이 충분하고, 스스로 위험을 감수하면서 참여하고자 하는 경우(예: 반도체산업과 평판디스플레이산업), 국가는 기업활동이 원활히 일어날 수 있도록 불필요한 규제를 없애는 역할에 머무는 것이 바람직하다.

둘째, 국가의 지원과 개입은 경쟁의 원칙하에 이루어져야 한다.

전자산업의 경우, 초기에 각종 적극적 지원정책이 가능했던 것은 물론 당시 국제 정치경제적 환경이 그러한 직접적 지원을 허용했기 때문이지만 그에 따라 민간기업들이 전자산업에 참여한 이후에는 수출목표나 성장목표를 달성한 기업들만이 지원대상이 되었다. 이것은 치열한 경쟁을 이기고 살아 남는 기업들만이 산업발전을 주도할 수 있다는 것을 의미한다. CDMA산업의 경우에도 만일 민간기업들이 일정한 지분을 보장받았다면(TDX의 경우에는 개발에 참여한 기업들이 시장을 균등하게 분할하여 보장받았다) 오늘날과 같이 경쟁력 있는 CDMA산업으로 성장하지는 못했을 것이다. 그러므로 미래 성장동력산업을 육성하는 정부정책의 대원칙은 무엇보다도 시장에 진입하는 기업들간의 끝없는 '경쟁'을 유지해야 할 것이다.

셋째, 이 글에서 크게 부각되지 않은 변수가 정치적 안정, 혹은 산업지원정책의 정치화문제이다. 사실 한국의 IT산업 발전과정은 정치적 변수로부터 비교적 독립되어 있어 정치적 불안정이나 선거주기 등의 영향을 적게 받았다. 과거 개발연대에는 경제 및 산업발전이 국가적 과제였기 때문에 모든 정치적 변수의 영향이 효과적으로 차단되었다. 민주화 이후 정치경제적 갈등과 이해관계의 대립이 때로는 미래에 대한 불확실성을 증가시켜 때때로 기업인들의 신속하고 과감한 의사결정을 어렵게 만드는 원인이 되었다. 미래 성장동력산업을 육성하는 국가는 미래에 대한 명확한 비전을 제시하고 불확실성을 제거함으로써 기업인들이 신뢰를 가지고 의사결정을 할 수 있는 기업활동에 우호적 환경을 조성해 주어야 할 것이다.

끝으로 정부의 산업정책은 시장경제에 대한 국가의 개입활동이다. 따라서 얼마든지 실패의 가능성이 존재한다. 그럼에도 불구하고 우리나라는 아직 산업정책의 실패사례에 대하여 알려져 있는 것이 많지 않다. 반드시 성공했기 때문에 그런 것은 아닐 것이다. 그만큼 정부의 실패는 쉽게 찾아지지 않지만 그로 인한 잠재적 피해는 매우 크다. 따라서 정부는 확실하지 않을 때는 차라리 가만히 있어야 한다. 정부의 산업정책이 산업의 발전에 도움을 주지는 못할망정 장애가 되어서는 안되기 때문이다.[12)]

## ■ 참고문헌

김미경(1996), "반도체산업부문에서의 정부-기업관계: 산업정책의 방향모색", 《한국정책학회보》 5권 1호, pp. 211～238.

김시윤(2004), "전자산업 발전의 정치경제", 홍성걸 편, 《국가와 산업경쟁력》, 국민대학교 출판부.

동아일보(2003), "신성장동력, 10개 산업으로 압축", 《동아일보》 2003. 7. 27.

산업연구원(1994), 《2000년대 첨단기술산업의 비전과 발전과제: 반도체·LCD 산업》, 산업연구원.

산업은행(2003), 《반도체산업동향》 2003. 7.

삼성경제연구소(2001. 8), "반도체와 한국경제", 《Issue Paper》 2001. 8, 삼성경제연구소.

오길환(2004), "CDMA 기술개발 및 산업성공요인", 홍성걸 편, 《국가와 산업경쟁력》, 국민대학교 출판부.

오길환 외(2002), 《CDMA 기술개발 및 산업성공요인과 향후 과제》, 한국전자통신연구원.

정보통신부(2003. 4a), "한국의 정보화 전략(요약): 지난 20여 년간의 정보통신정책 경험과 성과", 정보통신부 자료. http://www.mic.go.kr.

______(2003. 4b), "정보화촉진기금 운용 현황", 정책자료.

12) 이러한 입장에 대하여는 Anderson(2004)이 매우 흥미로운 시사점을 제공한다. 이 책의 제목은 부제가 "How Government Can Help Business in Poor Countries?"이고, 제목은 "Just Get Out of the Way"이다.

정보통신정책연구원(2003. 5), 《정보통신산업동향》, 정보통신정책연구원.

정보통신진흥기금 평가자문단(2005. 4), 《2004년도 정보통신진흥기금사업 성과평가 결과보고서》.

한국디스플레이연구조합(2002. 8), "디스플레이산업 발전전략(안)".

한국반도체산업협회(1995), 《21세기를 향한 반도체산업의 발전전략》, 반도체산업협회.

홍성걸(1992). "발전적 조합주의: 반도체산업에서의 국가-산업의 관계", 《한국행정학보》 27권 3호, pp. 721~736.

______(1999), "재벌구조, 금융제도, 그리고 평판디스플레이산업", 《한국행정학보》 33권 3호, pp. 71~88.

______(2004), "한국주식회사의 해체와 반도체산업 발전과정의 정치경제", 홍성걸 편, 《국가와 산업경쟁력》, 국민대학교 출판부.

통계청(2002. 12), "통계로 본 세계 속의 한국", 통계청 보도자료.

Amsden, Alice(1989), *Asia's Next Giant: South Korea and Late Industrialization*, London: Oxford University Press.

Anderson, Robert E(2004), *Just Get Out of the Way: How Government Can Help Business in Poor Countries*, Washington DC: CATO Institute.

Balassa, Bela(1981), *The Newly Industrializing Countries in the World Economy*, New York: Pergamon.

Bernard, Mitchell & John Ravenhill(1995), "Beyond Product Cycle and Flying Geese: Regionalization, Hierarchy, and the Industrialization of East Asia", *World Politics* 47, 2(January).

Borrus, Michael(1994), *Left for Dead: Asian Production Networks and the Revival of US Electronics*, in Eileen Doherty(ed.), *Japanese Investment in Asia: International Production Strategies in a Rapidly Changing World*, San Francisco: The Asia Foundation and the University of California's BRIE(Berkeley Roundtable International Economy).

Brubaker, Rogers(1995), "The New World Order, Incorporated: The

Rise of Business and the Decline of the Nation-State", *Daedalus* 124, no. 2, pp. 75～106.

Cumings, Bruce (1984), "The Origins and Development of the Northeast Asian Political Economy: Industrial Sectors, Product Cycles, and Political Consequences", *International Organization* 38 (1).

Doner, Richard (1992), "Limits of State Strength: Toward an Institutionalist View of Economic Development", *World Politics* 44 (April).

Ernst, Dieter (1994), "Carriers of Regionalism: The East Asian Production Networks of Japanese Electronics Firms", *BRIE Working Paper* 73 (November).

Evans, Peter (1995), *Embedded Autonomy: State and Industrial Transformation*, Princeton: Princeton University Press.

Evans, Peter B. (1997), "The Eclipse of the State? Reflections on Stateness in an Era of Globalization", *World Politics* 50, no. 1, pp. 62～87.

Evans, Peter B · Dietrich Rueschemeyer · Theda Skocpol (eds.) (1985), *Bringing the State Back In*, New York: Cambridge University Press.

Fields, Karl (1995), *Enterprise and the State in Korea and Taiwan*, Ithaca: Cornell University Press.

Friedman, David (1989), *The Misunderstood Miracle*, Ithaca: Cornell University Press.

Galenson, Walter (ed.) (1985), *Foreign Trade and Investment: Development in the Newly Industrializing Asian Economies*, Madison: University of Wisconsin Press.

Gereffi, Gary (1996), "Commodity Chains and Regional Division of Labor in East Asia", *Journal of Asian Business* 12, n. 1.

Gereffi, Gary · Miguel Korzeniewicz (eds.) (1993), *Commodity Chains and Global Capitalism*, Westport, CT: Praeger.

Gerschenkron, Alexander (1962), *Economic Backwardness in Historical Perspective*, Cambridge, MA: Harvard University Press.

Haggard, Stephan (1990), *Pathways from the Periphery*, Ithaca: Cornell University Press.

Hamilton, Gary · Nicole Biggart · Marco Orru (eds.) (1997), *The Economic Organization of East Asian Capitalism*, Newbury Park: Sage.

Henderson, Jeffrey (1989), *The Globalization of High Technology Production: Society, Space and Semiconductors in the Restructuring of the Modern World*, New York: Routledge.

Hong, Sung Gul (1997), "The Political Economy of Industrial Policy in East Asia", *Cheltenham, UK and Northampton*, MA: Edward Elgar.

Hughes, Helen, ed. (1988), *Achieving Industrialization in Asia*, Cambridge: Cambridge University Press.

Johnson, Chalmers (1982), *MITI and the Japanese Miracle*, Stanford: Stanford University Press.

Kang, David (1995), *South Korean and Taiwanese Development and the New Institutional Economics*, International Organization 49, 3 (Summer).

Krasner, Stephen D. (1978), *Defending the National Interest*, Princeton: Princeton University Press.

Krueger, Anne (1978), *The Development of the Foreign Sector and Aid*, Cambridge, MA: Harvard University Press.

Linden, Greg · Jeffrey Hart · Stephanie Ann Lenway · Thomas Murtha (1999), "Flying Geese as Moving Targets: Are Korea and Taiwan Catching up with Japan in Advanced Displays?", *Industry and Innovation* 5, no. 1, pp. 11~34.

Moon, Chung-In · Rashemi Prasad (1994), "Beyond the Developmental State: Networks, Politics and Institutions", *Governance* 7, 4 (October).

Nettl, J. P. (1968), "The State as a Conceptual Variable", *World Politics* 20 (July), pp. 559~592.

ÓRiain, Sean (2000), "The Flexible Developmental State: Globalization, Information Technology, and the Celtic Tiger", *Politics & Society* 28, 2 (June), pp. 157~193.

Okimoto, Daniel (1989), *Between MITI and the Market*, Stanford: Stanford University Press.

Samuels, Richard J. (1987), *The Business of the Japanese State*, Ithaca: Cornell University Press.

Schmidt, Vivien A. (1995), "The Defective State", *Daedalus* 124(2), pp. 55~74.

Skocpol, Theda(1995), *Social Policy in the United States*, Princeton: Princeton University Press.

Strange, Susan(1995), "The Diminished Nation-State: A Study in the Loss of Economic Power", *Daedalus* 124(2), pp. 23~54.

Tilton, Mark(1994), "Informal Market Governance in Japan's Basic Materials Industries", *International Organization* 48(4), pp. 663~685.

Wade, Robert(1990), *Governing the Market*, Princeton: Princeton University Press.

Whitley, Richard(1992), "Business Systems in East Asia: Firms", *Market and Society*, Newbury Park: Sage.

Woo, Jung-en(1991), *Race to the Swift*, New York: Columbia University Press.

Woo-Cumings, Meredith(ed.) (1999), *The Developmental State*, Ithaca: Cornell University Press.

World Bank(1993), *The East Asian Miracle: Economic Growth and Public Policy*, Washington, D.C.: World Bank.

3장

# 디지털 컨버전스 시대의 산업발전전략과 정책방향

홍동표

## 1. 머리말

디지털 컨버전스는 기술발전으로 영상, 음성, 데이터 등 이종(異種)의 미디어가 단말기, 서비스, 네트워크의 형태에 관계없이 자유롭게 구현될 수 있는 현상을 의미한다. 최근 활발하게 진행되는 통신과 방송의 융합, 유선과 무선의 융합, 음성과 데이터의 융합이 대표적인 경우이다. 디지털 컨버전스는 서비스, 시장, 기업, 산업, 규제 모든 분야에서 이루어진다. 디지털 컨버전스는 기업입장에서는 새로운 사업아이디어를 제공하지만, 기존의 경쟁과는 달리 모든 산업·영역에서 전면전을 가져온다는 점에서 기업에 위협적 존재로 작용할 수도 있다. 변화하는 산업구조에서 기업은 새로운 부가가치를 창출하는 분야로 진출하기 위한 구조조정을 시도한다. 이 글에서는 디지털 컨버전스의 개념을 정리하고, 디지털 컨버전스에서 기업 및 산업구조의 변화를 분석하여 향후 정책방향을 제시하고자 한다.

## 2. 디지털 컨버전스의 의미

통신 및 가전기기에서 이용되던 아날로그신호가 점차 컴퓨터에서 처리될 수 있는 디지털신호로 바뀌고 있으며, 단일플랫폼에서 정보를 다룰 수 있게 되며, 서로 독특한 특성을 지녔던 제품의 기능들이 하나의 방향으로 융합해가는 현상이 나타난다. 디지털 컨버전스를 ITU(1996)는 "기존 인프라를 통해 새로운 서비스를 제공하는 것, 새로운 형태의 인프라를 개발하는 것, 새로운 능력을 제공하기 위해 기존 서비스와 기술들을 향상시키는 것"으로 EU(1997)는 "다른 네트워크를 통해 유사한 서비스를 제공하는 능력" 또는 "전화, PC, TV 기능이 통합되는 현상"으로 정의한다. 결국 디지털 컨버전스는 기존가치의 저하 없이 새로운 가치창출(*value creation*), 영역확대(*coverage extension*), 기능통합(*function integration*)이 이루어지는 현상을 의미한다.

### 1) 디지털 컨버전스의 범위

디지털 컨버전스는 네트워크, 서비스/시장, 기업/산업부문에서 이루어진다. 네트워크의 융합이란 네트워크간 연계성(*interconnection*)과 호환(*interoperability*)의 증가를 의미한다. 통신망과 방송망의 융합이 대표적인 경우이다. 현재 통신망과 방송망은 서로의 독립적 고도화의 단계를 넘어 망간의 유기적 결합에 의한 광대역화, 양방향화를 구현한다. 즉 통신망은 방송콘텐츠의 전송에 필요한 광대역화를 실현하고, 방송망은 디지털화를 통해 양방향성을 실현한다(〈그림 3-1〉 참고).

서비스/시장의 융합은 분리된 시장에서 활동하던 기업들이 유사한 제품/서비스를 동일한 소비자에게 제공하는 것을 의미한다. 영화,

〈그림 3-1〉 통신방송 네트워크 융합

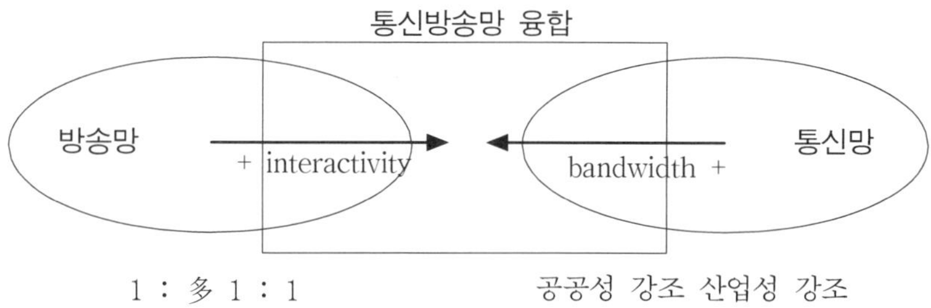


뉴스, 홈쇼핑, 인터넷접속 등을 통신사업자, 방송사업자, 케이블TV 사업자, 콘텐츠사업자 등이 제공하는 경우이다. PC-TV, 인터넷방송[1] 등 서로 다른 서비스가 가지고 있는 속성을 동시에 가진 서비스도 등장하였다. 기업과 산업의 융합은 기업들은 융합에 따른 새로운 시장기회나 위기에 대응하기 위해 인수합병(*merger and acquisition*, M&A), 조인트벤처(*Joint Venture*), 전략적 제휴(*strategic alliance*) 등을 통해 사업영역을 조정하는 과정에서 나타난다. AT&T의 케이블TV회사 인수(AT&T Broadband), 온라인서비스사업자인 AOL과 미디어회사인 타임 워너(Time Warner)의 합병, 디즈니(Disney)의 ESPN, 폭스 패밀리 채널(Fox Family Channel) 인수 등의 사례가 있다. 타산업으로의 진출, 또는 타산업에서 활동하는 기업과의 결합이나 제휴 등을 통해 산업의 융합이 자연적으로 이루어진다.

---

1) 인터넷망에 멀티미디어 스트리밍 기술을 이용하여 소리, 동영상 등 멀티미디어 정보를 제공하는 서비스로 양방향 서비스제공이 가능하다.

### 2) 디지털 컨버전스의 원동력

세계적으로 이루어지는 규제완화와 교역자유화(*liberalization*) 등 법제도, 규제환경의 변화가 융합을 촉진시켰다. 경쟁촉진, 소비자의 선택 폭 확대와 효용증대 목적으로 기술적으로 제공 가능한 서비스, 네트워크를 통해 제공 가능한 콘텐츠제공을 허용하는 추세이다. 압축 및 전송기술과 광대역기술 등 디지털기술 발전이 디지털 컨버전스를 촉진시킨다. 모든 형태의 데이터를 디지털화하여 처리, 저장, 교환하는 환경에서 컴퓨팅과 네트워크 기술발전은 디지털 컨버전스를 보다 빠르게 진전시킨다. 기업의 관점에서도 디지털 컨버전스는 새로운 돌파구로서 필요하다. 현재 유무선통신 서비스시장, 특히 음성서비스시장은 포화상태에 있다. 최근까지 빠르게 성장했던 초고속인터넷서비스 역시 가입자포화에 따른 성장둔화 및 경쟁심화에 따라 수익구조가 악화되었다. 기대했던 무선인터넷을 통한 멀티미디어 서비스도 이용요금 및 대역폭의 한계로 시장창출의 어려움이 있어 새로운 돌파구가 필요한 상황이다. 수요측면도 디지털 컨버전스에 유리한 상황으로 변하였다. 미국 13~24세의 미디어별 주당 소비시간을 조사한 결과 온라인(e-mail 제외) 사용시간이 16.7시간으로 TV 13.6시간을 초과하였다.[2)]

---

2) 국내 15~19세 경우 TV시청시간(2000년 기준으로 23.6시간)이 컴퓨터사용시간(2002년 기준으로 18.9시간)을 앞선다(통계청).

# 3. 디지털 컨버전스에서 산업구조 변화

## 1) 정보통신서비스 산업구조의 변화

패킷교환(*packet switching*), IP(*Internet Protocol*), WWW(*World Wide Web*)으로 대표되는 인터넷의 확산이 서비스-네트워크-기기로 구성된 기존의 수직적 통신서비스 산업 가치사슬을 콘텐츠-플랫폼-미디어

〈그림 3-2〉 디지털 컨버전스에서 정보통신산업구조 변화

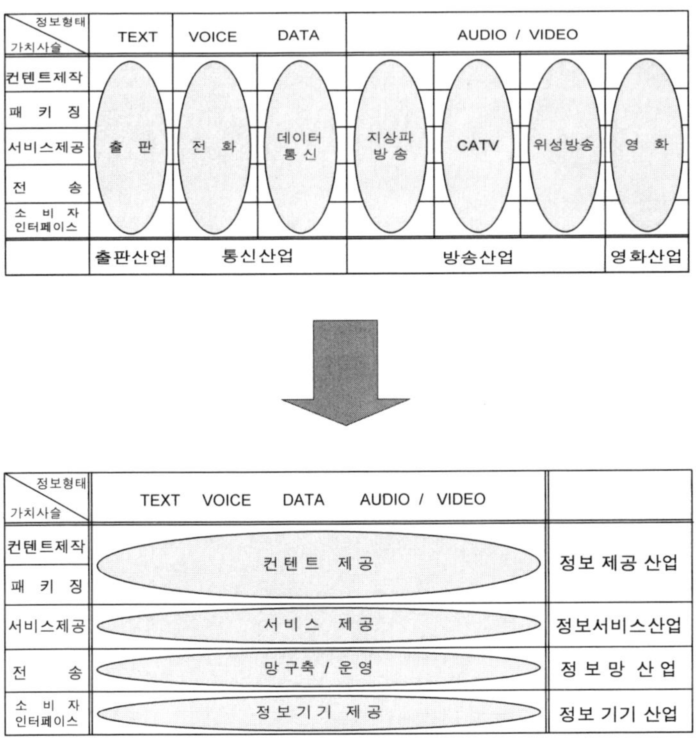

-네트워크-장비/단말로 구성되는 새로운 수평적 가치사슬로 진화시켰다. 인터넷의 확산으로 통신서비스, 미디어, 콘텐츠, IT분야 등 개별적으로 존재하던 산업구조가 융합되어 〈그림 3-2〉와 같은 가치사슬을 가진 새로운 산업이 등장하였다.[3] 어글로(Uglow, 2002)는 이러한 새로운 산업구조를 인포컴스(*infocomms*)산업으로 정의한다. 인포컴스산업은 정보의 상호교류(*communication of information*)를 바탕으로 한다. 즉, 상호교류(*communication*)는 다양한 네트워크 수단(전화, 방송, 인터넷, LAN, WAN, 홈네트워크)과 다양한 기계장치(PC, TV, 망접근장치, 유/무선전화, *in-car navigation* 장치 등)를 통해 발생하게 될 것이고, 정보(*information*)는 끊임없이 다양한 형태(*text*, 음성, 데이터, 음악, 영상, 동영상 등)로 생성될 것이며, 수요자에 의해 만들어지고, 공적으로 사용할 수 있는 내용을 담게 될 것으로 정의된다.

새로운 가치사슬에서 중요한 질문은 가치사슬의 어느 부문이 부가가치를 창출하는가, 그리고 가치사슬 각 단계의 경쟁력 요인은 무엇인가 이다.

EC(1997)를 포함한 대부분의 연구는 콘텐츠를 새로운 부가가치 창출부문으로 전망한다. 기존 가치사슬을 지배하던 네트워크 부문은 법제도, 규제환경의 변화, 압축 및 전송기술과 광대역기술 등 디지털 기술의 발전으로 대역폭이 확대되고 네트워크 효율성이 증대하여 상품화되고, 대용량-소이윤(*high volume-low margin*) 비즈니스로 변화할 것으로 전망한다. 반면 이전의 개별적인, 독립된 미디어 유통구조에서 네트워크 및 단말기가 다양해지고 동시에 콘텐츠의 유통경로도 다양화(콘텐츠의 *liquid*화)되는 디지털 컨버전스 환경에서 차별화된 콘텐츠가 경쟁의 핵심요소로 등장하였다. 반면 가트너(Gartner, 2001;

3) Fransman(2001) 참고.

〈그림 3-3〉 인포컴스 산업의 가치사슬 분석

| | 콘텐츠 | Packaging | Transmission Network | Manipulation infrastructure | Terminal | 사용자 |
|---|---|---|---|---|---|---|
| 정 의 | 매체에 의해 전송되는 제품이나 서비스 | 콘텐츠를 선별하여 묶어 판매 | 콘텐츠를 전달하는 물리적 인프라 | 정보를 처리 및 저장하는 H/W와 S/W | 콘텐츠를 전송받고 표기하는 정보기기 | |
| | Disney 의 Aladdindud화, 비디오게임 등 | 방송, 신문, 잡지 등 | 전화선, 전력선 무선케이블망 등 전송매체 | 사용자 인증, 보안 쌍방향S/W 마이크로프로세서 메모리, 스토리지 등 | PDA, 쌍방향 TV, 스마트폰, 멀티미디어 컴퓨터 | |
| 주요 경쟁 요소 | 콘텐츠의 질 저렴한 제작비용 | 창조성 브랜드파워 관리, 양질의 Content 확보 | 비용대비 통신 품질, N/W간의 상호 호환성 | 표준경쟁, 시장선점, 생산효율 | 제품혁신, 제품 디자인, 마케팅, 규모의 경제 | |

2002)는 네트워크 부문이 경쟁기술 수가 적고 경쟁기업 수도 상대적으로 적어 기업결합이 이루어질 경우 네트워크 부문이 가치사슬에서 부가가치를 창출하는 부문으로 작용할 것으로 분석하였다.

코벨(Covell, 2000)과 요피(Yoffie, 1997)는 새로운 가치사슬을 구성하는 단계별로 특성과 주요 경쟁요소를 분석하였다. 〈그림 3-3〉에 나타나듯이 각 단계별로 주요 경쟁요소가 다른 것을 알 수 있다. 이와 같이 상이한 경쟁요소를 가지는 가치사슬에서 개별기업이 가치사슬과 최종소비자를 모두 소유하는 것은 어려울 것으로 분석된다. 단계별로 욕구가 서로 다른 고객층, 제품의 서로 다른 생명주기(*life cycle*), 빠르게 나타나는 변화의 추세 등으로 인포컴스산업의 전체 가치사슬과 최종소비자를 모두 소유하는 것은 어떠한 기업에게도 어려운 일임을 알 수 있다. 많은 통신서비스 기업들이 공급사슬과 최종소비자를 모두 소유하는 수직통합적 방법을 추구하고 있으나, 포트폴리오의 여러 부분에 대한 통제력약화와 비즈니스 성공의 감소를 경험하고 있다.[4)]

---

4) 1980년대 초 메인프레임 시대에서 PC시대로 전환하면서 수직통합을 추구한 IT 기업들이 어려움을 경험한 바와 같은 논리이다.

## 4. 디지털 컨버전스의 시사점

디지털 컨버전스는 기존기업과 신규기업에게 새로운 기술/시장기회를 제공한다. 디지털 컨버전스는 새로운 제품, 새로운 시장을 형성하고, 산업간 경계를 약화시켜 과거 진출하기 힘들었던 시장영역으로의 진입을 가능하게 하기 때문에 융합의 아이디어만 좋다면 앞으로 다양한 사업기회의 창출이 가능해진다. 디지털 컨버전스는 기업입장에서는 새로운 사업아이디어를 제공한다. 예를 들어 휴대폰에 카메라, MP3를 장착하여 멀티미디어 오락기기로 이용하거나, 전자지갑을 포함시켜 새로운 화폐인증시스템으로도 활용할 수 있다. 무라카미(Murakami, 2004)는 디지털융합으로 나타나는 다양한 사업기회를 새로운 가치사슬에 따라 제시한다. 이전의 인포컴스산업의 가치사슬과 차이점은 전자의료(*e-health*), 전자교육(*e-learning*) 등 서비스와 솔루션부문이 포함되어 가치사슬의 범위가 훨씬 커졌다는 것이다.

디지털 컨버전스는 또한 기업간, 제품/서비스 간, 기술간 경쟁심화를 의미한다. 기존 경쟁과의 차이점은 모든 산업·영역에서의 전면전을 가져온다는 점이다. 실제로 산업·영역간의 파괴로 인해 과거의 시각으로는 전혀 포착할 수 없는 영역에서 경쟁자의 침입이 시작되었다. 그 결과 지금까지는 동종업체만을 경쟁자로 여겼던 기업들이 자신의 공유영역을 잠식해오는 다른 업종의 경쟁자들과 치열한 시장다툼을 벌이게 되었다. 예를 들어 무선통신은 유선통신을 대체하고, 인터넷 데이터망을 이용한 음성통화 기술인 VoIP(*Voice over Internet Protocol*)는 기존 통신사업자의 음성통화 수익을 축소시킨다. 앞서 본 바와 같이 전화서비스 시장에서 PSTN과 VoIP, PC-TV 시장에서의 PC 제조업자와 TV 제조업자, 초고속인터넷 서비스시장에서의 xDSL과 케이블TV 등이 대표적인 경우이다.

마지막으로 디지털 컨버전스는 기업의 구조조정을 촉진시킨다. 변화하는 환경, 새로운 가치사슬에서 핵심역량을 확보하고, 기업목표를 실현하기 위해서 목표실현에 적합한 기업구조가 필요하다. 소비자는 자신의 욕구를 가장 잘 이해하는 공급자로부터 서비스와 솔루션을 구입할 것이다. 이러한 환경에서 네트워크 운영자는 콘텐츠와 솔

〈그림 3-4〉 디지털 컨버전스에서 새로운 사업기회

| | |
|---|---|
| 서비스 | • Health and safety • Medical care and welfare<br>• Education and training • Traffic safety<br>• Environmental management • Corporate business operation |
| 솔루션 | • Ubiquitous home appliances • Ubiquitous car<br>• Ubiquitous housing/city • Ubiquitous offices |
| 콘텐츠 | • Commerce • Association of persons<br>• Administrative information<br>• On-site (semi-commercial) sharing the same interest, otaku (mania)<br>• Individual, home |
| 플랫폼 | • Authentication • Payment • Copyright management<br>• Security • Privacy • System infrastructure |
| 단말기 | • OS • Communications • Data storage devices<br>• Input • Application • Batteries, power sources<br>• Sensing (detecting) • Display |
| 인프라 | • Wired networks • Physical object networks<br>• Wireless networks-Electronic tags<br>• Transportation networks-Sensor networks<br>• Broadcasting networks-Network robots |

자료: 노무라경제연구소(2004)

〈그림 3-5〉 디지털 컨버전스에서 기업 구조조정

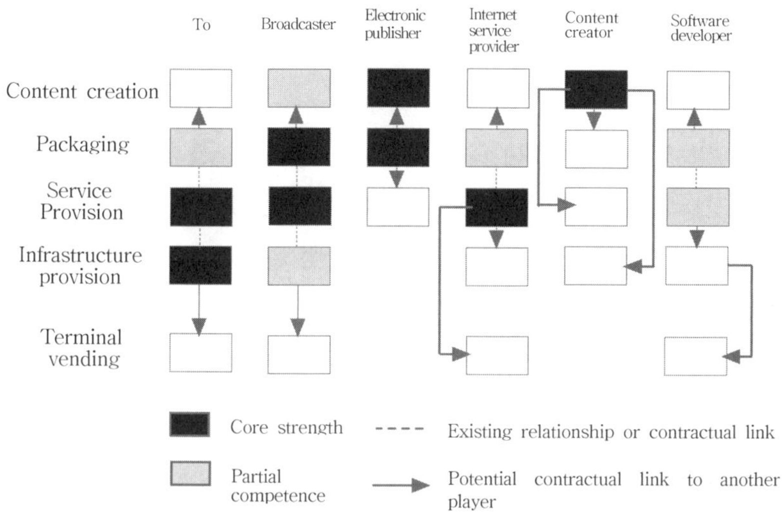


루션에 관한 소비자의 욕구를 가장 잘 이해하는 공급자와의 단기/장기의 파트너십을 필요로 한다. 파트너십을 통해 통신사업자는 자신들이 가장 잘 이해하는 사업을 계속할 수 있고, 많은 파트너들은 서비스공급과 콘텐츠와 관련한 사업을 수행할 수 있는 시너지를 얻을 수 있다. 기업간 파트너십을 위해 기업들은 자신들의 사업을 핵심사업과 주변사업으로 분류할 필요가 있다.[5)]

---

5) 기업구조조정을 위한 방법으로는 divestment, de-merger, operational separation, M&A, joint venture, strategic alliance 등 다양한 방법이 있다. 도바르즈에프(Dobardziev, 2004)는 기업이 가진 차별화된 능력, 브랜드, 시장 및 소비자기반, 다른 사업과의 시너지 등을 고려하여 사업을 평가할 것을 제안한다.

## 5. 디지털 컨버전스에서 정책방향

디지털경제에서 선발자의 이점(*first mover's advantage*) 원리가 있다. 신규서비스를 먼저 시장에 내는 기업이 브랜드효과를 통한 시장점유, 표준화경쟁 등에서 상대적으로 유리한 위치를 갖는다는 것이다. 또한 마이크로소프트나 인텔에서 보듯이 한번 앞선 기업은 계속 앞서는 승자독식(*winner-takes-all*) 게임의 가능성도 있다. 앞서 보았듯이 디지털 컨버전스는 다양한 사업기회를 제공하고, 경제성장과 고용창출과 밀접한 관련을 가진다. EU와 일본에서 'e-Europe 전략'과 'u-Japan 전략'을 추진하는 것도 선발자의 이점을 확보해 경제성장과 고용창출로 연계하려는 노력으로 이해할 수 있다.

### 1) 불확실성 해소를 통한 투자유도

불확실한 시장은 기업투자를 저해한다. 디지털 컨버전스는 특히 신규 컨버전스 서비스에 대한 수요의 불확실성, 규제의 불확실성 등이 있다. 2000년대 초반 IT 버블을 통해 얻은 교훈은 IT투자는 기술/공급주도보다는 시장/수요주도로 이루어져야 한다는 것이다.

가트너(Gartner, 2004)는 서비스와 시장이 융합되면서 경쟁이 심해지고 기업들은 경쟁에 따른 이윤감소를 보전하거나 가입자의 이탈을 저지하기 위해 번들링서비스를 제공하는 사례가 등장할 것으로 예상한다.[6] 이와 동시에 기존의 상대적으로 명확한 시장구분에 따라 시행되었던 경쟁정책의 기준, 또는 원칙의 변화가 요구된다. 융합시장

---

6) 음성, 방송, 초고속인터넷 서비스를 결합한 Triple Play Service(TPS)가 대표적 사례이다.

의 변화추세를 예측하고 경쟁정책의 원칙을 새롭게 정립하는 것은 복잡한 시장환경에서 시장참여자가 당면할 불확실성을 감소시키고 합리적 의사결정을 유도할 수 있다.

### 2) 기술발전의 능동적 수용으로 신규서비스의 조기활성화

디지털 컨버전스는 기술발전이 하나의 원동력임을 고려할 때 새로운 기술/서비스의 발전을 능동적으로 수용하는 것이 중요하다. 즉 새로운 기술을 바탕으로 등장하는 서비스는 사업자의 의지가 있으면 조기에 상용화할 수 있는 정책의 시행이 중요하다. 이는 다양한 신규서비스의 보급이 이용자의 선택권확대, 매체간 경쟁이라는 측면에서 소비자후생과 산업증진에 긍정적으로 작용할 것이다. 융합서비스에 대해 다수의 규제기관이 존재하는 것도 신규서비스 도입을 지연시킬 수 있다. 비어즐리 등(Beardsley et al., 2003)은 컨버전스 환경에서 규제는 개별산업의 관점보다는 전체 가치사슬 관점에서 이루어져야 한다고 지적한다.

국내에서 융합과 관련된 논의는 그 논의의 풍성함에 비해 정밀성과 구체성이 떨어진다는 평가가 지배적이다. 휴대폰방송, DMB, 인터넷방송 등 통신과 방송의 융합으로 인해 가능해진 융합서비스들의 등장은 그때마다 허가(진입장벽)와 내용심의에 대한 기존의 규제관할권을 조정하는 선에서 규제논의가 마무리되었음은 주지의 사실이다. 새로운 콘텐츠서비스에 대해서 기존의 규제가 어느 정도 적용되어야 하는지에 대한 고민과 이로부터 출발하는 세밀한 서비스 분류체계, 그리고 새로운 규제틀을 창출하는 문제들이 충분히 숙의되지 못했다.[7)]

---

7) 강재원·이상우(2006) 참고.

### 3) 네트워크-서비스-콘텐츠-기기의 선순환효과 실현

디지털 컨버전스 환경에서는 기존의 단독형(*standalone*) 중심의 제품 중심에서 네트워크-서비스-콘텐츠-기기의 선순환효과를 실현하는 종합제품(*integrated product*)의 개발이 요구된다. 디지털 컨버전스는 경제뿐 아니라 교육(*e-learning*), 의료(*e-health*), 유통, 물류, 교통, 오락 등 다양한 분야에 영향을 미칠 것으로 전망되는데, 이러한 변화를 실현하는 어플리케이션의 개발이 필요하다.

이를 위해서 서비스 고도화, 네트워크 확충, 관련기기/부품부문의 발전이 동시에 유기적으로 이루어져야 한다. 기술, 인프라, 서비스, 콘텐츠 등의 불균등한 발전으로, 제품자체는 완벽하게 구현 가능해도, 인프라나 킬러 애플리케이션이 뒷받침되지 않는 경우가 많기 때문이다.

### 4) IT 경쟁력 기반확충[8)]

IT산업의 성공에는 비즈니스 모델의 개발 등도 중요하지만, 장기적 성공의 핵심은 역시 기술이다. 기술을 등한시한 상태에서 이룩한 사업이나 성공은 경쟁자에 의해 쉽게 모방되고 추월당하기 때문이다. "경기침체는 있을 수 있으나, 기술에 침체란 없다"는 인텔 CEO의 말은 컨버전스 환경에서도 중요한 의미를 가진다. 정부의 IT분야 R&D 정책은 지속적 투자뿐만 아니라 R&D투자의 효율성증대라는 두 가지 방향에서 추진되어야 할 것이다. 정부의 IT분야 공공R&D 투자는 외국에 비하여 높지 않기 때문에 공공R&D 투자의 증대를 고려할

---

8) 문성배(2005) 참고.

필요가 있다.[9] 이와 관련하여, 단순히 투자규모의 증가에 치중할 것이 아니라 차세대 핵심·원천기술 개발 및 기초연구 분야에 '선택'과 '집중'의 원칙에 따라 투자하는 것이 필요하다. 공공R&D 투자의 '효율성'도 제고되어야 한다. 이를 위해서는 기술개발 단위과제 및 사업단위별로 성과분석을 강화하고 결과를 연구개발 기획 및 투자재원 배분과정에 적극 반영할 수 있도록 연구개발 관리시스템이 지속적으로 보완되어야 할 것이다.

그동안 정부의 노력으로 IT인력에 대한 양적 공급체계는 어느 정도 형성되었으나 기업의 요구와 배출인력 간의 질적 불일치 등으로 필요한 인력이 충분히 공급되지 못한 실정이다. 2001년 이후 IT산업인력의 증가세가 급격히 둔화되어 그 결과로 IT관련학과 대졸자들도 취업에 어려움을 겪지만 기업은 IT인력의 부족을 호소한다. 향후 정부정책은 교육정보 및 노동시장 정보유통, 산학연계 프로그램 등에 대한 지원과 산업계의 수요를 반영한 IT교과과정 평가시스템 개발 등으로 정보의 부족에 따른 시장실패의 시정과 대학이 산업계의 수요에 부응하는 인력을 키울 유인을 제공하는 데 중점을 두고 추진하는 것이 바람직하다. 수요자중심 정책으로의 전환을 위해서는 IT인력양성과 관련된 주체(대학, 기업, 정부)의 역할재정립이 필요한데, 정규교육기관은 커리큘럼을 실무와 연계시키고, 프로젝트 수행을 통한 산학연계 프로그램 등을 디자인하여 실무능력을 갖춘 IT인력을 배출하고, 정부는 교육훈련의 제공에 대한 직접적 지원으로부터 노동시장 정보와 교육정보의 제공, 경쟁적 여건의 조성으로 정책방향을 전환

---

9) 2000년 기준 OECD국가의 R&D투자(IT분야 포함) 중 정부 R&D의 비중은 독일 33.8%, 미국 28.6%, 일본 19% 등 평균 31%이며 우리나라는 24.9%인데 이 가운데 IT분야 정부 R&D비중은 10.3%에 불과한 것으로 나타났다. Science & Engineering Indicators(2002).

할 필요가 있다고 판단된다. 또한 산업계는 인력수요에 대한 질적·양적 정보를 교육기관에 제공하며, 인턴십, 협동교육 등의 현장실습 교육과정을 주도하는 등 자신의 수요를 교육기관에 반영시키는 시스템을 구축함으로써 교육기관 및 정부의 역할을 보완해야 할 것이다.

약자의 보호·지원성격을 갖는 중소기업정책의 연장선에서 출발하는 기존 벤처정책은 경쟁력 있는 자생적 기업육성으로 전환되어야 한다. 모든 단계와 분야를 망라한 백화점식정책은 향후에 산업 및 성장단계별로 특화된 육성·지원정책으로 변해야 한다. 창업활성화, 기업성장 등에 맞추어져 있던 정책에서 원활한 구조조정으로 자원의 효율적 배분을 실현해야 한다.

디지털 컨버전스 시대에는 독자적 발전전략은 한계를 가지며 따라서 국내는 물론 해외와도 상호작용을 하는 'IT허브'를 지향해야 한다. 고급인력의 양성, 규제개혁, 정보인프라 완비 등을 통해 세계 IT기업이 활동할 수 있는 여건을 조성하고 세계기업들이 한국을 IT관련 기술·시장의 선도지역으로 인식하도록 해야 한다.

## ■ 참고문헌

강재원·이상우(2006), "방송·통신 융합서비스의 규제 방향", 미발표논문.

문성배(2005), "IT 인프라 고도화 및 IT 활용제고를 통한 경쟁력 제고", 정보통신정책연구원.

Beardsley, Soctt·Luis Enriquez·Jon C. (2004), "Garcia, A New Route for Telecom Deregulation", *The McKinsey Quarterly* no. 3.

Bohlin, E.·K. Brodin·A. Lundgren·B. Thorngren(eds.) (2000), *Con-*

*vergence in Communications and Beyond*, Elsevier.

Covell, Andy(2000), *Digital Convergence*, Aegis Publishing Group.

Dobardziev, Angel(2004), "Defining the Fixed Telco's Core Business", *OVUM*, January.

EC(1997), "Green Paper on the Convergence of the Telecommunications", *Media and Information Technology Sectors and the Implications for Regulation*.

Fransman, Martin(2001), "Evolution of the Telecommunications Industry into the Internet Age", *Communications & Strategies* vol. 43.

Gartner(2001), "Content Convergence: The Carriage Bottleneck, Content Convergence: Impacting Everyone, Content Convergence: Content and Media".

______(2002), "Telecommunications and Media Convergence in Asia/Pacific"(2002. 10. 24).

______(2004), "Market Convergence and Triple-Play Services Force Regulatory Reform"(2004. 8).

IDC(2002), "The Evolving Content Value Network: Laying the Foundation for the Next Generation of Content Service Providers".

Murakami, Teruyasu(2004), "Ubiquitous Networking: Business Opportunity and Strategic Issues", *NRI Papers* no. 79, Nomura Research Institute, August 1.

Uglow, Sue(2002), "Structuring for Survival: Strategies for Telecom Players", *OVUM*.

Yoffie, David B. (1977), *Competing in the Age of Digital Convergence*, Harvard Business School Press.

4장

# 한류(韓流)와 디지털콘텐츠 산업의 발전전략

심상민

## 1. 한류와 디지털콘텐츠의 결합

### 1) 한류의 현황

'한류'가 우리 모두의 입에 오르내리고 있다. 한류열풍에 따른 관광객은 사상 최대 478만 명(2004. 1~10)을 기록했는데, 이는 지난 2002년 같은 기간 444만 3,688명보다 7.7%, 2003년 동기 대비 25.2% 증가(한국관광공사 집계)한 수치다. 아울러 한류 경제효과가 1조 원에 이른다는 분석도 있다. 한류효과로 8,400억 원의 관광객효과가 추가되고 여기에 330억 원의 국가홍보효과가 더해져 2004년 결산시점에서 1조 원의 '한류 프리미엄'이 예상된다.[1]

---

1) 한국관광공사 보고서, "Tourism Marketing Report with Korean Wave"(한류에 따른 마케팅 보고서), 2004.

이와같이 한류는 아시아에 부는 한국문화 열풍이 가진 무한한 에너지를 보여준다. 한류는 방송콘텐츠에서 시작하였고 이후 게임·영화·캐릭터 등 전체 문화산업(디지털콘텐츠) 장르로 빠르게 확산되었다. 최근에는 대중문화 차원을 넘어 한국어, 음식, 패션, 결혼식 등 한국 생활양식과 가치관 등이 전파되는 파급력을 보여주기도 한다. 대상지역으로 봐도 초기의 중화권중심에서 베트남, 태국, 말레이시아, 선진국인 일본 등 전방위로 확산되어 "한류에는 사각지대가 없어지고 있다"는 말이 나올 정도가 되었다.

이 같은 한류의 원인으로는 한국문화의 매력발산을 들 수 있는 데, 참신하고 창의적 스토리, 감성적 영상, 스타연예인들의 세련됨 등이 감성적으로 호소하였기 때문이라는 풀이다. 아울러 개인적이고 합리적인 서구문화, 극단적인 일본문화와는 달리, 동양의 정서와 가치(*Asian Value*)를 함축하고 서구의 양식을 결합한 점이 포인트라고 할 수 있다. 한류를 경제적 측면에서 다시 한번 더 조명하면 한국 문화산업(디지털콘텐츠)의 해외시장 진출을 촉진했다는 공로를 강조하지 않을 수 없다. 문화산업 차원에서 이미 한·중·일 3국을 중심으로 상호연대히는 움직임이 나다났고, 이를 통해 글로벌시장 진출과 공략을 좀더 효과적으로 실행할 수 있는 계기가 마련되었다는 분석이다. 이와 같이 한류를 활용한 연관산업의 활성화가 촉진되어 마침내 'Made in Korea'의 경제블록화가 'Created in Korea'의 문화블록화로 힘을 키워가는 발전을 이룩하는 것이다. 특히 관광, IT등 제조업 등 연관산업에 끼치는 간접적 파급효과가 확연하게 감지된다. 스타마케팅을 통한 제조업의 현지진출 성공은 안재욱을 모델로 한 삼성전자 중국 TV 모니터가 시장점유율 1위를 기록한 것이나 김남주를 광고모델로 내세운 LG 화장품이 베트남 시장을 석권한 사례에서 잘 나타난다.

### 2) 한류의 한계

그러나 한류가 보여준 한계와 허점 또한 짚어보지 않을 수 없다. 한류 자체가 '문화적 착시현상'이자 일시적 유행현상(*fad*)에 불과하다는 지적도 나오기 때문이다.

한류가 가져온 사회문화적 현상은 10대 청소년층이나 중년여성층에 한정된 비주류문화에 불과하고 이미 명멸하였던 중국 중화사상, 일본 대동아공영권과 유사한 문화적 제국주의의 아류 또는 변종이라는 분석도 있다. 또한 팝 컬처(*Pop Culture*)를 넘어서는 폭넓은 교류가 미흡하여 진정한 문화적 교류와 이를 통한 문화다양성 확보, 문화 정체성 강화에 기여한 바는 크지 않다는 부정적 시각도 여전하다. 전통문화나 순수예술, 고급문화에 대한 교류와 관심은 상대적으로 미약한 편이며 한·중·일의 문화적 다양성이 공존하는 가운데 형성되는 유대감·연대감이 없다는 지적이다. 또한 상호호혜와 양방향작용 없이 일방적 문화침투에 대한 현지정부와 여론주도층의 비판과 반발이 대만 등지에서 존재하는 것도 빠뜨릴 수 없다.

한류를 진정한 블록버스터로 가꿀 줄 아는 관련업계의 전략적 대응 또한 기대에 미치지 못한다. 올 부산국제영화제에 이른바 한류 4대 천왕이라는 장동건, 배용준, 원빈, 이병헌이 참석하지 않았다는 에피소드나 일본열도의 욘사마 열풍을 정작 비즈니스화하는 주체는 거의 일본업체라는 얘기도 귀담아 들어야 할 대목이다. 다음은 한류주역들의 자기관리 노력 미흡에 관련한 지적이다.

> …부산 국제영화제에서 특별히 좋았던 세 가지와 아쉬웠던 세 가지를 이야기하고자 한다. … 아쉬웠던 점은 '한류 4대 천왕'이라는 장동건, 원빈, 배용준, 이병헌은 '코빼기'도 찾아볼 수가 없었다는 것.
>
> 행사장 곳곳에 일본 등 아시아 각국 팬들이 시위하듯 그들의 사진

〈그림 4-1〉 한류 4대 천왕

을 듣고 기다렸고 외신기자만도 225명이 왔는데 말이다. 잔치를 벌여놓고 집주인들이 빠진 격이었다.

둘째는 스타들의 태도도 문제였다. 기자들 앞에서 인사만 하고 귀신처럼 사라져 버려 파티를 썰렁하게 만든 스타들도 있었고, 온다던 행사에 오지 않은 스타들도 여럿 있었다. 문제는 아무 예고도 없이 나타나지 않아 하늘같은 팬들만 하염없이 기다리게 했다는 것이다. 마지막으론 국가적 지원이 참으로 아쉬웠다. … 2)

---

2) 조선닷컴(www.chosun.com) 2004. 10. 방송작가 백현락.

## 2. 한류의 본질과 문화권력 발신

한류가 문화산업 차원에서 갖는 가장 중요한 의미는 국제무대에서 우리가 문화권력을 가지고 이를 정당하게 행사할 수 있을 만한 실마리를 보았다는 사실이다. 이는 20세기 이전에 세계사 권력의 원천이 무역과 산업, 자본으로 이행했다가 이윽고 21세기 들어서면서 문화와 감성, 커뮤니케이션 파워로 옮겨왔다는 거시적 관점에서 이해할 수 있다.

기 소르망이나 존 나이스비츠와 같은 한국문화의 아웃사이더들이 '한국의 미래 경쟁력은 디지털 컴퓨터(하드웨어)와 문화(소프트웨어)가 결합하는 데 있다'고 보는 것도 같은 맥락이다.

한편 대중문화의 초강국인 미국을 견제하기 위해 T. I. M. E. (IT+미디어&엔터테인먼트)이라는 국가전략을 실행하는 스웨덴과 핀란드의 사례도 문화 또는 소프트파워로 국가전략을 구상하고자 하는 한국에게 좋은 본보기가 된다. 스웨덴과 핀란드는 기존의 정보·통신기술 부문은 물론이고 심지어는 자동차산업까지 포괄해 하드웨어, 소프트웨어 인프라와 미디어, 엔터테인먼트로 통칭하는 콘텐츠부문을 컨버전스(융·복합화)하는 방향으로 국가전략을 설정하여 관련한 모든 유·무형자원을 집중시켰다.

명품과 패션 등 세계 뷰티산업을 장악한 프랑스와 이탈리아의 노력도 우리 한류의 활용전략에 중대한 시사점을 준다. 바로 한류를 매개로 국가적 문화자산을 집결, 재배치하고 문화산업 성과를 극대화하는 슬기로운 지혜를 가져야 한다는 암시이다.

프랑스의 경우 〈그림 4-5〉의 파리 문화지도에서 잘 표현하듯이 전체적인 프랑스의 문화대국으로서 이미지를 적절한 역할분배를 통해

〈그림 4-2〉 강대국과 힘의 원천변화

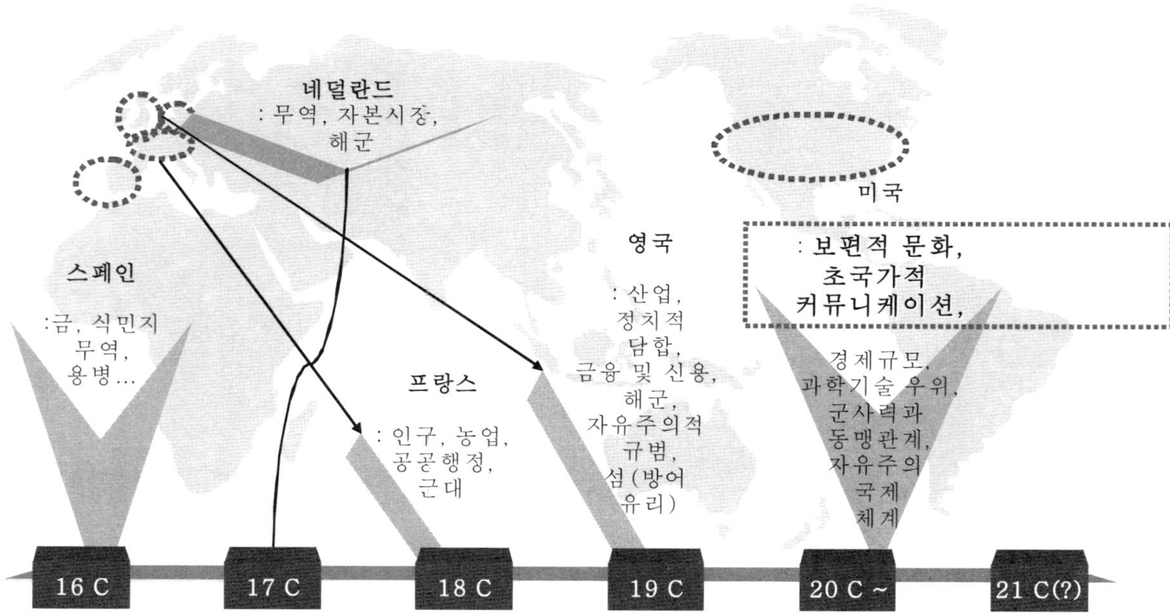


자료: 조셉 S. 나이, 'Bound to Lead', 1990, Basic Books에서 재구성

〈그림 4-3〉 스웨덴과 핀란드의 지역산업클러스터(IT와 A문화콘텐츠 결합전략)

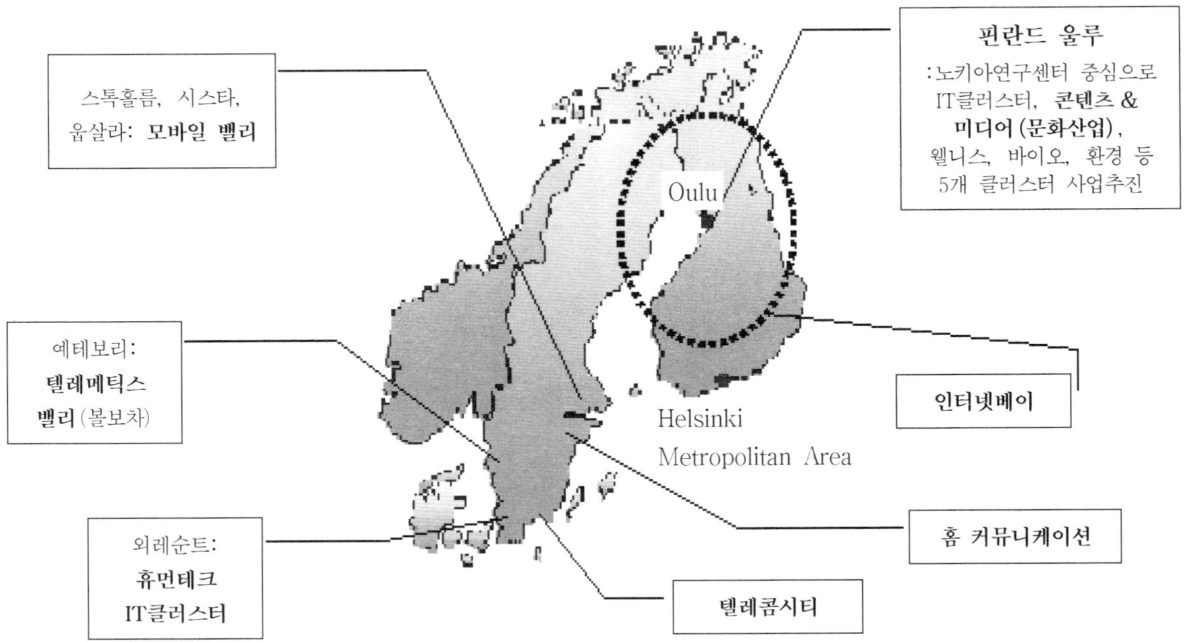

〈그림 4-4〉 뷰티 유행발신으로 세계 뷰티시장을 리드하는 이탈리아와 프랑스

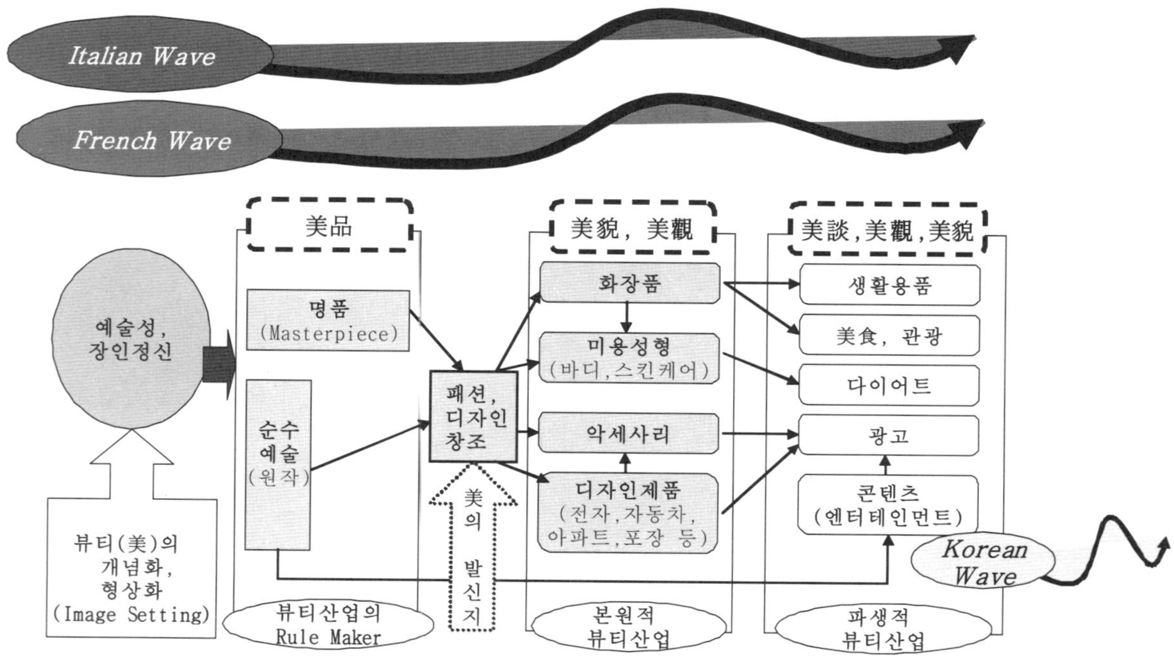

〈그림 4-5〉 파리 문화랜드마크와 프랑스의 문화권력 발신전략 1

**퐁피두와 파리, 문화함수**

* 프랑스 문화권력 = f(국가전략) + 자원(사람, 인프라)

* 프랑스 문화이미지, 브랜드 = aχ(문화리더십, 명성- 깐느/아비뇽/앙굴렘/앙시) + by(인프라: 루브르, 퐁피두....) + cz(네트워크- 학교, 전문인력, 클러스터) + α(국민 의식, 자질, 창의력)

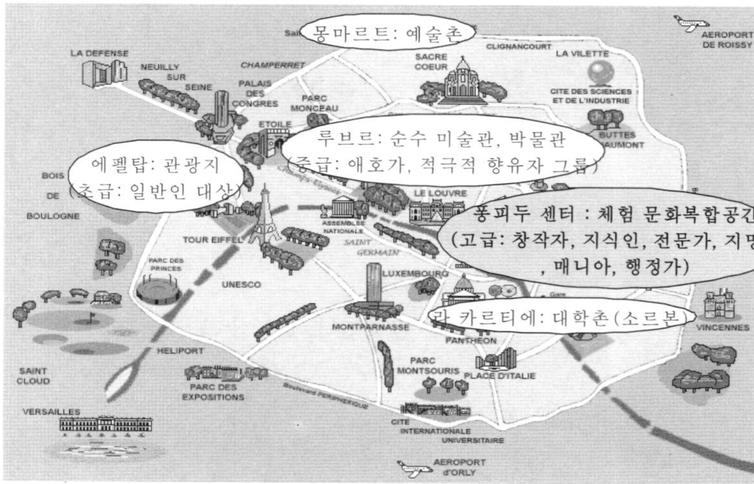


**각국 사례**

**-미국 :** 브로드웨이, 소호, 할리우드 -(디즈니랜드, 유니버설 스튜디오..), 케네디센타(워싱턴), 링컨센터(뉴욕-메트로폴리탄 오페라단, 줄리어드 음대)

**-독일 :** 베를린 문화의 집, 소니센터, 괴테 인스티튜트(문화원)

**-일본:** 스튜디오 지브리(민간-애니메이션의 거장 미야자끼 하야오의 공간)

**-중국:** 현대 문화 상징공간 없음 (→문화발신지로서 권력 박탈)

**-한국:** 한류, 역동하는 디지털문화, 네티즌문화를 상징하는 실제 공간없음 (→문화발신지로서 권력을 거머쥘 호기를 상실할 우려)

〈그림 4-6〉 파리 문화랜드마크와 프랑스의 문화권력 발신전략 2

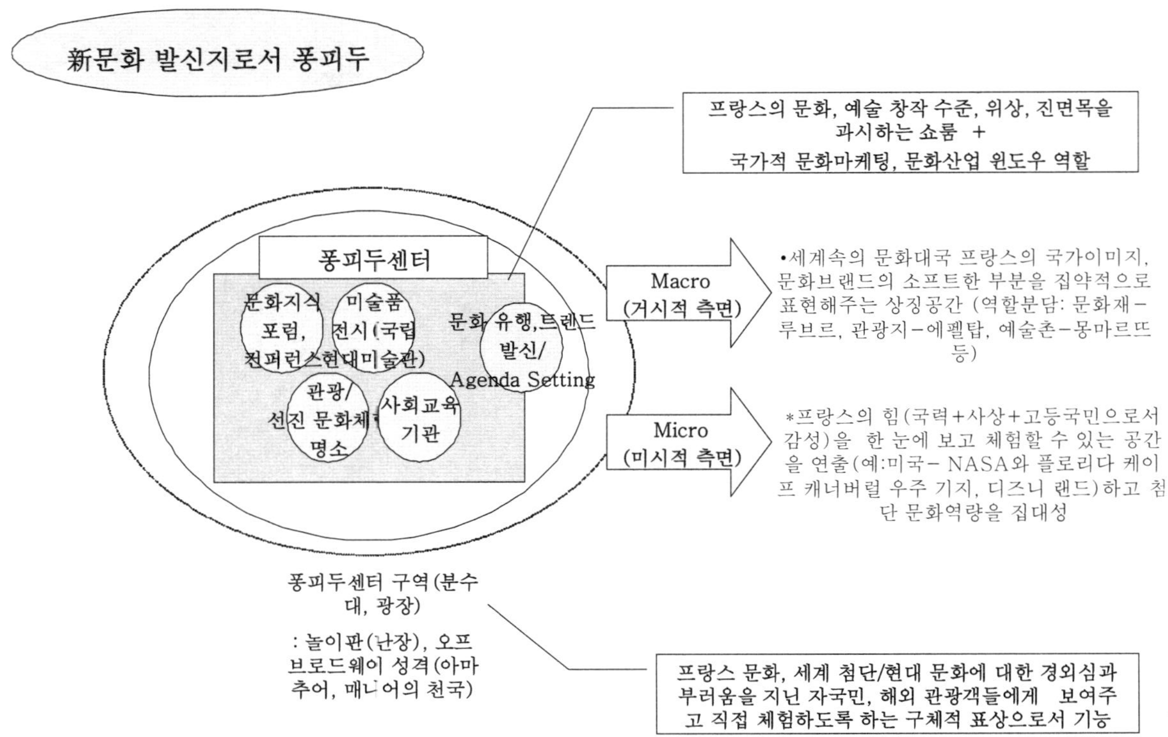

서 전략적으로 설정 · 유지하고 있다. 예를 들어 파리의 루브르 미술관의 경우, 문화에 대해 상당히 열성적인 중급애호가와 적극적 향유자그룹을 대상으로 집중적인 마케팅전략을 펴고 있다. 이에 비해 에펠탑과 같은 명소는 잘 알려진 대중적 관광지이기 때문에 초급애호가들에게도 어필할 수 있는 문화콘텐츠 자산을 다양하게 배치한다. 예술촌으로 유명한 몽마르뜨는 창작그룹의 클러스터 생산기지로서 적합한 기능을 갖추었고, 라 카르티에는 소르본대학 등이 위치한 젊은 대학촌으로서 실험적이고 전위적이며 창의적인 문화와 예술담론과 실천이 돋보이는 구역이다.

여기서 특이한 것은 파리 퐁피두센터의 역할과 전략적 의미이다. 퐁피두센터는 파리의 다른 명소와 구역이 커버하지 못하는 여러 기능을 총체적으로 복합화하여 집약한 문화예술의 거점이라고 할 수 있다. 정식명칭이 '파리 국립현대미술관'인 이 센터는 대체로 전문창작자, 지식인, 문화예술전문가, 매니아, 행정가 등을 주 대상으로 한 다채로운 프로그램을 갖고 있다.

〈그림 4-6〉은 프랑스 파리의 문화 랜드마크(상징공간)로서 퐁피두센터가 스스로 체험문화복합공간으로서 기능을 갖추면서 어떠한 경로와 방법으로 신문화권력을 지속적으로 발신하는지를 요약해서 설명해준다. 우선 거시적으로는 문화대국임을 자부하는 프랑스 파리에서 가장 풍성하고 다양한 현대 문화콘텐츠를 효율적으로 체험하고 논의할 수 있는 복합적 기능이 집약되어 있다. 좀더 자세히 들어보면 미시적 차원에서 아주 체계적인 문화 커뮤니케이션 프로그램이 짜여져 있음을 알 수 있다. 실제로 퐁피두센터는 '문화지식포럼, 컨퍼런스', '미술품 전시', '사회교육기관' 등의 기본기능을 통해 문화의 다양한 섹터별로 제시되는 주요이슈를 정리하기도 하고 많은 경우에는 새로운 문화, 예술트렌드를 창출하고 아젠다를 설정하는 하나의 문

화미디어로서 제 역할을 수행한다. 예컨대 세계의 문화, 예술행정가들은 퐁피두센터에 모여 시청각시장 개방과 같은 긴급현안들에 관해서 토의하고 결의문을 채택하곤 한다. 이때 공간과 프로그램을 주최한 퐁피두센터의 프랑스는 자신들의 이념이 관철되는 문화다양성주의와 같은 사상을 하나의 거대아젠다로서 발신한다. 이러한 메커니즘과 퐁피두센터의 역할이 이른바 신문화권력의 발신전략이라고 볼 수 있다.

## 3. '한류자산'(*Resource*)을 활용한 산업발전전략과 국가역할

한국이 미국, 프랑스, 스웨덴, 핀란드처럼 체계적 국가전략이라는 밑그림 위에서 한류를 포지셔닝하고 관련한 전략프로그램을 정교하게 만들어가야 한다는 것은 더 이상 미룰 수 없는 긴급하고도 중요한 과업이다. 이 과업을 성공적으로 수행하기 위해서는 우선 한류를 통해서 획득한 유·무형적 자산을 활용하는 정공법이 필요하다는 분석이다.

과연 한류는 우리에게 무엇을 새롭게 보도록 일깨워 주었는가? 한국이 한류를 통해 밖으로 과시하고 안으로 확인했던 중요한 문화적 성취는 응집·신명·개조·역동의 정신이라고 할 수 있다. 이 네 가지 성취코드는 일회성 발현으로서 머물 수도 있고 반대로 지속적인

〈그림 4-7〉 한류와 디지털콘텐츠 산업 발전을 위한 4대 과제

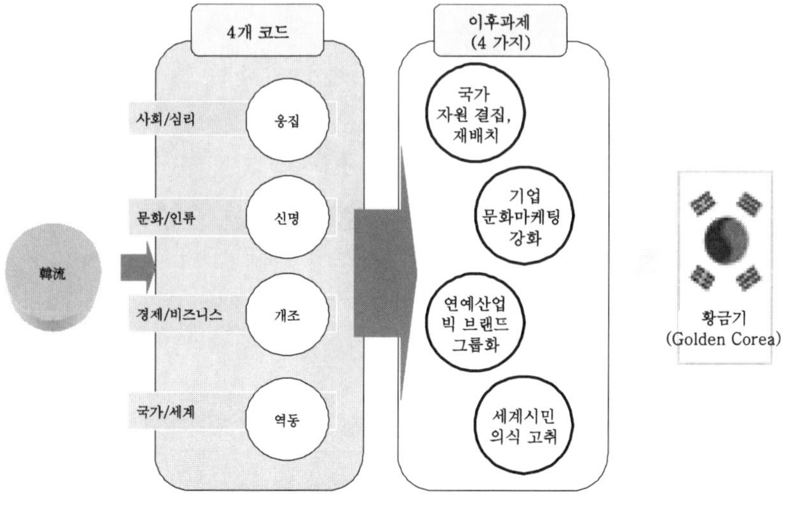

자기생명력을 갖는 에너지원으로서 진화·발전할 수가 있는데 이 진퇴의 기로에 지금 우리 한류의 좌표가 매겨지고 있다. 우리 한류가 진정으로 발전하려면 '응집'은 '국가자원 결집·재배치'로 '신명'은 '기업 문화마케팅 강화'로 '개조'는 '연예산업 빅브랜드 그룹화'로 '역동'은 '세계시민의식 고취'로 각각 격상되어야 한다.

첫째 '국가자원 결집·재배치'는 우선 '안방 한류'(*internal strategy*)를 연출하는 것에서부터 시작한다. 우리나라가 현재 추진하는 역사문화도시 경주, 아시아문화중심도시 광주, 국제영상도시 부산, 국제자유무역도시 제주 등을 필두로 우리나라 한류의 뿌리가 되는 한국문화산업을 발견하는 작업, 기본 토양지도(지형도) 작성부터 돌입, 안방에서 '한류'가 대단한 화제가 되도록 연출하는 과업을 미루지 않

〈그림 4-8〉 기업 문화마케팅 5S (유형)

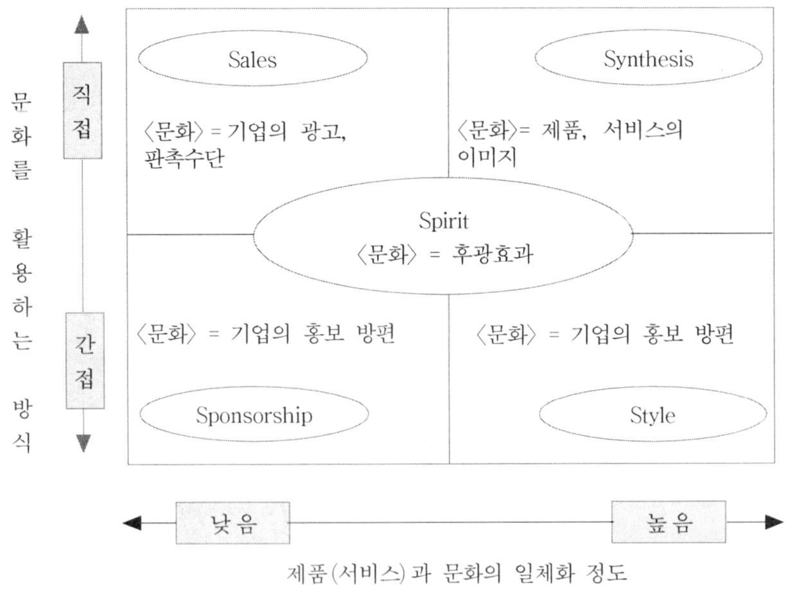

〈그림 4-9〉 기업 문화마케팅 5S 사례

| 문화마케팅 유형(5S) | 유형별 개념 | 사 례 |
|---|---|---|
| 문화판촉 (*Sales*) | 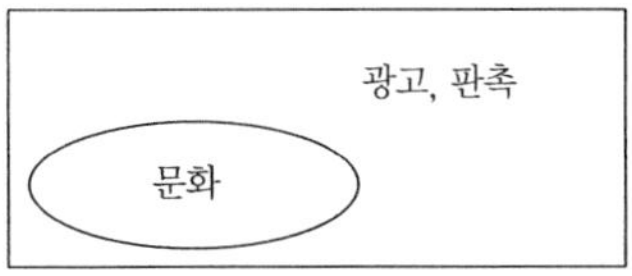 | - 벤츠, 태평양 〈코카콜라, BMW, 도요타, 동서커피, 백세주 등〉 |
| 문화지원 (*Sponsorship*) | 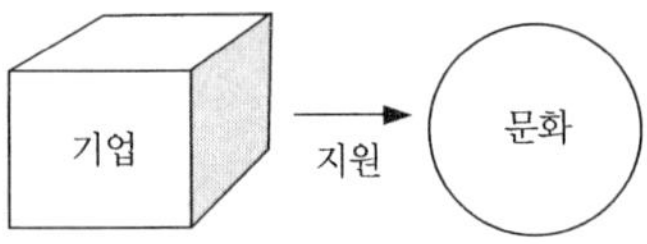 | - IBM, 하나은행 〈Texaco, 마이크로소프트, 삼성전자, 금호그룹 등〉 |
| 문화연출 (*Synthesis*) | 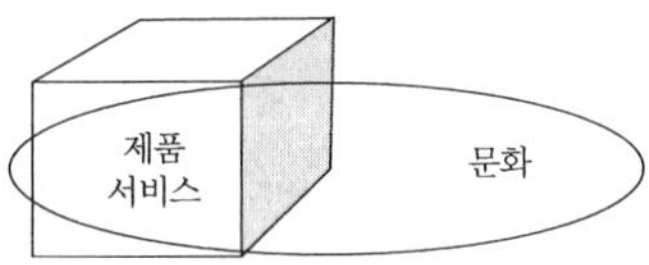 | -스타벅스, T시 〈할리 데이빗슨, 몽블랑 만년필, 포르쉐, 롤렉스 등〉 |
| 문화기업 (*Style*) | 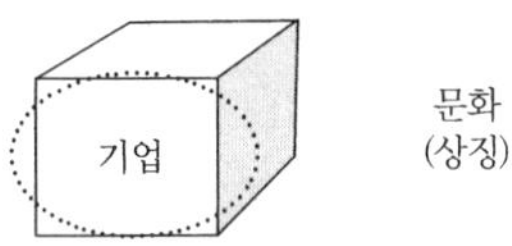 | - 소니, 에버랜드 〈LVMH, 디즈니, 맥도널드, 파타고니아(아웃도어 레저브랜드), 광주요(전통 도자기) 등〉 |
| 문화후광 (*Spirit*) | 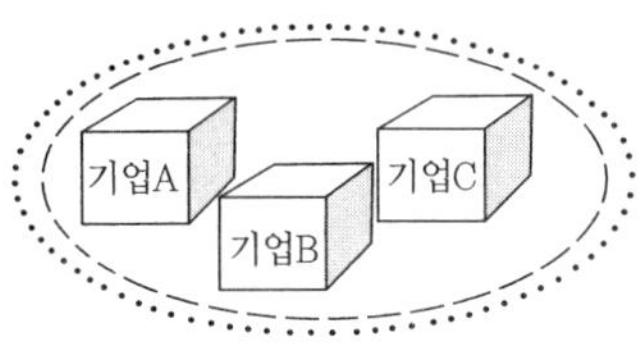 | 프랑스, 한국(韓流) 〈이탈리아, 영국, 일본, 아일랜드, 스위스〉 |

아야 한다. 더불어 한류와 관련하여 아름다운 정책화음(하모니) 창조가 요청된다. 한류를 지원하고 증폭시키고 유지·발전시키는 문화산업, 문화예술, 교육, IT/디지털(콘텐츠), 외교, 산업, 지방자치단체 등의 다양한 정책이 중앙허브(*Hub, Control Tower*)에서 조율, 오케스트라처럼 지휘(모델: 앙드레 말로 프랑스 초대 문화장관)되는 모습이 없이는 한류를 증폭시키기 어렵다. 한류를 총설계하고 리드하는 야전사령관이자 CEO, 앰배서더가 필요하다.

둘째, '기업 문화마케팅 강화'는 당장 우리 기업들이 더 많은 관심을 갖고 실천에 옮겨야 할 사안이다. 여기에는 기업이 문화를 광고, 판촉의 수단으로 삼는 'Sales'와 문화를 제품과 서비스 이미지와 결합시키는 'Synthesis', 기업의 홍보방편으로 문화를 아끼는 'Sponsorship', 기업의 새로운 면모와 개성으로서 문화를 수용하는 'Style', 문화를 기업의 배경이자 후광으로 활용하고자 하는 'Spirit' 등 다양한 유형이 있을 수 있다. 모든 기업이 각자 원하는 방향대로 이러한 다채로운 차원의 문화마케팅을 실현할 수 있어야 우리 한류가 문화산업의 기폭제뿐만 아니라 경제견인차로서도 기능할 수 있다.

셋째, '연예산업 빅브랜드 그룹화'는 한류를 주도하는 한국의 방송, 영상산업 업체와 디지털콘텐츠 업체의 취약한 국제경쟁력을 비판하는 관점이다. 국내 최대방송사인 KBS의 매출액(2001년 기준 1조 936억 원)은 미디어그룹 바이어컴(2001년 232억 달러, 약 28조 원)의 1/26 수준에 그친다. 이처럼 세계시장에서 여러 면에서 비교열위에 있는 국내 콘텐츠대표 브랜드로는 한류가 우연적이며 일시적 현상으로 그칠 가능성이 너무나 크다. 더구나 우리 연예산업은 과학적 경영, 체계적 경영, 시장조사 등을 철저히 실시하는 'Data와 선행사례(*Reference*)를 중시하는 경영'이 아니라 감에 의존하는 낡은 시스템을 아직도 혁신하지 못하고 독특한 자기구역 안에서만 맴돌고 있다.

〈표 4-1〉 미디어 복합그룹 바이어컴 CBS 사업 포트폴리오

| 영 역 | 계열사 및 사업 부문 명칭 |
|---|---|
| 지상파 방송 | CBS 텔레비전 네트워크, 바이어컴 텔레비전 스테이션 그룹(CBS의 20개 방송국, UPN의 18개와 1개의 독립 TV방송국) |
| | 인터넷서비스: CBS.com, CBS HealthWatch.com, CBS.MarketWatch.com, CBSNews.com, CBSSportsLine.com |
| 케이블 방 송 | 〈BET:Black Entertainment Television, BET Gospel, BET International(해외시청자용), BET Movies/Stars!(앙코르 미디어사와 합작사), BET On Jazz, Comedy Central, 〈MTV네트웍스: Country Music Television(CMT), The Digital Suite, MTV(Music Television), MTV2, Nickelodeon(애니메이션), Nick at Nite, TV Land, TNN(The NationalNetwork),VH1(중장년층 중심 음악콘텐츠 방영)〉,〈쇼타임 네트웍스 : FLIX, The Movie Channel, Showtime, Sundance Channel(로버트 레드퍼드, 유니버설 스튜디오 합작) |
| 방송물 유통사업 | CBS Enterprises(TV 신디케이션 및 배급), CBS Broadcast International, King World Production,〈파라마운트 텔레비전(신디케이션): Big Ticket Television, Spelling Television〉 |
| 영화, 음악, 극장 | 〈바이어컴 엔터테인먼트 그룹: 파라마운트 영화사(영화 제작 및 배급), MTV필름, Nickelodeon Movies, 파라마운트 클래식〉, Famous Music Publishing, Famous Players(캐나다내 100여 개 영화관 보유), 파라마운트 홈 엔터테인먼트(DVD와 비디오 배급) |
| 테마파크 | 〈파라마운트 파크 : 미국내 5개 테마파크〉 |
| 출판 등 | 〈Simon & Schuster: The Free Press, Pocket Books, Scribner, Simon & Schuster 오디오(오디오 북), Simon & Schuster 인터랙티브(CD-ROM), Simon & Schuster온라인(Simon Says.com), United Cinemas International(UCI: 유니버설과 합작사, 아시아 유럽 남미 등지에 113개의 영화관소유), United International Pictures(UIP :33% 지분 소유) |
| 인터넷 | The Excite Network, Hollywood Media, 〈Nickelodeon Online: gas.nick.com, Nick.com, Nickjr.com, Noggin.com, Teackers.nick.com, TvLand.com〉 |
| 라디오& Outdoor | 〈Infinity Broadcasting: The Viacome Outdoor Group (야외 광고)〉 |
| 비디오 | 블록버스터(비디오숍 체인: 전세계 7천 900개 점포 운영) |

〈그림 4-10〉 문화시장 개방에 따른 효과

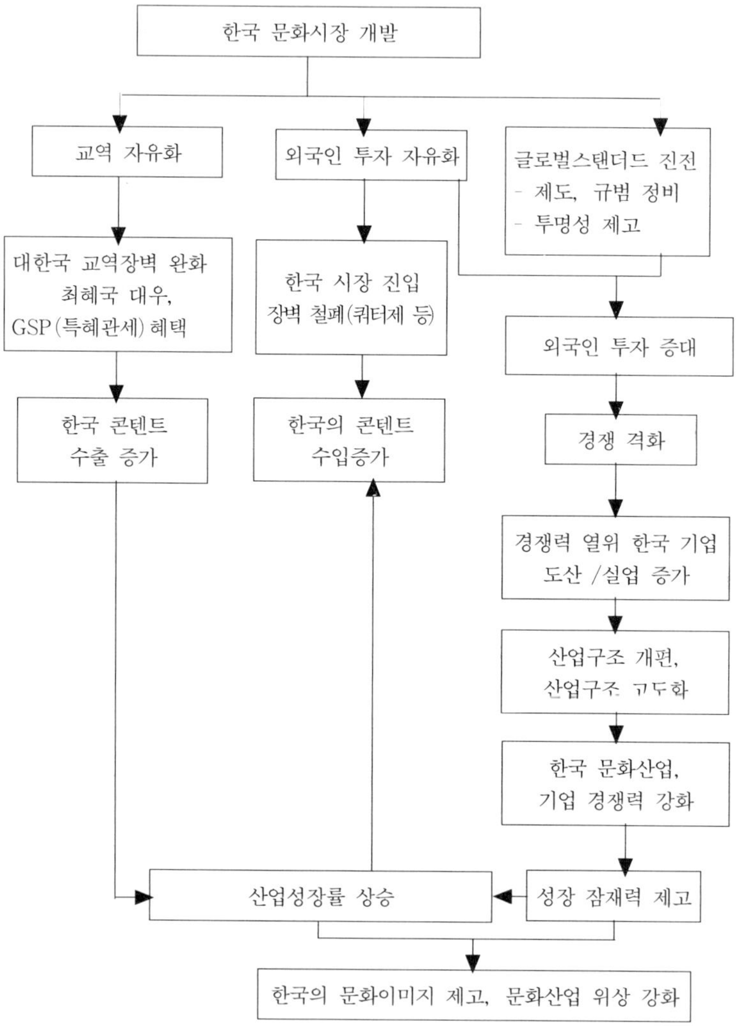

넷째, '세계시민의식 고취'가 선행되지 않고서는 한류가 역풍을 맞을 소지가 많아 보인다. 우리가 다른 외부의 좋은 문화를 인정해주고 마음껏 느껴보고 즐길 수 있는 부드러움과 여유로움 없이는 동등한 상호작용에 의한 문화흐름이 점점 막히고 탁해질 수밖에 없다. 문화를 개방하고 우리 청소년에게 일본이나 중국문화를 탐닉하고 애호할 수 있는 기회를 충분히 제공하면서 우리 문화를 수출해야 한다는 원칙을 강조하고자 한다.

스크린쿼터와 같이 불공정게임을 강요하는 편협한 문화시장을 그대로 고수하는 분위기에서는 우리 문화에 대한 올바른 가치평가와 세계적인 잠재력측정 등을 시도해보기 어렵다. 그러다 보면 결국 '우물안 도취'로 한류는 미래가치로 꿈을 주지 못하고 한때 추억으로 날아가 버릴지도 모른다. 이 네 가지 전략을 실행한다면 한류가 디지털콘텐츠산업과 융합해 한국의 새 엔진이 될 수 있다.

## 4. 맺음말 : 한류의 지속화, 고도화를 위한 제언

2004, 2005, 2006년을 지나면서 한류는 계속 증폭되었다. 비와 대장금이 연이어 아시아 문화시장을 석권하였다. 장동건은 2005년 말 《타임》지 커버에 올랐다. 욘사마는 일본열도를 참으로 빼근하리만치 훑고 새 대륙 중국에 상륙했다. 한류효과에 따른 관광부문의 수입만 2004년 한 해에 1조 3천억여 원에 이르렀다고 한다. 이쯤 되면 한류는 이제 지속화되는 거대한 문화현상이라고 해도 좋겠다. 한류의 지속화는 분명 우리가 자랑할 일이다. 한국사람 모두가 드라마에 울고 웃고 주말마다 여럿이 뭉쳐 영화보러 다닌 공덕이 쌓여 한류가 생성되었기 때문이다. 근원적으로는 우리가 가족이나 사랑, 효도와 같은 진 · 선 · 미의 가치가 문화자원으로 축적된 귀한 공동체에 살고 있다는 행복한 사실이 한류의 원인으로 작용했다. 동시에 성지순례라도 하는 양 서울을 찾게 하고 동아시아 인류정서를 응축시켜나가는 단계까지 밀고온 것은 한류가 발신한 힘이기도 하다.

이처럼 우리 모두가 놀라워하는 한류에 무엇을 어떻게 더 보태면 좋을까? 전략적으로 본다면 한류지속화를 바탕으로 한 질적 고도화와 세계화야말로 절실하게 와닿는 과업이라고 여겨진다. 한류에 담긴 콘텐츠의 수준과 수익성, 영향력 등을 한층 더 끌어올려 궁극적으로는 한류의 주역인 한국사람의 생업과 의식, 문화지수에 실질적 기여를 할 수 있게끔 만들 방안이 필요하다는 얘기다. 어떻게 할 것인가? 우선 한류의 고도화와 관련해서 가장 먼저 할 일은 이른바 '만드는 손의 독립'이다. 한류를 있게 한 드라마와 가요, 영화와 같은 문화콘텐츠를 만드는 손인 외주 프로덕션과 창작자들이 거대방송사에 예속되어 있는 낡은 구조가 한류의 고급화를 가로막는다는 지적이다. 방송사들이 절대적인 의뢰인으로서 불리는 우월적 지위에 군림하면서 콘텐츠 창작자들을 호통치는 억눌린 분위기에서는 노상 재벌 2세, 출생의 비밀이 얽히고 설킨 드라마말고는 기대할 게 없어진다. 검증된 시청률 공식에 사로잡혀 진부한 내용만 고집한다면 실험적이고 다양하며 참신한 스타일창조를 연구하는 풍토가 조성되기 어렵다. 방송계 한 원로가 "한류에는 이미지만 남았고 내용인 콘텐츠가 없다"고 꼬집은 것도 이 맥락이다.

한류의 고도화는 참된 세계화로 이어지도록 해야 한다. 세계무대에서는 특히 정부와 민간이 역할을 나눠 효과적 대응을 하면 좋겠다. 정부는 한류 비확산지역과 반한류 움직임에 대해 먼저 실상을 파악하고 적절한 외교적 노력을 기울여야 한다. 민간창작자, 사업자들은 이미 형성된 한류 마니아층을 중심으로 체계적 고객관리와 마케팅 프로그램을 실행하여 고객획득보다 2배 이상 어렵다는 고객유지에 진력해야 한다. 특히 콘텐츠 인접영역인 디지털, IT, 가전, 뷰티산업, 관광 등과 연계하여 아시아는 물론 세계시민의 라이프스타일 변화를 선도하는 '트렌드 세터', '룰 메이커', '스타일창조자'로 인정받을 수 있도록 세련된 노력을 기울여야 한다. 또한 선진국처럼 한국문화를 테마로 한 원정대를 현지교민, 민간단체 등과 함께 조직하는 것도 필요하다. 1970년대 오일쇼크 호기를 틈탄 일본이 스모와 스시, 분재, 만화, 애니메이션 등을 앞세워 브로드웨이나 샹젤리제 거리를 휘젓고 일본발 화류를 연출한 다음 도요타와 혼다, 소니를 성공적으로 전파시킨 전략도 좋은 본보기다. 이러한 체계적 움직임을 강화한다면 2006년 독일 월드컵에서 소시지만큼이나 김치가 인기를 끌고 붉은 악마가 전 세계적인 뉴스메이커가 되며 다시 대장금의 김치비법이 화제가 되는 한류의 선순환적 고도화 및 세계화가 조금씩 실현될 수 있을 것으로 보인다. 한류는 기본적으로 콘텐츠의 힘이고 콘텐츠는 열린사회라면 어디든지 자연스럽게 소통되는 문물교화, 즉 문화의 흐름을 타기 때문에 어떻게든 물꼬만 터준다면 넓은 무대로 뻗어나갈 수 있기 때문이다. 이런 관점에서 혹시라도 한류의 흐름과 문물교화를 막아온 빗장이 우리에게 없는지 스스로를 돌아보는 성찰의 시간이 필요하다고 본다. 예를 들어 우리 문화는 자유롭게 경쟁국으로 뻗어가야 하고 외국문물은 되도록 차단하는 게 좋다는 '편리한 생각'이 있다면 이게 바로 물꼬를 막는 빗장인 셈이다. 외국영화의 자유로운 상영이나 외국자본 투자와 유입을 방송산업에서 전면적으로 막겠다는 규제라면 이 또한 빗장에 다름 아니다. 인위적으로 쳐 놓은 장벽이 당장 우리 문화의 정체성을 보존하는 데는 효험이 있을지 몰라도 장기적으로는 우리 문화의 퇴조를 가져올 수도 있기 때문이다. 이미 불안한 조짐이 한국의 자랑인 드라마와 게임콘텐츠를 만드는 20~30대 젊은 기획자, 작가, 프로그래머 등의 작업현장까지 감지되었다. 한류의 주력군이 외국시장과 문화를 모르고 매우 편협한 우물 안 콘텐츠를 만들기 일쑤다. 아니면 그냥 음성적으로 알게 된 외국 것을 모방하는 무리수를 두기도 한다. 이들이 문물교화는 않고 수출만 강조하는 한류에 도취해 정작 우리 문화의 본성이나 세계 속 위상과 의미를 모르고 혼이 빠져 버린 껍데기만을 좇는 것도 큰 결점이다.

멋진 마술을 하듯 한류가 어느새 4차선 일방통행 길을 닦아 놓았다. 이 길 위에서 왕성한 문물교화를 실천하여 이윽고 양방향 16차선, 32차선 대로를 넓고 크게 닦는 길은 한국문화를 자긍하는 우리 모두에게 주어진 뚜렷한 과업이다.

## ■ 참고문헌

김경동(2002), 《한국의 문화정책: 현황과 미래 방향》, 국제심포지엄.

김유경, "미디어렙 제도 도입의 쟁점과 평가: 시장논리와 공공논리"(http://lib.adic.co.kr/data/sem/2001_mediapolicy/mediapolicy_2.html).

김준동·강인수(2000), 《서비스산업의 개방효과: 업종간 파급효과를 중심으로》, 대외경제정책연구원.

김준동·강준구(2001), 《WTO서비스협상은 우리에게 어떤 영향을 미칠 것인가?》, 대외경제정책연구원.

김진영 외(2002), 《디지털 전환에 따른 방송재원 연구》, 방송위원회.

문화관광부, 《문화산업백서》, 각 연호 등.

방송위원회(2002), "방송통신산업 DB", 《월간 방송 21》.

송경희(2002a), "방송서비스 시장 및 규제현황"(도하개발아젠다 세부의제별 간담회 토의자료), 대외경제정책연구원.

______(2002b), "WTO 도하개발 아젠다 협상 방송서비스 분야의 논의 동향과 대응방향"(도하개발아젠다 협상 세부의제별 간담회 토의자료), 대외경제정책연구원.

심상민(2002a), 《미디어는 콘텐츠다》, 김영사.

______(2002b), 《콘텐트비즈니스의 새 흐름과 대응전략》, 삼성경제연구소.

심상민·고정민(2002), 《한국문화산업발전을 위한 긴급과제》, 삼성경제연구소.

심상민·김휴종(2001), 《한국 주력산업의 경쟁력: 엔터테인먼트 산업》, 삼성경제연구소.

심상민·민동원(2002), 《문화마케팅의 부상과 성공전략》, 삼성경제연구소.

정상철(2002), "DDA 서비스협상과 동북아 문화산업 협력방안"(제6차 CT 정책포럼 자료집), 한국문화콘텐츠진흥원.

한국소프트웨어진흥원(KIPA) 내부자료, 2002.6.

문화관광부 홈페이지: www.mct.go.kr

영화진흥위원회 홈페이지: www.kofic.or.kr

한국방송광고공사 홈페이지: www.kobaco.co.kr

후버스 온라인: www.hoovers.com
INCP 홈페이지: http://incp-ripc.org

Carlson, T. R. · Zmud, R. W. (1999), "Channel Expansion Theory and the Experential nature of Media Richness Perceptions", *Academy of Management Journal* Vol. 42, pp. 152~168.

Chidambaram, L. (1996), "Relational Development in Computer-supported Groups", *MIS Quarterly* 20(2), pp. 143~165.

Daft, R. L. · Lengel, R. H. (1984), "Information Richness: A New Approach to Managerial Behavior and Organizational Design", in *Research in Organizational Behavior*, JAI Press, Greenwich, CT, pp. 191~233.

______(1986), "Organizational Information Requirements, Media Richness and Structural Design", *Management Science* Vol. 32, No. 5, pp. 554~571.

Daft, R. L. · Lengel, R. H. · Trevino, L. K. (1987), "Message Equivocality, Mediaselection and Manager Performance: Implications for Information Systems", *MIS Quarterly* Vol. 11, No. 3, pp. 355~366.

El-Shinnawy, M. · Markus, M. L. (1997), "The Poverty of Media Richness Theory: Explaining People's Choice of Electronic Mail vs. Voice Mail", *International Journal of Human-computer studies*, Vol. 46, No. 4, pp. 443~467.

Hiltz, S. R. · Johnson, K. · Turoff, M. (1986), "Experiments in Group Decision Making, 1: Communication Process and Outcome in Face-to-face versus Computerized Conferences", *Human Communication Research* Vol. 13, No. 2, pp. 225~252.

Lea, M., Spears, R. (1992), "Paralanguage and Social Perception in Computer-mediated Communication", *Journal of Organizational Computing* 2(3&4), pp. 321~341.

Markus, H. R. · Kitayama, S. (1991), "Culture and the Self: Implications for Cognition, Emotion and Motivation", *Psychological*

*Review* Vol. 98, No. 2, pp. 224~253.

McGrath, J. E. (1991), "Time, Interaction, and Performance(TIP): A Theory of Groups", *Small Group Research* 22(2), pp. 147~174.

Rheingold, H. (1993), *The Virtual Community*, New York, NY: Addison-Wesley Publishing.

Short, J. · Williams, E. · Christie, B. (1976), *The Social Psychology of Telecommunications*, New York, NY: John Wiley.

Valacich, J. S. · Dennis, A. · Connolly, T. (1994), "Idea Generation in Computer-based Groups: A New Ending to an Old Story", *Organizational Behavior and Human Decision Processes* Vol. 57, No. 3, pp. 448~467.

Walther, J. B. (1992), "Interpersonal Effects in Computer-mediated Interaction: A Relational Perspective", *Communication Research* 19(1), pp. 52~90.

______(1994), "Anticipated Ongoing Interaction Versus Channel Effects on Relational Communication in Computer-mediated Interaction", *Human Communication Research* 20(4), pp. 473~501.

Weick, K. E. (1979), *The Social Psychology of Organizing*, *Reading*, MA: Addison Wesley.

Yoo, Y. · Alavi, M. (2001), "Media and Group Cohesion: Relative Influences on Social Presence, Task Participation, and Group Consensus", *MIS Quarterly* Vol. 25, No. 3.

5장

# 한국 철강산업의 발전과 국가역할

## POSCO의 기관형성전략을 중심으로

윤석만

## 1. POCSO의 성장과 국가

1960년대부터 아시아국가들은 정부주도하에 산업화전략을 본격적으로 추진하면서 급속한 성장을 이룩했다. 특히 한국은 일본의 식민통치에서 시작해 분단의 비극, 동란의 폐허로 아무것도 없었던 황무지에서 출발하여 불과 40년 만에 GDP 기준, 세계 10위권의 경제규모를 가진 나라로 도약했다. 이는 세계 어떤 문화권에 속한 국가보다 빠르면서 월등한 성장을 이루어낸 것이며, 이 기적 같은 성장의 중심에 POSCO가 있었다. POSCO는 한국의 초고속산업화라는 성공신화의 중심이었고 원동력이었다.

POSCO는 2005년 말 현재 연산 조강능력 3,100만 톤, 매출 21.7조 원, 규모로는 세계최대의 단위제철소 2개를 보유한 전 세계 5위의 글로벌 철강기업으로 성장하였으며, 경쟁력과 수익성측면에서 전세계 철강업체 중 최상위그룹에 속한다. POSCO의 뛰어난 경쟁력은 전문기관의 평가에서도 잘 나타난다. POSCO는 2003년 3월 《포춘》(*Fortune*)지에 의해 세계에서 가장 존경받는 기업 철강부문 1위로 선정되었으며,[1] 또한 《포브스》(*Forbes*) 지에 의해 5년 연속 전세계 철강분야 최고기업으로 선정된 바도 있다.[2] 미국의 US Steel, 일본의 NSC, 유럽의 Arcelor 등 POSCO보다 오랜 전통과 명성을 갖고 있는 철강사들을 생각할 때 창립 30여 년 만에 이룩한 POSCO의 성과는 매우 경이로운 것이다.

이처럼 POSCO가 최단기간 내에 세계최고의 경쟁력을 갖춘 기업으로 성장할 수 있었던 배경은 무엇인가? 특히 이 과정에서 한국정부는 어떤 역할을 했으며, 이에 상응한 POSCO 경영진의 대응적 관리전략은 어떻게 추진되었는가? 이 글은 이에 대한 해답을 개발도상국가에서 국가발전전략으로 활용되는 기관형성전략에서 찾고자 한다. 기관형성전략(*Institution Building Strategy*)이란 국가의 특정한 과제의 해결을 위해 동원가능한 모든 자원과 역량을 집중해 그 과제를 실현하는 데 중추적 역할을 담당할 수 있는 기관을 설립하고 정착시키는 전략을 의미한다. 이 글은 기관형성전략과 율곡의 시무론을 결합하여 한 체제의 발전과정을 창업기(*Founding*), 수성기(*Maturing*), 경장기(*Restructuring*)로 나누고, 각 단계에 따라 최우선 과제의 구조와 그 단계에서 가장 적절한 리더십의 유형, 관리전략의 배합이 있음을 전

1) 미국 경제전문지 《포춘》지는 매년 전세계 기업을 대상으로 '가장 존경받는 기업'(*World's most admired companies*)을 선정한다. 선정기준은 국제화수준, 경영혁신, 경영관리, 직원역량, 재무건전성, 자산운용, 장기 투자가치, 사회적 책임, 제품·서비스의 품질 등 총 9개항목이다.

2) 《포브스》는 전세계 기업을 대상으로 매출액, 5년간 연평균 자기자본 이익률(ROE), 배당수익률, 주가추이를 분석하여 업종별 최고기업을 발표하는데, POSCO는 한국기업 중 유일하게 5년 연속 최고기업으로 선정되었다.

제해 연구하였다.

POSCO 기관형성전략은 박정희 대통령이 POSCO를 창설, 기관화하여 한국 경제발전 추진의 중심축으로 활용하려 한 데서부터 시작된다. 박 대통령은 자본, 기술, 경험은 물론 변변치 않은 내수시장과 철광석이나 석탄 같은 부존자원도 없는 나라에서, 일관제철소의 전략적 필요성을 인식하고 과감하게 POSCO의 창업을 선택했다. 박 대통령이 믿었던 것처럼 한국은 철강산업의 진흥에서 시작된 산업화 전략의 성공으로 오늘날 세계 1위의 조선산업과 세계 2위의 가전산업, 세계 5위의 자동차산업을 보유하게 되었다.

POSCO의 창설과정에서 이처럼 최고통치권자의 강력한 집념과 정부의 육성정책, 그리고 POSCO 경영진의 대응전략이 어떻게 상호 작동하여 효과적인 기관형성전략이 실현되었는지를 규명하는 것은 정부주도적 산업화전략이 불가피한 많은 개발도상국가에게 학문적으로나 실천적으로 매우 관심있는 주제가 될 것이다. 이 글에서는 크게 다음의 3가지 과제를 초점으로 논술하려 한다. 첫째, 정부 및 정치지도력과 POSCO의 관계설정이 어떤 모습으로 이루어졌는가? 둘째, POSCO의 내부 리더십 스타일과 경영전략은 어떤 역할을 수행하였는가? 셋째, POSCO의 기관형성전략상 현재 제기되는, 그리고 향후 제기될 수 있는 과제와 그 대응방안은 무엇인가?

이 글의 구성은 다음과 같다. 우선 제 2절에서는 기관형성전략 분석을 위한 이론적 배경들을 검토하고, 제 3절에서는 POSCO 창업기의 한국의 역사적 상황과 POSCO 설립과정, 일관제철을 통한 산업화에 대한 박 대통령의 강력한 의지가 어떻게 POSCO를 출범시키고 그 토대를 형성하였는가에 대해 살펴본다. 제 4절에서는 박 대통령의 전폭적인 신임과 지원하에 실제로 POSCO의 창업에서 수성까지의 경영을 맡았던 박태준 사장의 리더십과 경영전략에 대해 살펴보고, 제

5절에서는 국가주도의 기관형성전략의 산물인 POSCO의 국민경제적 성과와 성공요인을 고찰하고, 기관형성전략상 경장기에 새롭게 제기되는 오늘의 과제와 POSCO의 대응에 대해 살펴보기로 한다.

## 2. 기관형성전략 분석을 위한 이론적 기초

### 1) 기관형성의 개념

기관형성(*Institution Building*)은 "가치관, 역할, 그리고 공학적 및 사회적 기술의 변화를 도입·확산하기 위하여 새로운 규범과 행동양식을 정립·육성·보호하며, 그 환경으로부터 지지와 협조를 받을 수 있을 때까지 공식조직을 만들거나 고쳐 나가는 것을 입안하며 지휘하는 과정"으로 정의된다(Esman, 1969).

이러한 기관형성 유형은 다음과 같은 기본가정을 전제로 한다. 첫째, 환경은 폐쇄적이거나 경직된 체제가 아니며, 변동과 혁신의 수용도에 따라 다양하게 반응하며 계속적으로 변화하는 상태에 있다. 또한 환경은 조직에 각종자원을 투입하는 대신 조직의 산출물을 제공받는다. 특히 조직들이 참여하는 활동의 장으로서 각자의 이익을 부단히 확보하고 추구하는 관계유형을 전제로 한다. 둘째, 공식적 조직은 충분한 기간 동안 주변영역과 확실한 교호관계를 유지하며 새로운 규범이나 행동유형 등을 실현해서 사회화할 수 있는 능력을 가졌다고 가정한다. 셋째, 사회의 변화 또는 발전과정은 자발적이거나 자율적인 것보다는 조직이라는 요새를 통해 인위적으로 유도된 혁신의 확산작용이 누적되어 이룩된다. 넷째, 그러한 공식조직의 기관화(*Institutionality*)는 기관형성의 최종적 산물로서, 저항적 환경 속에서 출범한 공식조직이 생존력·자율성·영향력과 파급효과를 갖추면서 마침내 그 조직의 쇄신적 가치규범이 사회의 일부로 수용되어 사회로부터 보호받는 단계까지 이르렀을 때 비로소 달성되는 것이다.

에스만(Esman, 1969)의 모형에서 기관 자체 또는 내부적 속성에 관한 변수를 '기관변수'라 하는데 여기에는 다음의 다섯 가지가 있다. 첫째, 지도력(*Leadership*)은 지도역할 담당자들의 능력을 말한다. 기관의 지도이념이나 정책형성에 참여하고 그 정책을 집행하며 환경과의 연관성을 맺는 가장 핵심적 단위요소로서, 기관을 대외적으로 대표하여 정책을 결정하고 정책집행상의 조정과 통제를 한다. 둘째, 기본지침(*Doctrine*)은 기관의 사회적 활동에 내재하는 가치·목표·운영방법을 포괄적으로 규정하는 것이다. 즉, 조직내부와 그 환경에 대하여 내세워진 일련의 강령으로 간주된다. 기본지침은 조직원간에 공동목표가 설정되고, 동기가 부여되며, 효과적 커뮤니케이션을 위한 공동의 기반과 표준으로 설정된다. 셋째, 사업(*Programs*)은 기관이 수행하는 기능 및 서비스의 실적과 관련된 활동을 말한다. 넷째, 자원(*Resource*)은 기관을 위한 재정적·물적·인적 자원과 정보 등의 투입을 말하며, 기관의 모든 활동을 뒷받침해 주는 요소가 된다. 다섯째, 내부구조(*Internal structure*)는 기관을 운영하고 유지하기 위해 형성된 구조와 과정이다.

이러한 기관변수 외에 조직은 제도화된 기관으로 외부환경과 상호의존관계를 형성하고 유지해 나가야 한다. 이를 '연계변수'라 한다. 연계는 기관과 관련있는 여러 사회부문과의 상호의존관계를 설정하는 교호작용의 과정이며, 연계개념을 통해 어떤 조직의 외부환경을 보다 명백하게 파악할 수 있다(Esman, 1967).

연계변수의 첫째는 수권적 연계(*Enabling linkage*)로서 기관의 활동에 필요한 권한과 자원을 통제하는 외부조직이나 외부집단과의 연계를 말한다. 필수적 자원의 획득과 운용을 위한 권한을 제공하는 수권적 연계는 조직이 그 능력을 발전시키는 중에 있으나 아직은 외부환경에 자유롭게 대처할 만한 능력에는 미치지 못하는 기간 동안 외부의 공격으로부터 조직을 보호해주고 자원획득을 보장해주는 역할을 한다. 특히 POSCO와 같은 공기업의 경우 초기에 대통령을 포함한 수권적 연계의 역할이 결정적이었다고 할 수 있다.

둘째, 기능적 연계(*Functional linkage*)는 기관이 수행하는 기능과 서비스의 산출결과를 구입·사용해주는 관계에 있거나, 투입 면에서 자원을 공급해 주거나 보완관계에 있는 개인 또는 조직과의 관계를 말한다. 기관이 필요로 하는 다양한 자원을 상업적 입장에서 공급하고, 기관에서 배출한 인원들을 고용한다든가, 기관의 새로운 기술이나 산출을 직접적으로 이용하거나 파급시키는 조직 등이 기능적 연계관계에 있는 조직이라고 말할 수 있다. POSCO의 경우 회사가 필요로 하는 여러 가지 원료나 기자재를 공급하는 개인이나 조직, 또는 회사가 생산한 철강제품과 부산물을 구매하거나 이용하는 국내외의 모든 개인과 조직은 기능적 연계관계에 있는 것이다.

셋째, 규범적 연계(*Normative linkage*)는 기관의 기본지침 내지 사업과 관련하여 긍정적 또는 부정적 규범이나 가치를 가진 다른 기관들과의 연계이다. POSCO의 경우 국내외의 철강업체나 철강산업과 관련된 협회 등 POSCO의 운영상 규범적인 면에서 직·간접적으로 영향을 미치는 모든 개인·집단·조직이 포함된다.

넷째, 확산적 연계(*Diffused linkage*)는 공식적 관계양식을 특정하기 어렵지만, 기관에 대한 사회전반의 태도결정에 중요한 영향을 미치는 개인 또는 집단이나 조직과의 관계이다. 주로 기관에 대한 여론이나 언론매체 등에 의해 매개되는 일반대중과의 관계이다.

에스만(Esman, 1967 ; 1969)의 기관형성모형은 '기관변수'와 '연계변수'들을 체계적으로 식별하고 교류관계로 연결시킴으로써 기관형성의 공간적 범주를 포괄한다는 점에서 큰 성과를 보였다. 그러나 각 변수들이 개별적으로 또는 집합적으로 어떤 관계가 있는가에 대해서는 언급이 없고, 따라서 각 변수가 왜, 언제, 얼마만큼 중요해지는가에 대해서도 설명할 수 없다. 지겔(Siegel, 1966)이나 몽고메리

(Montgomery, 1969)도 에스만 모형에 대해서 기관형성의 과정적 성격, 즉 지도자가 의식적으로 조직 속에 혁신을 일으켜 조직혁신이 주변환경의 압력에 맞서면서 자율성을 유지하고, 나아가 영향력을 발휘할 수 있을 때까지 확산시켜 나가는 생성적, 동태적 과정이라는 개념화가 실제의 모형에는 포함되지 않았다고 지적한 바 있다.

따라서 기관형성모형이 이론적 모형의 수준을 넘어 실천적 기관형성을 위한 지도자의 혁신전략을 제시하려면 기관형성의 과정에 포함된 모든 변수체계가 지도자의 의식적 조작과 개입이 가능해지도록 시간과 공간 위에 배열되어야 한다. 이것이 이 글에서 율곡의 시무론을 통해 기관형성모형을 체제발전에 대한 역사적 진전에 따라 동태화하려는 이유이다.

### 2) 기관형성전략의 역사적 전개와 평가 틀: 율곡의 시무 3단계론

기관형성의 동태적 전략이 체제발전의 역사적 단계의 진전에 따라 어떻게 전개되었는가를 분석하기 위해 먼저 율곡의 시무 3단계모형에 대해 고찰하고자 한다. 시무론(時務論)은 율곡 이이(1536~1584)가 승정원우부승지로서 선조 7년(1574)에 왕에게 올린 《만언봉사》(萬言封事) 속에 언급하였고, 뒤에 《성학집요》(聖學輯要)에서 자세히 설명하였다. 시무론이란 한 나라를 다스림에 있어 힘써 다루어야 할 과제와 방법은 어느 때나 일정한 것이 아니라 시대와 상황에 따라 달라져야 한다는 것으로서 특히 율곡은 창업·수성·경장의 3가지 틀을 제시하였다(박승용, 1990).

율곡은 창업(創業)이란 “요순(堯舜)이나 탕무(湯武)와 같은 성군의 덕으로 개혁해야 할 시대를 맞아, 위로는 하늘의 뜻에 따르고 아래로는 인심의 요구에 순응해서 … 새 왕국을 세워, 새 제도를 창설하고

법을 제정하며, 정치기구를 마련하고 예악을 융성하게 하는 일"이라고 정의하였다. 수성(守城)이란 "선왕이 이룬 덕을 허물없이 하는 것으로, 성스러운 임금과 어진 재상에 의하여 제도를 창설하고 법을 제정하며, 정치기구를 마련하고, 예약을 융성하게 해 놓은 다음에 … 임금과 신하는 이루어진 법규에 따라 … 준수하기만 하면 되는 것이다"라고 정의한다. 경장(更張)이란 "나라가 극성한 가운데 미약해지고, 법도가 오래되어 폐해가 생기며, 마음이 안일에 젖어 고루한 것에 인습이 되고, 백 가지 제도가 해이해지며, 나날이 어긋나서 나라를 다스릴 수 없을 때 … 근본을 붙들고, 혼탁한 것을 다시 일으키며, 묵은 인습을 깨끗이 씻어서 묵은 폐해를 개혁하는 것"이라고 정의하였다.

이러한 율곡의 시무 3단계론은 체제발전의 단계모형으로 매우 간결하면서 이해하기 쉬운 개념을 사용했다는 것이 큰 장점이다. 이는 원래 국가수준에 적용하려는 개념이었지만, 기업과 같은 조직 등 어느 체제에도 쉽게 적용될 수 있는 범용성을 갖는다(한영환, 1997). 특히 발전단계별 과제와 대응전략의 제시는 이 연구에서 기관형성전략의 역사적 전개과정을 평가 분석하는 데 매우 유용한 이론적 틀이 될 수 있다.

### 3) 연구의 분석 틀

지금까지 POSCO의 기관형성전략을 평가하고 분석하기 위한 이론적 틀을 살펴보았다. 이를 위해 체제발전에 대한 접근이 보다 구체적으로 작동될 수 있는 준거이론으로서 기관형성론과 시무론모형을 검토·보완하고 이 두 모형을 접목시켜 본 연구의 분석틀을 〈그림 5-1〉과 같이 도출하였다. 이 분석틀의 구조를 부연하면 두 모형의 변수가운데 POSCO의 기관형성에 주요변수로 작용한 것을 취합하여 단계별로 적용한 것이라 하겠다.

〈그림 5-1〉 연구의 분석틀

| 시대구분 | | 창업기 | 수성기 | 경장기 |
|---|---|---|---|---|
| 시대구분의 특징 | | 태동건설기 | 안정성숙기 | 혁신도약기 |
| 기관 관리 변수 | 최우선과제 | 건설 · 가동과 양의 확대 | 양과 질의 동시 추구 | 변화 적응과 경영의 대혁신 |
| | 내부관리 | 리더십, 사업, 자원(인력 · 자금), 내부구조(의사결정)의 시기별 변화 및 부문별(정보 · 인사 · 조직 · 교육훈련) 관리전략 분석 | | |
| | 환경관리 | 외부환경(정부 · 주주 · 언론 · 국민 · 경쟁업체)과의 교호관계 분석: 정부의 공기업정책 및 홍보관리 | | |
| 성과 지표 | 계량지표 | 주요지표(건설단가 · 공사기간 · 품질 · 확장속도 · 기술력 · 전후방 연관효과)의 시기별 변화 및 동종업체와 비교 | | |
| | 기관성지표 | 기관성(생존능력 · 자율성 · 영향력 · 환경으로부터의 보호) 확보정도 평가 | | |
| | 위기의 대두와 해결 | 각 단계별 위기의 대두 및 해결능력 평가 | | |

기관형성전략의 주체와 과제의 추출 ↑ 기관형성 동태화 모형

기관형성전략의 주체와 과제의 추출 ↑ 시무론의 보완모형

**공간적 체계**

1. 주체: 리더십, 기본지침
(리더십의 제도화의 연결고리)
2. 관리체제
① 기관변수: 사업, 자원 및 내부구조
(내부전략)
② 환경(연계)변수
■ 수권적 연계: 정부와의 관계와
정책환경
■ 기능적 · 규범적 · 확산적 연계: 홍보관리
3. 성과지표: 기관성 확보
① 생존능력 ② 자율성
③ 영향력 ④ 환경으로부터의 보호

**시간적 체계**

■ 시대구분 및 관리 패러다임의 평가틀
- 최우선과제
- 리더십
- 의사결정구조
- 정보관리
- 인사관리
■ 각 단계별 과제구조의 성취 →
위기의 대두 → 다음 단계로의 이행

## 3. POSCO 출범의 역사적 배경과 일관제철에 대한 박정희 대통령의 의지와 지원

POSCO의 탄생과 성장은 조국근대화라는 국가적 비전과 강력한 실천의지를 가진 정치지도자가 있었기에 가능하였다. 이 절에서는 다섯 차례[3]의 좌절을 이겨내고 이루어지는 POSCO 설립의 역사적 배경과, 일관제철의 육성을 통한 산업화에 대한 박정희 대통령의 의지와 지원에 대해 살펴보기로 한다. 〈그림 5-1〉에 제시된 기관형성 전략의 틀에서 본다면 이 절에서 다룰 내용은 창업기의 기관관리변수 중 '최우선 과제의 식별과 관리'에 해당된다고 하겠다.

한국경제의 발전은 국가주도 산업화전략의 가장 모범적이고 성공적인 사례로 꼽힌다. 근대화의 시대적 조류에 미처 발을 딛기도 전에 식민지지배와 국토분단, 그리고 전쟁을 겪어야 했던 한국의 상황에서는 어디서부터 산업화의 첫 단추를 끼워야 할지 암담한 상황이었다. 당시 한국정부는 철강산업의 육성만이 유일한 돌파구임을 확신했기 때문에 일관제철소의 건설에 필사적으로 매달릴 수밖에 없었다. 그러나 그 과정은 결코 순탄치 않았으며 한국 철강산업의 태동과 성장사가 바로 한국경제 전체의 산업화과정의 압축이라고 볼 수 있는 이유도 거기에 있다.

---

3) POSCO 출범 전 일관제철소 건설 시도: 1차(1958년, 20만 톤), 2차(1961년, 25만 톤), 3차(1962년 4월, 37만 톤), 4차(1962년 11월, 31만 톤), 5차(1967년 10월, 60만 톤).

### 1) POSCO 출범의 역사적 배경

#### (1) 일관제철소 건설의 필요성

한국의 근대철강업은 일제 식민통치하에서 일본 군수공업의 일환으로 시작되었기 때문에, 1945년 해방될 무렵 매우 기형적 구조를 보인다. 민간자본은 전무하였고, 기술자도 대부분 일본인이었다. 또 철강산업이 북한지역에 편중되어 있었고, 그나마 명맥을 유지하던 남한의 철강산업은 한국전쟁으로 인하여 회복불능의 상태에 빠졌다. 한국정부가 철강업의 중요성을 인식하고 최초의 종합제철 건설계획을 세운 것은 이승만 정권 때인 1958년이었다. 그러나 연간 선철생산 20만 톤 규모를 목표로 했던 이 계획은 자금부족, 정부부처간 상호협력 부족, 사업주체의 부재 등으로 무위로 끝나고 말았다.

종합제철 건설계획이 구체화된 것은 1961년 박정희 정부가 집권하면서부터였다. 제 3공화국 정부는 자립경제 달성을 위해 강력한 경제개발정책을 추진하였고, 이에 따라 산업의 기초소재인 철강수요가 급증하게 될 것은 필연적이었다. 그러나 제1차 경제개발 5개년계획을 착수한 1962년 한국의 조강생산량은 14만 8천 톤으로, 현재 POSCO 생산량의 1.5일분에 불과할 정도로 매우 미미하였다. 제 3공화국 정부가 제 1차 경제개발 5개년계획을 추진함에 있어 핵심사업으로 삼은 것은 석유화학공업 육성, 경부고속도로와 일관제철소의 건설이었다. 정부는 경제적 후진성을 극복하고 민간경제의 균형적 발전을 도모한다는 목표 아래 제 1차 경제개발 5개년계획 기간중 철강 등 주요 기간산업을 육성한다는 방침을 세웠던 것이다.

그러나 일관제철소 건설에 필요한 정보와 지식을 제대로 갖추지 못한 상태에서 외자조달에 실패함으로써 일관제철소 건설계획은 또다시 좌초되고 만다. 이어서 1962년 4월 민간으로 구성된 투자공동체가 서독 DKG그룹[4]과 함께 추진하던 37만 톤 규모의 제철소건설과 1962년 11월 한국종합제철이 미국 투자공동체와 추진하던 31만 톤 규모의 제철소 건설계획도 자금조달의 어려움으로 인해 모두 실패하였다.

### (2) KISA를 통한 일관제철소 건설시도

이러한 상황에서 박정희 대통령은 제 2차 경제개발 5개년계획에서 일관제철소 건설을 또다시 핵심사업으로 선정하고, 이를 정책적으로 뒷받침하기 위하여 다각적 노력을 펼쳤다. 1965년 5월 미국을 방문하여 존슨 대통령과 미국의 제철소건설 기술용역회사인 코퍼스사의 포이 회장을 만나 개발차관과 기술지원의 필요성을 역설하였고, 1966년 1월에는 포이 회장을 다시 만나 국제차관단 구성에 적극 협력해 줄 것을 요청하였다.

이후 일관제철사업이 본격화되기 시작한 것은 1966년 KISA 설립을 전후해서이다. 한국정부는 연산 100만 톤 규모의 제철소를 2단계로 나누어 건설하기로 하고, 외자도입을 위해 1966년 12월 미국 피츠버그에서 미국, 영국, 서독, 이탈리아 등 4개국 7개 회사가 참여(67년 8월 프랑스 추가가입)하는 대한국제제철차관단(*Korea International Steel Associates*: KISA)을 발족했다.

### (3) POSCO 설립

POSCO는 KISA를 통한 제철소건설을 위해 1968년 4월 1일, 상호를 '포항종합제철주식회사'로 정하고 39명의 창설요원들이 창립식을 가짐으로써 일관제철소 건설의 대장정에 들어갔다.[5] 초대 사장에는 종합제철사업추진위원회 위원장으로 활약해온 박태준 대한중석 사장이 선임되었다. 주주는 재무부와 대한중석으로 하되 1차 수권자본금

4) DKG그룹은 서독의 DEMAG, KRUUP, GHH의 3사 연합공동체.

5) 2002년 3월 15일, POSCO로 사명이 변경되었다.

은 8억 원(약 291만 달러),[6] 최초불입자본금은 재무부가 3억 원, 대한중석이 1억 원을 출자하여 총 4억 원(약 146만 달러)으로 하였다.[7]

한편 POSCO는 공사가 아닌 상법에 의한 주식회사로 출발하였다. 그 이유는 특별법에 의한 공사형태로 하면 정부의 재정지원과 조세감면 등의 혜택을 받을 수는 있으나, 정부나 국회로부터 강도 높은 통제와 감독을 받는 한편 적극적인 경쟁력제고의 유인이 없으며 향후 국제경쟁에서도 자유로울 수 없을 것이기 때문이었다. 또한 비록 초기의 어려움이 있더라도 철저하게 책임지고 경영해야만 성공할 수 있다는 믿음이 있었기 때문이었다.

#### (4) 대일청구권 자금을 통한 제철소건설

KISA는 당초 세계은행(IBRD)과 미국수출입은행(EXIM)에서 건설자금을 빌려 제공할 계획을 갖고 있었다. 그러나 기본협정 체결시에 우호적이었던 IBRD가 1969년 3월에 발표한 한국경제평가보고서[8]에서 한국정부의 외채상환 능력과 한국의 산업구조로 볼 때 일관제철소 건설은 타당성이 없고 시기상조라는 이유를 내세워 반대하자 KISA를 통한 자금확보는 또다시 수포로 돌아갈 수밖에 없었다.

IBRD의 부정적 평가로 KISA를 통한 차관조달이 불가능해지고 제철소건설을 포기하느냐의 절체절명의 상황에서 사업을 계속 추진할 수 있는 유일한 대안은 농업 및 어업 등 1차산업에 사용이 국한되어

6) 1968년 환율(1달러=274.8원)을 적용.

7) 당시 대한중석은 사내유보자금이 있어 내자조달이 가능했고 역량있는 경영진과 경험 많은 직원들이 있어 추진인력 구성이 용이했기 때문에 종합제철 실수요자로 선정되었다.

8) 당시 IBRD의 평가보고서는 국제적으로 절대적인 공신력을 가지고 있었다. IBRD는 종합제철이 자본집약적이기 때문에 한국의 여건으로서는 성공여부가 불투명하다고 지적함으로써 다른 회원국들 모두가 한국의 제철소건설에 회의적 반응을 보이게 되었다.

있던 대일청구권자금의 일부 전용이었다. 대일청구권자금은 무상 3억 달러, 유상 2억 달러 등 총 5억 달러 규모였는데, 이 중 무상 3,080만 달러, 유상 8,868만 달러 등 총 1억 1,948만 달러(전체 청구권자금의 23.9%)를 전용하여 일관제철소 건설에 사용하자는 것이 박태준 사장의 구상이었다. 1968년 당시 한국의 1인당 GNP가 169달러에 불과했던 것을 감안한다면 일관제철소 건설이 얼마나 절실했으며 정권의 진퇴를 걸 만큼 대단히 중대한 사업이었음을 알 수 있다.

한국정부는 일본정부를 설득하기 위해 경제기획원의 고위관료를 파견하는 등 치밀한 외교노력을 기울였으며, 박정희 대통령은 집권당을 중심으로 국회의 동의와 국민적 합의를 이끌어내는 역할을 맡았다. 이와는 별도로 박태준 사장은 야와타제철, 후지제철, 일본강관 등 일본의 철강 3사를 방문하여 경제 및 기술지원을 요청하는 한편, 일본 정부각료와 유력인사들을 만나 협조를 요청하는 등 공식·비공식, 막전막후의 다각적이고도 실질적인 노력을 기울였다.

이러한 노력의 결과 1969년 8월 일본이 한국의 일관제철소 건설에 협력한다는 방침을 결정하였고, 1969년 12월 포항제철 건설자금 조달을 위한 한일간 기본협약이 체결되었다. 이로써 일관제철소 건설자금 조달의 역할은 KISA에서 일본으로 변경되었으며, 이는 최고통치권자로부터 실무책임자에까지 민·관합동의 힘든 노력으로 얻어진 소중한 결실이었다.

그 후 1970년 4월 조강연산 103만 톤[9] 설비건설을 시작으로 네 차례 확장 끝에 1983년 5월 조강연산 910만 톤 체제의 포항제철소를 건설하였고, 1985년 3월 광양제철소 1기 설비착공에 들어가 1992년 10월 조강연산 1,140만 톤 체제를 완성하여 총 2,100만 톤 체제를 구축

9) 포항1기 설비투자비는 1,204억 원(3억 달러 상당)이었다.

하였다. 그 후 지속적인 설비신예화사업 등을 통해 2005년 말 현재 조강연산 3,100만 톤 체제를 갖추게 되었다.[10]

### 2) 일관제철에 대한 박정희 대통령의 의지와 지원

창업기의 POSCO는 자금 및 자원의 식별과 동원을 통한 기관화과정에서 민간기업과는 달리 공기업으로서 대통령을 비롯하여 정부로부터 다양한 지원과 협조를 받았다. 박정희 대통령은 정치적 지도자이자 후원자로서 POSCO의 출범과 조기정착을 위한 모든 정치적·행정적 지원과 개인적 신뢰를 보여주었다.

여기에서는 이 글에서 답하고자 하는 첫 번째 연구초점인 '정부 및 정치권과 POSCO의 관계설정이 어떻게 이루어졌는가'에 대해 살펴보기로 한다. 박정희 대통령은 민간자본이 취약한 상황에서 정부주도로 자본집약적 기간산업을 육성하는 중화학 제조업 주도의 경제발전

---

10) POSCO의 설립과 발전과정

| | | | |
|---|---|---|---|
| 1963. 12.17 | 박정희 대통령 취임 (제3공화국 출범) | 1985. 3.5 | 광양제철소 1기 착공 |
| 1966. 12.6 | 대한국제제철차관단(KISA) 발족 | 1992. 10.2 | 4반세기 대역사 완공 (2,100만 톤 체제) |
| 1968. 4.1 | POSCO 창립, 박태준 사장 취임 | 1994. 10.14 | 뉴욕증시 상장 (1995년 런던증시 상장) |
| 1969. 12.3 | 건설자금 조달을 위한 한일기본협약 | 2000. 10.4 | 민영화완료 |
| 1970. 4.1 | 포항1기 착공 (조강연산 103만 톤 규모) | 2003. 11.7 | POSCO-China 출범 |
| 1979. 10.26 | 박정희 대통령 서거 (10·26 사태) | 2004. 8.17 | 파이넥스 설비 착공 (3,000만 톤 체제) |
| 1981. 2.18 | 포항 4기 종합 준공 (850만 톤 체제) | 2005. 6.28 | 인도제철소 MOU (1,200만 톤 규모) |

을 시도하였다. 그 과정에서 POSCO는 한국경제의 성장동력이자 요새로 기관의 위상이 설정되었고, 국가자본주의를 실현하는 중요한 주체로 육성되었다. 박정희 대통령은 제철산업을 구축해야 자동차와 조선을 비롯한 기계공업을 발전시킬 수 있다는 정부에 의한 공급주도적 발전전략을 갖고 있었다.

(1) 정치적 지원과 신뢰

POSCO의 출범과 초기의 성장에 있어 박정희 대통령의 정치적 지원과 신뢰는 가장 결정적인 것이었다. 박 대통령은 1968년 11월 제철소 부지조성 공사현장을 처음 시찰한 이후 1979년 서거할 때까지 11년 동안 무려 13차례나 POSCO를 방문할 만큼 지대한 관심과 배려를 보여주었다. 또한 지원은 하되 간섭은 하지 않으면서, 부당한 정치적 외압을 차단해주는 보호막역할을 해줌으로써 POSCO의 창업기를 성공적으로 이끄는 데 절대적 역할을 하였다.

제철소 건설과정에서 경제기획원과 상공부를 통한 공식적 보고채널이 있었으나 박 대통령과 박태준 사장의 개인적 채널을 통해 의사결정이 이루어져 실질적으로 대통령 직속부서와 기능 면에서 차이가 없었다. 특히 박 대통령은 창업초기의 POSCO가 최단기간에 제철소를 건설하고 조업효율성을 확보할 수 있도록 특단의 조치를 취하기도 했다. 즉, 정치자금 제공요청, 관료들의 인사청탁 등 정치권의 압력을 원천봉쇄하는 데 방파제역할을 했고, 청구권자금 운영절차의 간소화, 설비공급업자 선정의 재량권, 수의계약시 정부보증 등을 골자로 하는 박태준 사장의 메모에 친필사인을 해줄 정도로 전폭적 신뢰를 보여주었다.

(2) POSCO 건설을 위한 '철강공업육성법' 제정

'철강은 국력'이라는 신념하에 박정희 대통령은 일관제철소 건설을 전폭적으로 지원하기 위해 1970년에 "철강공업육성법"을 제정하였다. 이 법은 일관제철소의 건설과 육성을 정책적으로 지원하기 위한 특별법으로서 수혜대상이 되는 철강업체에게 장기저리의 외자도입, 원료구입, 기자재의 공급, 항만·용수·전력·도로·철도시설에 대한 인프라지원과 공공요금 할인특혜를 주는 것이었다. 이를 통해 제철소 건설에 필요한 설비의 저가구매, 건설공기 단축에 따른 건설비절감 등의 기반이 마련되었고, POSCO가 황무지로부터 창설·운영될 수 있는 환경적 토대가 마련되었다.

철강공업육성법을 포함하여 기계·조선·석유화학을 육성하기 위한 박정희 정부의 중화학공업육성법에는 진입규제 조항을 두었는데, 이는 막대한 자금이 소요되는 기간산업을 정부가 지원하고 정책의지대로 이끌기 위한 제도적 노력의 결과였다. 또한 중화학공업 지원을 강화하는 장치로서 조세감면규제법과 국민투자기금법을 제정하여 진입이 허용된 기업들이 독점과 재정금융상의 혜택을 통해 성장할 수 있도록 제도적으로 뒷받침하였다.

### (3) 정부 각 부처의 제철소 건설지원

정부는 제철소 부지확보를 위해 경상북도와 영일군 주도로 포항지역에 350만 평의 공장부지 매입, 1,250세대의 주민이주와 철거, 2,700여 기의 분묘이장 문제를 해결해 주었다. 당시 제철소건설과 관련해 지역사회와 갈등도 있었으나 중앙정부와 지방자치단체의 적극적인 설득으로 해결할 수 있었다.

일관제철소의 가동에는 제철소설비뿐 아니라 항만, 공업용수, 도시토목, 철도부설 등 대규모 기반시설 공사가 필수적이다. 정부는 경제기획원, 재무부, 건설부, 교통부 등 거의 모든 중앙부처는 물론 관련 지방정부들도 동원하여 각 부문별로 기반시설 건설을 지원하였다.

## 4. 박태준 사장의 경영전략과 리더십

이 글의 두 번째 초점은 창업기 POSCO의 리더십과 경영전략이 어떤 특징을 가졌는가이다. 〈그림 5-1〉에서 설명된 기관형성전략의 틀에서 본다면 이는 주로 '창업과 수성기의 경영관리와 외부 환경관리'에 해당된다고 하겠다.

POSCO의 성공은 박정희 대통령의 정치적·제도적 지원을 바탕으로, 박태준 사장의 기업가정신(*Entrepreneurship*)과 조국근대화를 향한 높은 소명의식이 발휘되어 이루어진 결과이다. 즉, 박정희 대통령이 갖고 있던 경제성장 제일주의적 국가이념과 박태준 사장의 제철보국이라는 기업이념이 결합되어 POSCO가 탄생하고 성장하는 튼튼한 토대가 형성되었다.

최고경영자로서 박태준 사장[11]은 변화하는 환경 속에서 POSCO 내·외부로부터의 도전을 소화하고, 조직구성원들의 잠재력을 발휘시킬 수 있는 성취지향적 리더십의 소유자였다. 그는 POSCO 출범 초기부터 박 대통령을 비롯한 정치권과의 신뢰구축 능력, 일본 등과의 대외협상을 성공적으로 수행할 수 있었던 인맥관리 능력을 보여주었고, 제철보국의 기업이념과 소명의식, 책임정신과 완벽주의, 철저한 투명경영, 인간존중의 경영이념을 실천적으로 보여주었다.

---

11) 박태준 사장은 1981년 3월 회사정관 개정을 통해 회장으로 취임하였고, 1992년 10월 명예회장으로 추대되었다.

### 1) 제철보국과 소명의식

박태준 사장은 '제철보국', 즉 양질의 철을 값싸게 대량으로 생산하여 자동차, 조선, 건설, 기계 등 수요산업에 공급하는 것이 국부를 증대시키고 국민생활을 윤택하게 하며 조국근대화에 이바지하는 길이라는 신념과 함께, 그러한 신념을 관철하려는 헌신의 철학으로 경영에 임하였다. 박태준 사장은 조상의 피의 대가인 대일청구권자금을 기반으로 하는 포항제철소 건설에 실패하면 전 직원이 동해바다에 투신해 국가와 국민에게 속죄해야 한다는 '우향우정신'을 강조할 정도로 종업원들을 독려하였다.

특히 1970년 가장 먼저 착공한 열연공장 건설이 지연되자 열연 비상사태를 선포하고, 행정·사무직을 포함한 모든 임직원을 공사현장에 투입시켜 공기를 성공적으로 만회하기도 하였다. 이와 같은 위기를 돌파함으로써 103만 톤 규모의 1기 설비를 경험과 자재, 노동력이 부족한 열악한 상황에서도 예정보다 1개월 앞당긴 39개월 만에 준공할 수 있었다.

일본의 경우 동일규모 제철소건설에 42개월이 소요되었음을 감안할 때 박 사장을 비롯한 전 임직원의 집념과 열정을 짐작해볼 수 있다. 제철소공기를 단축한다는 것은 성공에 대한 자신감과 함께 그만큼 조기에 이자와 원료 재고비용을 절감하고 제품판매에 나섬으로써 현금흐름을 빠르게 할 수 있다는 데 큰 의미가 있었다.

### 2) 책임정신과 완벽주의

박태준 사장은 공기업체제에 따르는 비효율과 부실의 가능성을 막기 위해 조직의 자율과 책임문화를 정립하는 데 특히 중점을 두었다.

그는 관리자들에게 회사의 경영은 자기재산을 관리하는 것 이상으로 신중해야 하며 결과에 책임져야 함을 강조했다. 종업원들에게는 POSCO의 주인은 국민이며, 국민이 믿을 수 있는 기업으로 성장시켜야 한다는 기업관을 심어주었고, 회사에 대한 애사심을 곧 국가에 대한 충성심으로 승화시켰다.

박태준 사장의 의사결정 스타일은 전사적 이슈나 대외적으로 아주 중요한 것들만 직접 결정하고, 그 외의 사항들 특히 조직 내의 의사결정과 운영사항에 대해서는 내부에서 육성한 전문경영인과 조직구성원들의 창의와 자율로 결정되도록 운영하는 것이었다. 특히 생산·정비·관리부문 직원들이 자발적으로 무결점(*Zero defect*) 운동이나 각종 제안제도를 운영하여 원료 및 연료비를 절감하고 업무의 효율성과 제품의 질을 높이도록 하였다.

이러한 책임의식은 자연스럽게 완벽주의로 연결되었다. 1977년 3기 설비가 공기지연으로 고전할 때 발전송풍설비 구조물공사가 80% 정도 진행된 상태에서 일관생산 공정체제임에도 불구하고, 부실공사를 절대 허용하지 않겠다며 현장을 모두 폭파공법으로 철거하고 관련자를 문책한 일은 완벽주의의 의지를 보여준 대표적 사례이다.

### 3) 투명한 정보관리

창업기의 정보는 창업과정의 기밀유지와 신속한 의사결정을 위해 창업자 개인과 측근들이 비밀리에 관리하는 것이 일반적이다. 그러나 이러한 관행이 고착될 경우 기업이 성장기에 접어든 뒤에는 쉽게 고치기 힘든 문제점으로 남는다. POSCO는 박 대통령의 지대한 관심 속에서 공장건설 및 조업에서부터 재무·인사·영업 등 전 분야에 걸쳐 확실하게 목표설정이 이루어졌으며, 이를 달성하기 위한 가장

합리적인 방법과 수단이 선택될 수 있었기 때문에 경영전반에 걸쳐 높은 자율성과 투명성을 유지할 수 있었다.

POSCO가 창업기부터 정보관리체제의 투명성을 높일 수 있었던 것은 우선 박태준 사장이 스스로의 완벽주의와 도덕적 청렴의 경영철학을 빈틈없이 실천했을 뿐만 아니라 대통령의 절대적 신뢰, 공기업으로서 국회 및 정부감사라는 외부로부터의 감시·견제장치가 있었기 때문이었다. 또 정치적 외압을 효과적으로 차단하면서 정치권과는 일정한 거리를 두기 위해 스스로 투명해야만 하는 환경에서도 비롯된 결과라고 볼 수 있다.[12]

따라서 자금관리 및 예산제도가 효율화되고 공개경쟁을 통한 판매와 구매과정 등 초기부터 철저한 원칙과 제도의 정비가 각 부문에 걸쳐 이루어질 수 있었다. 이것이 POSCO가 오늘까지 높은 국제경쟁력을 유지하고 존경받는 기업이미지를 굳힌 바탕이 된다.

### 4) 인간존중의 인사관리

1968년 공장부지 매수가 일단락되고 부지정리 공사가 본격화되면서 종업원이 급격히 늘어나 주택부족 문제가 대두되었다. 당시 POSCO는 운영자금도 부족한 상황이었으나 박 사장은 우수인력을 지방으로 유치하고 정착시키기 위해 과감히 사원주택단지 조성사업을 시작하였고 그 뒤 순차적으로 교육·공공·생활편의 시설 등을 갖추었다. POSCO 주택단지는 기업도시의 성공사례로 자주 인용되었다. 이는 직원들의 주거가 안정되어야 능력을 충분히 발휘할 수 있다는 당시로

12) 박태준 사장은 임원회의를 비롯한 주요회의의 의사결정 내용을 문서화하여 간부직원에게 공개함으로써 정보관리의 투명성을 유지함과 동시에 임직원이 적극적으로 정보를 활용하고 업무에 참여하도록 유도하였다.

서는 매우 선진적인 인간존중이념의 실현이라 할 수 있다.[13)]

박태준 사장의 인사관리는 초기부터 소수정예와 능력제일의 원칙을 기본방침으로 설정하고, 외부로부터의 정치적 유입과 낙하산인사를 배제하고 내부승진의 전통을 확립한 것이 특징이다. 일관제철소에 대한 지식과 경험이 전혀 없는 상태에서 제철소의 경제적 건설과 조업기술 확보를 위해 필수 기간요원에서 현장 조업요원에 이르기까지 엄격한 기준에 의해 공개경쟁으로 채용·양성·조직화함으로써 능력을 극대화시켰다.

또한 신증설 설비가동에 따라 기능인력의 확보를 위해 포철공고와 사내 직업훈련원에서 철강업의 특성에 맞는 기능과 지식을 갖춘 인력을 양성하였다. 그리고 1986년 연구중심대학인 포항공대를 설립하여 기초기술에 대한 연구체제를 확립하였고, 1987년 산업과학기술연구소를 설립하여 응용기술연구와 제철소현장에 대한 산·학·연 기술지원체제를 확립하였다.

---

13) POSCO의 주택단지는 일터와 주거가 이상적으로 결합된 사례로서 1992년 7월 POSCO 포항제철소를 방문한 러시아 모스크바대학의 빅토르 사도브니치(Victor A. Sadovnichii) 총장은 "사회주의가 추구하고 그리는 이상을 여기서 보는 것 같다"고 부러움을 표현하기도 했다.

## 5. POSCO의 새로운 과제와 대응전략

POSCO가 전 세계에 유례가 없는 최단기간에 세계 최고의 경쟁력을 갖춘 기업으로 성장할 수 있었던 것은 정부주도의 기관형성전략이 성공적으로 실현된 결과이다. 정부는 기관형성전략에 의해 정치적·법적·제도적으로 POSCO의 설립과 성장을 위해 국가의 동원가능한 모든 자원과 역량을 집중할 수 있었다.

또한 POSCO 임직원들로 하여금 자율과 창의, 그리고 헌신적 열정을 이끌어낸 것도 빼놓을 수 없는 기관형성전략의 성공적 역할이었다. 이를 통해 임직원들은 국가와 민족을 위해 일한다는 제철보국의 사명감을 갖고 안정적인 노사화합의 전통하에서 POSCO 발전에 매진할 수 있었다. 결국 정부의 주도하에 기업의 자율과 창의를 북돋을 수 있었던 기관형성전략이 아니었다면 오늘날 POSCO의 존재 자체는 물론, 경이적 성공도 절대 불가능했을 것이다.

이 절에서는 POSCO의 국가경제적 성과를 짚어봄으로써 POSCO의 기관형성전략이 얼마나 성공적이었고, 그 성공요인이 무엇이었는지를 종합적으로 살펴본다. 또한 경장기에 접어든 POSCO가 오늘 당면한 과제는 무엇이고 그 대응방향은 어떠한가에 대해 고찰하기로 한다.

### 1) POSCO의 국가경제적 성과

정부는 POSCO에 총 2,200억 원(4억 달러)을 투자하였으며 2000년 10월 민영화시점까지 배당이나 주식매각으로 3조 9,000억 원(72억 달러)에 달하는 자본이득을 실현하였다. 이를 순 현재가치로 환산하면 정부의 투자수익률은 16%를 상회한다. 또한 1972년 10월 생산을 시작한 POSCO는 이듬해부터 이익이 발생하여 2005년 말까지 약 6조 3,000억 원의 세금(법인세와 지방세)을 납부하였다. POSCO에 2,200억 원(4억 달러)의 종자돈을 투여해 투자수익 측면에서만 해도 막대한 자본이득과 세수를 얻은 것이다.

POSCO의 본래 설립목적인 건설·조선·자동차·전자 등 전방산업에 대한 견인 및 수입대체 효과, 후방부문인 내화물과 각종 부품산업, 운송업 등에 미친 효과, 그리고 국가 전체적인 고용창출 효과까지 고려한다면 POSCO는 실로 한국 산업화의 선도역을 충실히 성공적으로 수행했다고 할 수 있다.

POSCO의 성공을 통해 최고품질의 철강재를 저렴한 가격에 안정적으로 공급할 수 있게 되자 당초 의도하고 기대했던 대로 전후방 연관산업이 동반 성장할 수 있는 선순환의 고리(*Virtuous Cycle*)가 작동될 수 있었다. 즉, POSCO의 성장이 연관산업의 성장을 촉발하고, 다시 연관산업의 성장으로 철강재수요가 증가하게 되어 POSCO가 더욱 성장하는 긍정적 피드백(*Positive Feedback*) 메커니즘이 작동할 수 있게 되었다.

### 2) POSCO의 성공요인

국가주도의 산업발전을 위한 기관형성전략은 민간시장의 힘, 특히 공공성이 강하거나 민간이 부담하기 어려운 대규모투자가 수반되는 경우, 고용창출과 타 연관산업의 발전 등 거시적 정책목표 달성이 요구되는 경우에 효과적인 수단이라고 할 수 있다. POSCO가 성공할 수 있었던 첫 번째 요인은 바로 당시의 한국경제의 여건에 비추어 볼 때 일관제철 산업이 이러한 산업특성 및 정책목표에 잘 부합하는 산업이었다는 데서 찾을 수 있을 것이다.[14)]

〈그림 5-2〉 기관형성전략을 통한 POSCO의 성공요인

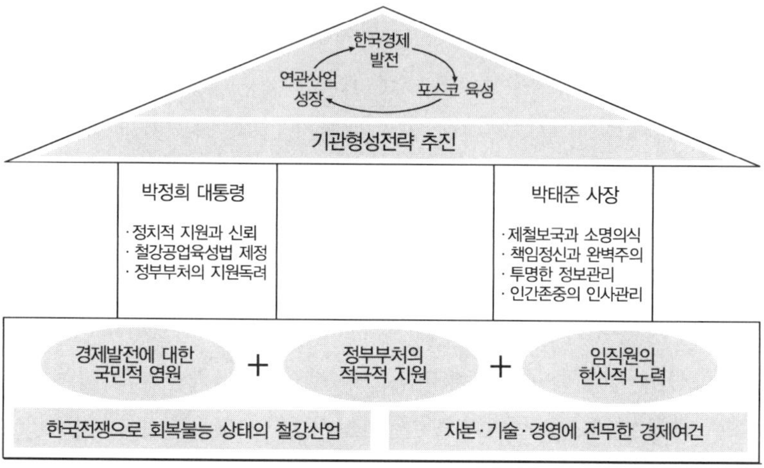


그러나 POSCO라는 세계적 기업으로서의 기관형성전략이 성공적으로 실현된 것은 박정희 대통령과 박태준 사장과 같이 강력한 추진의지와 유능한 실천능력을 갖춘 최고통치권자와 최고경영자가 있었다는 것이 결정적인 성공요인이라고 하겠다. 즉, 창립초기 최고통치권자는 철강산업을 기반으로 산업화를 추진하겠다는 강력한 의지를 갖고 정치적 외풍으로부터 POSCO라는 기업에 대한 보호막역할을 해줌으로써 최대한의 경영합리성을 확보해 주고, 필요한 지원은 최선을 다해 해주되

14) KT나 KEPCO(Korea Electric Power Corp.) 등도 각각 통신과 전력이라는 국가기간 인프라를 제공하고 있으며, 공기업에서 출발했다는 점에서 정부주도 기관형성전략의 산물이라고 할 수 있다(KT는 2002년 5월 완전 민영화, KEPCO는 현재 민영화 논의중). 그러나 KT와 KEPCO가 내수만을 목적으로 한 최종서비스를 제공하는 데 비해, POSCO는 직·간접수출이 가능한 중간소재를 생산·판매한다는 데 차이가 있다.

내부경영은 간섭하지 않는 경영의 자율성을 보장해 주었다. 이와 더불어 전권을 위임받은 유능한 최고경영자가 제철보국의 사명감으로 회사 설립목적에 적합하고 충실하게 최적의 인적·물적 자원을 식별하고 동원할 수 있었던 것이 서로 어우러져 작용한 것이 기관형성의 과정을 성공적으로 이룩할 수 있었던 가장 중요한 요인이었다.

〈그림 5-2〉는 지금까지 살펴본 바와 같이 박정희 대통령과 박태준 사장을 양대 축으로 하는 POSCO의 성공요인을 보여준다.

### 3) 기관형성전략상 오늘의 과제와 POSCO의 대응

마지막으로 POSCO의 성공적 기관형성이 오늘에 당면한 과제는 무엇이며, POSCO는 어떻게 대응하고 있으며, 또 해나가야 하는지를 파악해봄으로써 개발도상국의 산업화과정에서 유사한 상황에 대한 시사점을 도출하고자 한다. 박 대통령이 선택한 정부주도 산업화전략은 선택된 기간산업을 집중적으로 성장·기관화시켜 이를 바탕으로 다른 산업발전에도 확산되도록 한 전략이었다. 특히 POSCO를 비롯하여 고속도로 건설사업 혹은 KIST가 좋은 예가 되는데 이들은 극심한 정치혼란, 절대적 자원 빈곤 속에서 국가의 역량을 총결집하여 최단기간 내에 산업화를 추진하는 데 가장 효과적 수단이었음을 증명하였다.

그러나 1990년 후반 세계화(*Globalization*)의 충격 속에서 POSCO도 경영환경의 근본적 변화에 수반되는 경장기(*Restructuring phase*)로 돌입하였다. 이 단계에서는 세계시장에서 글로벌 경쟁력을 확보하는 것이 중심과제가 되었고, 민영기업으로 전환되면서 정부의 각종 보호와 지원을 통한 제도적 협력이 중단되었다. 따라서 그동안의 경쟁력을 유지·발전시킬 수 있는 전문적이고 새로운 경영전략의 수립과 추진이 주요관건으로 부각되었다.

### (1) 지배구조 개혁과 글로벌화를 위한 투명경영 추진

POSCO는 지배주주 없이 소유가 분산된 민영화의 길을 걷게 되고 해외투자를 위한 글로벌경영을 추진해야 하는 상황에서, 전문경영인 체제에서 나타날 수 있는 도덕적 해이와 폐쇄적 안일화에 우선적으로 대처해야만 했다.[15] 즉, 민영화 이전의 정부통제 메커니즘을 대신할 수 있는 자체적 내부감사와 통제가 필요하게 되었다. 기관형성전략의 전 과정을 통해 POSCO에 체질화된 정도·투명·윤리경영의 기업문화는 이러한 요구에 효과적으로 대응하는 데 크게 기여했으며, 스스로의 생존을 위해서도 불가피한 최우선의 경영방침이 되었다. 아울러 소유와 경영이 분리된 전문경영체제의 성공을 위해 내부에서 발생할지도 모르는 부조리와 부패가 반드시 척결되어야 한다는 절실한 인식을 바탕으로 기업생존 차원의 윤리경영을 추진해 회사 전체의 기업문화로 정착시키고 있다.

민영화 이전인 1997년부터 사외이사제를 도입했던 POSCO는 지속적으로 지배구조를 선진화해서 현재 사외이사가 전체 이사회의 60%를 차지(사외이사 9명, 사내이사 6명)하고 있으며, 주주권익 보호를 위해 집중투표제와 서면투표제를 도입하였다.[16]

---

15) 민영화 당시 책임경영을 위해 POSCO를 재벌 등 특정기업에 매각하는 방안이 고려되었으나, 상품의 공공성, 특정기업으로 인수될 때의 경제력집중과 특혜시비에 대한 우려로 결국 POSCO는 지배주주가 없고 소유가 분산된 민영화의 길을 걷게 되었다.

16) POSCO는 2002년 《유로머니》(*Euromoney*) 지에 의해 신흥시장(*emerging market*) 650개 기업 중 기업지배구조 2위 기업으로, 2003년 《아시아머니》(*Asiamoney*) 지에 의해 2년 연속 아시아 기업지배구조 철강부문 1위 기업으로 선정되었다.

### (2) 글로벌성장과 경영의 질적 고도화

POSCO는 강하고 좋은 글로벌 철강회사로 지속 성장·발전할 수 있도록 전사역량을 총 결집시키고 있다. 우선 중국·인도 등 성장가능성이 높고, 원료보유량이 많은 지역으로 해외투자를 적극 확대하였다. POSCO는 2003년 11월 POSCO-China를 출범하여 중국투자를 가속화했으며, 2005년 6월에는 풍부한 철광석 매장량을 자랑하는 인도 오리사 주정부와 1,200만 톤 규모의 일관제철소 건설과 광산개발을 위한 100억 달러 이상의 투자에 대한 양해각서(MOU)를 체결한 바 있다. 이것은 새로운 도약으로 성장성이 요구되는 경장기를 맞아 글로벌 철강회사로 발전하기 위한 노력이 구체적으로 가시화된 성과이다.

또한 세계 최초의 FINEX 공법[17] 개발과 차별화된 제품의 품질 및 원가경쟁력 확보를 통해 POSCO만의 고유기술로 글로벌기술 리더십 확보에도 매진해 새로운 도약을 모색하고 있다. 특히 중국의 추격이 가속화되는 현실에서 이러한 기술선진화는 중국 철강업체와의 차별화 추구라는 점에서 의미가 크다고 하겠다.

### (3) 프로세스 혁신과 지속적인 체질개선

공기업으로서의 지나친 법규의존성에 따른 보수적이고 관료주의적 업무관행으로부터 탈피해 글로벌 민영기업에 부합하는 경영효율성을 확보하는 것 또한 커다란 과제로 나타났다. POSCO는 2001년 10월 1기 PI를 완료한 후에도 지속적인 혁신활동을 수행하였다. 이러한 노력의 결과 판매·생산계획 수립기간이 기존의 60일에서 15일로 단축됐고, 납기는 열연제품 기준으로 30일에서 14일로 단축되었다. 납기 응답시간도 2~3시간에서 2.5초로 줄어들었다.

---

17) POSCO가 100년 전통의 고로방식을 대체하기 위하여 자체 개발한, 환경친화적이고 경제적인 첨단 제선기술임.

특히 2002년 5월부터 시작된 6시그마 활동은 임직원의 사고와 일하는 방식, 즉 피플웨어(*People Ware*)의 총체적 혁신을 추구하며, 궁극적으로 자기진화가 가능한 학습조직으로의 발전을 목표로 한다.

(4) 공기업에서 민영화된 기업으로의 정체성확립과 사회적 책임

POSCO는 민영화 이후 2005년 말 현재 외국인지분이 68%에 달하는 등 소유구조가 대폭 변동되었음에도 불구하고, 공공성을 가진 국민기업으로서의 역할을 계속해주기 바라는 정부, 정치권, 일반국민, 그리고 이해관계자들(*Stakeholders*)의 인식에는 여전히 변함이 없다. 즉, 환경의 변화와 인식의 변화 간에 불일치가 발생하게 된 것이다. 이로 인해 POSCO는 민간기업의 목표인 회사수익과 주주가치 제고뿐만 아니라, 이해관계자와 사회적 후생을 극대화하는 공공성이 강한 기업으로서의 목표를 동시에 추구해야만 하는 어려운 상황에 직면하였다.

POSCO는 법적·제도적으로는 민영화가 완료되었으나 현실적으로는 특정한 지배주주 없는 전문경영인체제의 기업으로서 민영화가 계속 진행되는 과정에 있다 하겠으며, 태생과 성장 그리고 업종의 공공성과 이윤창출의 기업성을 슬기롭게 조화시키는 경영이 상당기간 필요할 것으로 보인다. 현재 POSCO는 민영화 이후 지배구조의 큰 변화 속에서도 국가 주요산업의 핵심소재 공급업체라는 점에서 주주 외에도 고객, 지역사회, 종업원 등 이해관계자들과의 조화로운 관계설정과 동반성장을 추구해야 하는 환경에 있다. 민영화의 효과는 극대화하면서 비용은 최소화해야 하는 경영환경이 된 것이다.

특히 최근에는 모든 경영활동 과정에서 경제적 수익성 외에도 환경적 건전성과 사회적 책임성을 균형적, 통합적으로 고려하는 지속가능경영(CSM: *Corporate Sustainability Management*)이 대두되는데,

POSCO는 이러한 새로운 경영 패러다임이 가장 먼저 요구되는 기업이다. 궁극적으로 POSCO는 강한 회사를 넘어서 신뢰와 존경받는 진정한 세계 일류기업이 되기 위한 전략을 지속적으로 추진해야 할 것이다.

#### (5) 회사체제 영속을 위한 적대적 M&A에 대한 대비

최근 세계 철강업계의 화두는 대형화와 통합화이다. 특히 철광석과 원료탄 등 전세계 철강원료 공급사의 과점화가 심화되는 현 상황에서 대형화를 통한 가격교섭력 제고와 규모의 경제 달성은 전세계 철강업계의 당면과제이다.[18]

생산량 1억 톤 규모의 초대형 철강사가 곧 등장할 것이라는 전망 속에서 2005년 말 세계 2위 철강업체인 아르셀로(Arcelor)는 캐나다의 도파스코(Dofasco)를 적대적 M&A하면서 독일의 TKS와 경합을 벌인 바 있고, 2006년 초에는 그 아르셀로를 전세계 1위 철강업체인 미탈스틸(Mittal Steel)이 적대적 M&A를 하겠다고 나섰다.[19] 구체적으로 어떤 업체가 철강산업의 강자로 부상할지 현재로서는 단언하기 어려운 상황이지만, 한 가지 확실한 것은 이제 전세계적으로 철강산업의 M&A는 더욱 가속화될 것이며 POSCO도 그 표적에서 예외일 수 없다는 것이다. 이제 제품의 원가경쟁, 품질경쟁의 차원을 훨씬 뛰어넘는 생존경쟁의 시대가 도래한 것이다.

현재 외국인주주의 비율이 매우 높고 우호주주 비율이 낮은

---

18) 2005년 말 현재 전세계 철광석과 원료탄시장의 상위 3사 점유율은 각각 78%, 47%인 반면, 철강은 13.5%에 불과한 실정임.

19) 2005년 말 현재 전세계 철강업체 생산량 순위는 1위 미탈스틸(6,300만 톤), 2위 아르셀로(5,000만 톤), 3위 NSC(3,200만 톤), 4위 JFE(3,100만 톤), 5위 POSCO(3,100만 톤) 순이다.

POSCO는 언제든 적대적 M&A의 대상이 될 수 있다. 이러한 환경에서 무엇보다 중요한 것은 기업가치를 더욱 높여 적대적 M&A를 원천적으로 어렵게 하는 것이다. 이와 병행하여 우호주식 비중의 확대, 종업원지분 증대와 자사주 추가확보, 국내 주주비율 제고를 위해 동원가능한 방안모색과 법적·제도적 시스템강화를 통해 경영체제를 안정화하고 지배구조를 공고히 하는 진지한 준비가 있어야 한다. 또한 앞서 말한 글로벌진출과 기술선진화를 더욱 가속화하여 경쟁력과 수익성을 높이는 데 매진해야 한다.

## 6. 맺음말

한국은 경제발전 초기에 경제성장의 중심축이 되는 철강산업을 기관화하여 전략적으로 육성함으로써 건설·자동차·조선·기계·가전 등 제조업 전반에 양질의 소재를 저렴하고 안정적으로 공급할 수 있었고, 그 결과 한국경제가 고도성장할 수 있었다.

이 글은 개발도상국이 경제발전 목표를 실천하는 과정에서 최고통치권자가 갖춰야 할 국가발전에 대한 비전, 제도와 산업구조 변화에 대한 강력한 실천의지, 능력있고 신뢰할 수 있는 인물의 발탁과 전폭적 지원 등의 정치적, 행정적 리더십이 국가적으로 파급효과가 큰 전략적 기업의 기관화과정을 통해 어떻게 발현될 수 있었는가를 고찰한 것이다.

이 글은 POSCO의 기관형성과정에서 정부, 경영자의 리더십, 관리전략을 에스만의 기관형성전략과 율곡의 시무론의 이론적 배경에 기반을 두어 분석했다. POSCO 창업기에는 최고통치권자의 정치적 육성의지와 행정적 보호가 그 중심축으로 작동하였고, 1979년 10월 박 대통령 서거 후에는 박태준 사장이 정치권에 진출함으로써 대외적 보호자(*Patrimonial leadership*)의 역할을 스스로 맡고 그가 육성한 전문경영인이 회사경영을 승계하는 수성기를 맞았다. 이후 POSCO는 2000년 10월 공기업으로서의 소임을 다하고 완전 민영화되면서 더 이상 정부의 협력과 지원 없이 자율적으로 결정하고 발전해야 하는 새로운 경장기의 상황을 맞이하였다. POSCO는 이제 권력에 의한 인위적 기관형성의 과정을 마치고, 주변적 상황에 슬기롭게 대처하는 자생적인 기관성숙의 새로운 도전을 스스로 헤쳐가고 있다.

국가든 조직이든간에 한 체제가 발전하기 위해서는 시대의 진전과 함께 변화하는 환경으로부터의 요구를 정확히 식별하고 이를 수용할 수 있는 대처능력이 있어야 한다. 이러한 대처능력은 체제가 지향하는 목표나 이념이 환경의 요구에 부합해야 함은 물론, 체제의 최고책임자가 새 목표와 이념의 구현을 위해 필요한 제도와 구조의 변화를 효과적으로 대응하고 구축할 때 달성되는 것이다.

POSCO는 정부가 시도하고 추진한 기관형성전략의 구체적 사례로서 산업발전에 대한 국가의 역할과 그 작동원리를 잘 보여준다. 그러나 POSCO가 기관형성의 전 과정을 통해 명실공히 성공적으로 완성되고 계속 유효한 모범사례가 되기 위해서는 기술우위를 바탕으로 한 제품의 차별화전략으로 규모면에서나 품질면에서 세계최고의 경쟁력을 지속적으로 확보해야 할 것이며, 인도 신규제철소의 성공적 건설과 해외철강사에 대한 지분참여를 통한 글로벌성장을 추구해야 한다. 또한 민영화에 대한 비용과 대가는 최소화하고 그 효과는 극대화시켜 정부의 보호 및 영향력으로부터 완전히 독립한 명실상부한 민영화를 완성해야 한다. 이를 기반으로 어떠한 상황에서도 위협받지 않도록 경영권을 안정화하고 지배구조를 공고히 함으로써 향후 적대적 M&A 등 어떤 경영여건에서도 스스로의 운명을 개척할 수 있어야 체제의 영속적 발전이 가능할 것이다.

이 글은 35년 이상의 건설과 성장역사를 가진 국가의 핵심기업에 대한 기관형성전략의 연구사례로서 경제적 도약을 꿈꾸는 지구상의 많은 개발도상국들에게 학문적으로나 실천적으로 매우 유용한 사례연구이자 전략적 나침반으로 참고되고 활용될 수 있을 것이다.

## ■ 참고문헌


강종만 · 최은경(1998), 《대규모 공기업의 민영화방안》, 한국증권연구원.

공병호(1993), 《한국기업흥망사》, 명진출판.

곽상경(1992), 《포항제철과 국민경제》, 수정당.

김세원(1988), 《포항종합제철의 국민경제기여에 관한 연구》, 서울대 사회과학연구소.

박승용(1990), 《율곡의 행정사상 연구》, 중앙대학교 박사학위 논문.

박정희(1962), 《우리민족의 나아갈 길》, 동아출판사.

박종철(1990), 《한국의 중화학공업정책》, 현대사회연구소.

송석구(1984), 《이율곡의 이기론: 한국의 사상》, 열음사.

오상봉(1997), 《포항제철의 기업발전사 연구》, 산업연구원.

유창훈(1990), "율곡 시무사상의 현대 행정학적 고찰", 인천대 석사논문.

윤동진(1997), 《최고기준을 고집하라》, 한언출판사.

윤성식(1998), 《공기업론》, 박영사.

윤영진(1999), 《한국행정론》, 대영문화사.

이한빈(1969), 《국가발전의 이론과 전략》, 박영사.

이 호(1992), 《누가 새벽을 태우는가: 박태준 철의 이력서》, 자유시대사.

조갑제(1992), 《박정희: 불만과 불운의 세월》, 가치.

한영환(1989), 《국가발전과 행정》, 아세아문화사.

______(1997), 《한국행정의 전통과 미래》, 아세아 문화사.

______(1999), "유교문화와 동아시아의 발전체제", 《중앙행정논집》 13-2.

______(2000), 《발전행정론》, 아세아 문화사.

황준영(1995), 《율곡철학의 이해》, 서광사.

황의동(1987), 《율곡철학연구》, 경문사.

POSCO 경영연구소(1995), 《변해야 한다》.

______(1996), 《스마트 스틸》.

POSCO 기획조정실(1995), 《녹색경영철학과 그 실천》.

______(1995), 《POSCO의 조직인사 혁신》.

POSCO 홍보실(1988), 《포항제철 20년사》.

______(1993), 《영일만에서 광양만까지: 포항제철25년사》.
______(2004), 《POSCO 35년사》.

Esman, M. (1967), *The Institution Building Concept: Interim Appraisal*, Pittsburgh: Inter University Research Consortium in Institution Building, University of Pittsburgh.

______(1969), "Institution Building as a Guide to Action", Proceedings of Conference on Institution Building and Technical Assistance, Washington DC.

______(1972), "Some Issues in Institution Building Theory", In D. W. Thomas(eds.), *Institutional Building for Applied Social Change*, Cambridge, Massachusetts: Shenkman Publishing Company.

Hey, R. (1992), *POSCO's Management Success Case*, In Dong-Sung Cho (eds.), Harvard University and Seoul National University.

Montgomery, J. (1969), "General Discussion on M. J. Esman's Paper", In D. W. Thomas et al. (eds.), Proceedings of Conference on Institution Building and Technical Assistance, Washington D. C.

Rigney, J. (1969), "The Institution Building Model in Project Review and Maturity Testing", In D. W. Thomas(eds.), Proceedings of Conference on Institution Building and Technical Assistance, Washington D. C.

Rostow, W. (1971), *Politics and the Stages of Growth*, London: Cambridge University Press.

Scott, R. (1992), *Organizations: Rational, Natural and Open Systems* (3rd ed.), Englewood Cliffs, NJ: Prentice-Hall.

Selznick, P. (1957), *Leadership in Administration: A Sociological Interpretation*, Berkeley, CA: University of California Press.

Siegel, G. (1966), *Development of the Institution Building Model*, Los Angeles: School of Public Administration, University of Southern California.

6장

# 삼성의 성장을 통해서 본 기업과 국가의 역할변화

김 인 영

## 1. 재벌의 성장과 국가

이 글에서는 국내외 학계에서 한국경제성장이나 대기업(재벌)성장에 대한 논의가 정부주도에 의한 것이라는 주장이 정설로 통용되고 있는 바, 삼성의 성장을 검토해볼 때 국가주도보다는 기업주도의 측면이 중요한 요인으로 설명되어야 함을 지적하고자 한다. 사실 그동안 학계에서는 정부주도로 1960~1970년대 한국의 경제성장을 설명하면서 기업의 성장을 부수적으로 다루어 마치 경제성장의 부산물로 대기업성장이 당연히 따르는 것으로 인식하였다. 따라서 한국의 경제성장을 가져온 요인으로 대통령의 리더십과 정부의 산업정책은 자세히 설명되어 있지만 자본가나 기업의 노력과 역할은 거의 다루지 않았다. 즉 대기업성장에 가장 중요한 것은 산업정책을 통한 정부의 역할이고 정경유착을 통한 정치권의 지원인 것으로 정리되었다. 그러나 이 글에서는 삼성의 초기성장과 대기업, 재벌그룹으로의 성장에서 가장 중요한 것은 기업가의 창의력과 도전정신, 사회적 변화에 따른 기업의 변화노력이며, 정부의 정책지원조차도 기업의 요청에 의한 것임을 밝히고자 한다. 아울러 한국경제가 성장하고 기업의 규모가 커짐에 따라 이들에 대한 정부의 역할은 자연히 감소하였음을 지적하고자 한다. 정부가 한결 같은 힘으로 동일한 주도적 역할을 한 것으로 볼 수 없고, 자본이나 기업의 성장과 외부환경의 변화에 따라 정부의 역할 역시 약화되고 변화할 수밖에 없었던 것이다.

이 글에서는 삼성의 기업으로서의 시작부터 재벌그룹으로 성장한 과정과 초기 반도체투자가 이루어지는 1987년까지만 다룬다. 이는 이병철의 사망시기와 일치하는데 이후 삼성은 이건희의 주도로 세계적 기업으로 도약하기 때문에 이 부분은 또 다른 연구와 검토가 필요하기 때문이다. 간략히 정리하면, 삼성은 일제식민지하에서 사업을 시작해 정부주도 한국 경제성장의 시발점이라고 할 수 있는 1961년 이전에 이미 재벌이라 불리는 규모로 성숙했고, 한국 경제성장과 조응하는 외부자본 차입에 의한 외형성장, 사업영역의 다각화에 의한 확장, 핵심기술의 외국의존 패턴을 보이면서 성장하였다. 1950년대와 1960년대 삼성재벌 축적의 기반이 되었던 1950년대 초반의 무역업, 제당업, 모직업에 대한 투자, 1970년대와 1980년대의 축적을 이끌었던 전자산업과 반도체에 대한 투자는 정부의 산업정책을 추종했다기보다는 기업이 경제환경의 변화를 주도하는 투자로 성공하였고, 이것이 이후 세계적으로 기업의 성장과 한국 경제성장에 기여하는 계기가 되었다.[1)]

---

* 이 논문은 "한국경제성장과 삼성의 자본축적"이라는 제목으로 《한국정치학회보》(제32집 1호, 1998 봄)에 실렸던 논문을 재구성·보완하였음.

1) 삼성그룹의 한국 내에서의 위치는 간단히 '삼성공화국'이라는 용어로 설명이 가능하다. 삼성의 자산규모는 금융보험업을 제외하고도 2002년 기준으

## 2. 국가주도론의 문제점

경제발전에 관한 국가(정부)주도학파(*approach of government-led economic growth*)의 논지에 따르면 1960년대 이후 이루어진 한국의 경제성장은 수입대체에서 수출주도로의 정책전환 등 산업정책을 통한 정부의 경제주도에 기인한다. 구체적으로 신중상주의(*neo-mercantilism*) 국가론의 주창자인 찰머스 존슨(Chalmers Johnson)은 1960~1970년대 산업화의 수행과정에서 정부의 역할과 국가의 성격을 대만과 한국이 '강성국가'(*hard state*)에 의한 경제성장의 사례, 일본은 '연성권위주의'(*soft-authoritarian*) 정부하에서의 경제발전으로 규정한다(Johnson, 1987: 138). 일본의 경제발전은 보편적 진리로서의 리카도(David Richardo)의 비교우위나 아담 스미스(Adam Smith)가 주장하는 '보이지 않는 손'(*invisible hand*)에 의한 것이 아니라, 정부의 산업정책(*industrial policy*)에 의한 경제발전의 성공적인 예라는 주장이다.

---

로 GDP 대비 10.5%를 차지한다. 2002년 30대 그룹 전체 자산규모가 GDP 대비 54.9%인 것을 비교하면 삼성으로의 집중도는 상당히 크다. 2002년 매출액 대비로 보면 GDP에서 15.8%를 차지한다. 2005년 7월 1일 현재 삼성그룹의 계열사는 61개로, 그 가운데 금융보험회사는 9개로 파악된다. 2005년 4월 1일 현재 삼성그룹의 전체 총자산은 209.1조 원이고 금융보험회사의 총자산은 117.6조 원을 차지한다. 삼성그룹 가운데 삼성전자만으로도 한국경제에 차지하는 비중은 매우 크다. 2005년 7월 8일 종가를 기준으로 할 때 삼성전자의 시가총액은 84조 원으로 주식시장 전체의 17.7%를 차지한다. 삼성전자는 2004년에 세계에서 9개 기업뿐인 당기순이익 100억 달러 클럽에 들어갔다. 또한 삼성전자는 세계최대 전자회사인 IBM의 61.0%(2003년 연결재무제표 매출상 기준)로 성장하였다. 김상조, "삼성그룹의 경제적 지배력과 사회적 지배력", '잘못된 삼성관련 보도 어떻게 경제정의를 왜곡하나' 토론회(2005.7.12) 발제문 참조.

존슨은 '시장합리성'(*market rationality*)에 반대되는 '계획합리성'(*plan rationality*)의 논리에 기반을 둔 정부가 자신의 경제개발계획이라는 목표를 달성하기 위해 시장에 개입했다고 주장하였다(Johnson, 1984: 18~26). 여기서 정부의 산업화 계획수립과 추진은 경제발전 달성을 위한 필수적 요인으로 간주된다. 존슨은 자본주의 발전국가(*capitalist developmental state*) 개념을 도입하고, 이 자본주의 발전국가는 사회의 다른 부분에 대하여 상대적 자율성(*relative autonomy*)을 유지하고, 자원의 배분에 깊숙이 개입하여, 기업의 투자결정에 관여했다고 주장한다. 요약하면, 시장이 국가에 의해 대체되지는 않으나, 시장합리성은 정부가 계획한 산업화의 우선 순위에 제약을 받고 유도된다. 존슨에 따르면 일본과 한국은 이 메커니즘을 통해 경제발전을 이루었다는 것이다.

자본주의 발전국가의 경우, 한국에서는 국내정치에서 정치적 안정을 확보하기 위해 장기적인 독재를 수반했고, 민주적 정치과정은 억압되었다. 이러한 자본주의 발전국가에서는 경제발전계획을 성취하기 위하여 정부와 기업 간에 노동분업이 적용되는데 정부는 계획하고 주도하며, 기업은 이를 추종하여 따라간다는 구도이다. 정부와 기업이 밀접한 관계를 유지하지만, 그 관계는 위계적이며, 하향적(*top-down*)이었다(Amsden, 1989 ; Johnson, 1987 ; Jones and Sakong, 1980 ; White and Wade, 1985 ; Wade, 1992 ; Weiss, 1995 ; 김일영, 1995: 230).

이 논리의 문제점은 정부주도의 산업정책에 대한 아전인수적 결과 해석으로 보인다. 이러한 산업정책 주도의 논리는 다음과 같은 문제점이 있다. 첫째, '보이는 손'(*visible hand*), 즉 정부의 역할이 지나치게 강조된다. 따라서 정부만이 독립변수로 간주되고, 기타 기업이나, 국제경제 분업구조, 국제경제의 영향, 그리고 국내경제상황은 최소화되거나 종속변수로만 취급되었다. 둘째, 정부주도론의 주장들은 성공적인 정책이나 산업정책의 긍정적 측면들만을 강조하고 관심을 기울인다. 사실 과도한 정부의 산업계획이나, 투자지도, 투자조정, 자원배분과정에서 발생한 수많은 정책실패의 경우들은 외면되고 드러나지 않았다. 셋째, 정부주도론의 주장은 환경의 변화를 외면한 정적(*static*)인 이론이 되었다. 강한 정부는 영원한 것으로 추정하지만 이러한 추정은 지나치게 단순하다. 예를 들어, 산업화 초기에 정부의 역할이 효과적이었다고 하더라도, 그 역할은 시간이 지남에 따라 점차 바뀌거나 줄어들게 마련이다. 산업정책이나 금융신용분배를 통해 행해졌던 정부의 '강한 지도'는 1960년대와 1970년대에 주로 적용되었다고 할 수 있다. 1970년대 말 정부의 중화학공업정책 추진이라는 강한 정부개입의 부작용을 경험한 기업들은 1980년대에 들어서면서 경제개혁을 요구하고, 전두환 행정부는 스스로 시장자율화를 추진하였다. 따라서 1980년대 이후 진행된 경제자유화와 민영화는 정부와 재계의 관계에서 정부주도력을 약화시켰다. 반면에, 대기업들은 경제와 사회에서 헤게모니적 세력(*hegemonic power*)으로 등장하였다. 경제전반에 대한 정부의 '지도'(*direction*)는 재벌과 정부 사이의 '협의(*consultation*)와 합의'(*consensus*)로 변화되었다. 그리고 정부와 재벌 사이의 협조관계가 매우 깊게 확립되어 '지도자본주의'(*guided capitalism*)를 주도했던 국가는 대기업의 '추종자'(*follow-along*)가 되어가는 상황으로 변했음이 간과되었다. 넷째로, 정부주도론이 강조하는 산업정책적 접근은 정부정책의 목표만을 설명할 뿐이지 정책의 실제결과나 기업성장의 과정을 설명하는 데는 한계가 있다.

## 3. 삼성의 성장과 기업주도

이 절에서는 삼성의 성장을 통하여 슘페터(Joseph A. Schumpeter)가 주장하는 기업가정신(*entrepreneurship*) 또는 기업주도(*business initiative*)가 기업의 성장뿐만 아니라 한 경제가 지속적인 역동성을 갖게 하는 결정적 동인임을 밝히고자 한다. 하지만 두 가지 조건을 전제한다. 첫째, 기업가의 활동을 보장하는 국가(정부)의 긍정적 역할을 과소평가하는 것은 아니라는 점이다. 둘째는, 기업가정신이 중요하다고 해서 '정치적 자본가'(*political capitalist*)라는 한국자본가의 특징이 배제되는 것은 아니다. 정부의 재정지원과 특혜, 그리고 기업전략이 결합되어 산업발전이 이루어진 경우가 많은데, 이때에도 우리는 정부의 지원과 특혜만을 주로 다루었지, 기업전략은 상대적으로 소홀히 취급되었으므로 이 부분을 고찰해야 한다는 것이 이 글의 의도이다.

한국전쟁 이후 급속한 한국의 산업화를 이룩해낸 중요한 요인들의 하나는 기업가들이 이룩한 사기업, 특히 대기업집단(재벌)의 성장이다. 한국의 재벌은 성공적으로 상품생산량을 증가시켰으며 상품의 수출을 확대하였고, 경제성장에 대한 이니셔티브도 역시 증가시켰다. 하지만 대부분의 연구가 재벌그룹들의 성장을 역사적으로 보거나 재벌성장 전체의 특징을 연구하는 데 그쳤다. 이러한 일반론적인 재벌 논의로는 즉, 개별재벌에 대한 연구 없이는 재벌성장에 대한 일반화의 오류를 넘어서기 힘들다. 여기에 각 재벌의 자본축적을 통한 성장의 특징을 체계적으로 논의할 필요가 있다.

삼성은 한국에서 가장 오래된 그리고 가장 규모가 큰 재벌 중 하나이다. 즉, 한국역사상 가장 유명한 경제단위이라고 하겠다. 오늘날의 삼성은 한국사회 전반에 매우 강한 정치적, 경제적, 그리고 사회적 영향력을 행사한다. 아울러 삼성은 한국경제에서 자본축적의 원형적 특징을 보이기도 한다. 어떻게 보면 현재 삼성의 위치로 볼 때 한국경제를 보다 잘 이해하기 위하여 삼성의 성장을 이해하는 작업은 절대적으로 필요하다고 하겠다.

### 1) 시작: 상업자본가

삼성의 창업자 이병철의 사회적 배경은 지주계급이었다. 이병철의 아버지는 매년 1천 석 넘게 수확하였고, 이병철은 부친에게서 '매년 3백 석의 쌀수확'자금을 받았다. 이병철이 사회적으로 상류지주 출신이며, 그가 토지에 기초한 자본으로 사업을 시작했다는 사실은 중요하다. 일면으로는 이병철의 사업성공이 한국에서 토지자본이 상업(산업)자본으로 전환한 좋은 예처럼 보이기도 한다. 하지만, 토지로부터의 잉여자본의 이전이 1936년 이후로 계속되지는 않았다는 점을 고려한다면 삼성그룹을 만들어낸 이병철의 기업활동이 토지자본에서 산업자본으로 전환한 고전적인 예는 되지 못한다.

이병철은 일제치하 1936년 첫 투자로 정미소를 택한다. 정미소란 당시 미곡흐름의 중심에 위치했다. 첫 사업으로 투자한 협동정미소가 위치한 경남 마산이 일본으로 미곡을 실어 나르는 주요 항구였음을 볼 때, 일본이라는 중심부와의 경제교류가 주변부 식민지의 경제행위까지 규정한 것임을 알 수 있다. 이 정미소에 다른 두 사업가와 함께 공동으로 3만 원을 투자하였는데, 부족한 자금은 조선식산은행 마산지점에서 대출받는다. 사업 시작부터 자본부족을 일본은행에서 빌려서 메웠는데, 그것도 식민지정부와 밀접한 관계를 유지하던 조선 내 위치한 일본은행으로부터의 자금을 이용했다는 점은 주목해야 한다. 외부자금 동원에 의한 투자는 1950년대에서 1980년대까지 삼성의 주요 투자재원을 국내은행뿐만 아니라 일본은행 내지는 기업에 의존한 것으로 후일 반복되어 이어진다.

중·일전쟁이 발발한 이후 이병철은 1938년 3월 삼성상회라는 무역회사를 설립하여 만주와 북경에 국내산 과일과 건어물을 수출하였다. 수출물량의 운송에는 일본이 건설한 항만철도를 이용했고, 통신이나 대금의 회수도 일본이 만주와 중국에 건설해 놓은 네트워크에 의존했다. 3년 3개월 뒤인 1941년 6월 삼성상회는 '주식회사'라는 이름을 붙여 근대화된 일본기업을 모방한 경영체제를 갖춘다(삼성비서실, 1988: 92).

삼성은 일제통치하에서 1945년까지 소규모기업으로 운수업, 부동산업, 무역업, 정미업, 그리고 양조업으로 사업을 다양화했다. 하지만 삼성이 중점을 둔 사업은 무역업이었다. 그리고 이 무역업의 이익으로 이병철은 양조업에 투자한다. 가내에서의 주조가 금지되었고 양조장의 수가 식민지정부의 허가로 제한되었기 때문에 조선양조(1939년 인수)는 상당한 이익을 남긴 것으로 추정된다.

이상으로 사업시작부터 삼성이 관여했던 사업의 종류가 꽤 다양했던 것을 알 수 있다. 삼성의 예로 보아 초기부터 여러 사업에 개입한 양상을 보이는데 이것이 한국재벌의 한 특성인 '다각화'(문어발식 확장)이다. '다각화'보다는 여러 사업에 손을 댔다는 표현이 옳겠지만, 자본주의가 정착되지 않은 식민지에서 대규모사업은 거의 모두 일본의 재벌기업이 독점했기 때문에 진출가능한 사업분야를 끊임없이 모색한 결과였다. 시장이 충분히 개척되지 않은 상태에서 관련기업으로의 수직다각화는 그다지 필요하지 않았기 때문이다. 대신에 환경의 수요에 맞추는 새로운 사업들을 찾는 것이 보다 중요했다. 사업의 성공이 기술이나 상품의 혁신에 의한 것이 아니라 누가 먼저 새로운 이익사업을 선점하느냐에 달렸기 때문이다. 이렇게 오늘날 볼 수 있는 새로운 사업에 대한 문어발식 재벌투자의 특징은 역사성을 가진 것이라 할 수 있다.

### 2) 확대: 무역업과 수입대체산업

1948년에는 삼성물산공사를 설립해 마른 오징어와 한천 등을 수출하고 면사와 철강제품 등 필수품들을 수입하였다. 삼성물산의 주된 사업이 수출이 아니라 수입이었던 이유는 당시에 한국에서 수출할 만한 품목이 그다지 많지 않았기 때문이다. 일용잡화와 일반상품에 대한 수요는 급속히 증가했기 때문에, 수입품은 통관이 되자마자 빠른 속도로 팔려나갔다. 국내수요의 변화를 예측한 수입품목의 선택으로 창립 2년 만에 삼성물산의 수입업은 대성공을 거두었다. 실제로 삼성물산은 설립 1년 만에 수입업자 가운데 7위로 올라서는데 당시 수입업으로 삼성물산은 사업 첫해에 초기자본의 20배에 해당하는 이익을 올린다.

이렇게 삼성은 수입업을 통한 상업자본으로 부의 축적기반을 이루고 새로운 분야에 투자할 기반을 가졌다. 수입업을 통한 부의 축적은 초기 상업자본가들의 공통된 특징이었다. 하지만 이러한 성공은 한국전쟁의 발발로 거의 파괴되었다. 따라서 이병철은 1951년 1월 피난지 부산에서 다시 삼성물산을 세우고 주요 수입품목을 전쟁으로 폐허가 된 경제에 필요한 필수품으로 바꾼다. 설탕, 비료, 종이, 양모, 나일론, 알루미늄, 의약품 등을 수입했고, 일본과 동남아에 고철, 오징어, 그리고 쌀을 수출했다. 이러한 한국전쟁 후 수입업의 성공으로 삼성물산은 후일 삼성그룹이 대규모의 부를 축적하는 주요자원으로 성장한다.

1950년대 삼성물산이 이익을 낸 근원은 어디인가? 상업적 이익과 환차에 의한 이득이었다. 이전 무역업의 경험을 통한 초기의 성공으로 삼성물산은 '외환대부'를 받을 수 있는 회사로 등록할 수 있었다. 전쟁으로 인한 물자의 부족과 높은 인플레이션으로 수입된 상품은 고이윤을 보장했다. 설탕과 비료는 절대적으로 공급이 부족하여, "당시에는 설탕과 비료가 홍콩에서 선적되었다는 서류만 입수되고 나면 그

물건은 부산항에 입항하기도 전에 도매상들의 손에 넘겨졌다"(삼성비서실, 1988: 111). 그리고 전쟁으로 인해 인플레가 100%를 상회할 시기에 공식적인 이자율은 연간 5.1% 내지는 5.5%였기 때문에, 이윤의 상당부분이 외환대부의 양에 달려 있었다. 하지만 무역업허가권에도 불구하고 수입업자간의 경쟁은 치열했다.

그러면 1953년이 되어 삼성이 수입대체산업에 투자한 이유는 무엇인가? 가장 큰 이유는 한국전쟁의 휴전조약이 체결된 뒤, 수입업자들간의 치열한 경쟁으로 더 이상 수입으로부터 높은 이윤을 창출하지 못할 것이라는 예측이었다. 수입업자들간의 경쟁으로 무역업은 점차 그 한계를 드러냈다. 다음은 정부가 외화를 절약하고 경공업을 발전시키기 위하여 수입대체산업화로 경제정책을 전환할 것을 예측하고 그에 따른 사업의 전환이었다.

삼성은 1953년에 제일제당을, 1954년에는 제일모직을 설립한다. 제당업에 투자한 이유는 무역업을 해본 경험이 있었기 때문에 장기적으로 국내수요가 가장 많은 품목을 알고 있었다. 삼성은 수입대체산업으로 제지업, 의약품, 제당업의 세 가지 업종의 투자를 고려했는데 이들은 모두 삼성물산의 주요 수입품목으로 이들 품목에 대한 국내생산업자들의 상황과 수요, 판매망을 파악한 상태였다.

제일제당 설립에 필요한 설비는 제당공장 건설을 위한 종합기본계획(*master plan*)을 제공했던 미쓰이 상사가 제공하였다. 여기에 정부의 역할을 찾기는 힘들다. 초기에 제일제당은 독점을 누렸다. 1957년을 제외하고 제일제당의 국내시장 점유율은 항상 50%를 넘었다. 1957년에는 총 7개의 제당회사가 서로 경쟁하기 시작하였고, 이러한 과당시설경쟁으로 1956년 생산은 추정수요의 3배인 15만 톤을 넘어섰다. 제일제당은 독점은 아니지만 여전히 최대생산자였다(〈표 6-1〉 제일제당의 시장점유율 참조). 결국 제당업자들간의 경쟁 때문에 설탕이 과잉생산

〈표 6-1〉 제일제당 설탕생산량(1954~1959)

(단위: M/T)

| 연도 | 제일제당(A) | 제당회사총계(B) | 제일제당 점유율(A/B) |
|---|---|---|---|
| 1953 | 646 | 646 | 100 |
| 1954 | 9,635 | 9,635 | 100 |
| 1955 | 26,203 | 26,740 | 98.0 |
| 1956 | 32,567 | 61,938 | 52.6 |
| 1957 | 12,990 | 31,319 | 41.5 |
| 1958 | 27,838 | 51,052 | 54.5 |
| 1959 | 37,402 | 59,605 | 67.7 |
| 1960 | 43,823 | 64,035 | 68.4 |
| 1961 | 41,353 | 64,342 | 64.3 |

자료: 제일제당(1983: 523).

〈표 6-2〉 제일제당 수익추이

(단위: 환)

| 연도 | 총매출 | 수익 |
|---|---|---|
| 1955 | — | (-)50,280,000 |
| 1956 | 959,490,000 | (-)455,410,000 |
| 1957 | 3,505,670,000 | 66,010,000 |
| 1958 | 5,767,540,000 | 168,820,000 |
| 1959 | 6,234,390,000 | 236,060,000 |
| 1960 | 8,209,920,000 | 38,230,000 |
| 1961 | 14,857,760,000 | 430,490,000 |
| 1962 | 23,189,380,000 | 1,513,760,000 |
| 1963 | 29,220,560,000 | 1,489,860,000 |

자료: 제일모직(1964: 117).

되어, 동양제당이 1958년 1월 문을 닫았고, 그해 3월에는 금성제당이, 5월에는 한국제당이 문을 닫았다. 이러한 이익률의 감소가 1958년 제일제당이 제분업에 참가한 한 이유가 된다(제일제당, 1964: 110). 하지만 1960년대에는 설탕과 밀가루의 소비증가에 힘입어 제일제당의 순이익은 꾸준히 증가하고 이후 삼성의 자본축적에 크게 기여한다. 〈표 6-2〉는 제일제당의 장부상 순이익 증가를 보여준다.

이어 삼성은 1954년에 제일모직회사를 설립했다. 삼성은 한국에서 처음으로 소모사의 생산에 뛰어든 기업의 하나였다. 조선모방이 1937년 일본인자본으로 존재했으나, 조선모방은 방모사를 생산하였다. 실제 소모방생산은 '복잡한 생산공정과 품질관리' 그리고 '막대한 자본과 고도의 기술'을 요하는 산업이었기 때문에, 다른 면방이나 모방보다도 위험이 수반된 분야였다(Amsden, 1989: 236 ; 삼성비서실, 1988: 131). 제일모직은 이미 설비수입이 발주된 상태로 설립되었기 때문에, 운전 및 생산기술습득에 초점을 맞추었다. 구체적으로 1955년에 제일모직은 기계를 조립하고 시운전을 감독하는 데 필요한 독일인 기술자 5명을 초청한다. 소모사생산에 성공하기 위하여 초기에 제일모직이 생산공정합리화에 들인 노력과 외국기술지원의 의존은 중요한 의미를 갖는다. 정경유착에 의한 기회주의적 자본축적이 1950년대 기업활동의 모두는 아니라는 것이다.

그러면 1950년대 산업자본의 형성과 삼성의 자본축적을 어떻게 평가할 것인가? 무엇보다도, 1950년대의 경제상황은 해방 이후 일본으로부터의 단절, 한국전쟁으로 인한 파괴, 높은 인플레 — 1951년부터 1952년 150% 그리고 1952년부터 1953년 217%의 도매물가 상승 — 와 물자부족으로 특징지을 수 있다. 이러한 경제상황은 국내수입 대체산업의 건설을 촉진한 원인이 되었다. 제일제당과 제일모직 모두 설탕과 모직의 수입을 대체하면서 이익을 축적하였다. 1950년대의 이러한 수입대체산업의 기반 없이, 1960년대의 수출주도경제로의 전환은 불가능했을 것이다. 박정희 행정부 기간의 경제계획과 산업정책을 강조하면서, 반대로 1950년대의 경제를 단지 전쟁의 파괴, 높은 인플레, 정경유착으로만으로 규정하는 것은 옳지 않다. 1950년대의 무역업의 경험을 기반으로, 삼성물산은 1960년대 수출주도 산업화의 중요한 첨병이 될 수 있었다(Jones and Sakong, 1980: 415).

### 3) 다각화: 수출산업화와 다각화

1961년 5월 군사쿠데타 이후 경제개발은 군사정권의 체제정당성 위기를 해결하는 데 필수적 요소였다. 따라서 경제개발계획을 수행하기 위해서 군부는 재벌을 처벌하기보다 재벌과 연합할 수밖에 없었다. 산업자본가들의 이해를 대변하는 한국경제인협회의 결성에 중앙정보부가 깊이 관여하게 되고, 박정희 군사정부와 재벌 간에는 발전연합(*developmental coalition*)이 형성된다. 사실 이 발전연합은 한국사회의 지배연합(*ruling coalition*)을 의미한다.

당시의 주요 산업자본가들은 '외자유치를 통한 경제성장전략'을 정부가 선택하도록 발전연합 내에서 중요한 역할을 했다. 한국경제인협회 회장이었던 이병철은 1960년 이래로 외국 상업차관을 갖고 산업시설을 건설하는 데 많은 관심을 보였고, 상업차관을 통한 산업화라는 한국경제인협회의 제안은 일부 이병철의 견해를 반영한 것으로 보인다. 왜냐하면 한국경제인협회는 '민간외자도입교섭단' 2팀을 구성하여 1961년 11월—5·16 군사쿠데타 6개월 후—미국과 유럽에 이들을 파견했고, 대표단들이 미국과 유럽, 일본에서 돌아온 이후 1962년 1월 "울산공업단지조성안"을 제출했다. 박정희 군사정부는 이 안을 받아들였다. 이후로 울산산업단지는 다른 공업단지들의 모델이 되었다(이병철, 1986: 94, 124). 공업단지 조성은 5·16 군사혁명정부의 아이디어가 아니라 경제인협회의 구상에 그 시초를 찾아야 한다. 물론 공업단지를 성공으로 이끈 것은 박정희 행정부의 행정능력으로 보아야 한다.

1960년대 후반에 이르러 삼성은 제당업과 모직업분야로의 사업확대에 한계가 있다는 것을 절감하고 새로운 사업영역의 투자대상을 모색하였다. 당시 산요 회장 토시오 이우에는 전자산업이 갖는 잠재성을 일깨웠고, 이병철은 전자산업에 진입할 것을 결정한다. 수입대체와 수출이 가능하다는 견지에서 전자제품 생산은 유망한 산업이었다.

삼성은 일본 산요전자와 공장을 설립할 계획을 세웠다. 이러한 계획은 국내 전자제조업자들의 조직인 한국전자공업협회와 경제기획원, 상공부로부터 강한 반발을 받았다(*Korea Times* 1969. 7. 8: 4). 한국전자공업협회는 삼성이 재정적 능력뿐 아니라 규모의 이점을 가졌기 때문에 회원들의 국내시장 점유율이 줄어드는 것을 우려했다. 이병철은 박정희 대통령을 설득하여 전자산업을 개방하도록 지시한 이후에 진입장벽의 어려움을 해결했다(이병철, 1986: 206). 기업의 '정경유착적' 주도에 정부가 '시혜적으로' 대응한 사례이다.

삼성전자는 1969년 1월 설립되었지만 설립조건이 수출을 성공적으로 만족시키지 못했다. 이후 제품판매가 국내시장에 가능토록 허락된 이후에야 적자가 회복되었고, 전자공장 부지매입 등의 토지에 대한 투자로 상당한 이윤을 확보하면서 경영의 어려움을 극복한다. 한편 삼성은 백화점(신세계, 1963년), 부동산개발회사(중앙개발, 1963년), 생명보험사(동방생명, 1963년), 그리고 펄프 제지산업(전주제지, 1965년)을 지속적으로 설립하여 투자회수기간이 빠른 국내 시장지향적 사업에 진출하기도 하면서, 다른 한편으로 국제시장 개척으로 삼성물산이 1969년에 한국 최고수출업체로 지명된다. 1960년대 삼성의 자회사현황을 보면 〈표 6-3〉과 같다.

〈표 6-3〉 1960년대 삼성의 자회사현황

| 영업 연도 | 기업 명 | 비 고 |
|---|---|---|
| 1961~1963 | 울산비료 | — |
| 1963~1966 | 중앙 TV방송 | 동양방송과 흡수합병 |
| 1963~1974 | 동양방송 | 1974년 중앙일보와 동양방송 흡수합병 |
| 1963~ | 동방생명보험 | 1989년 삼성생명보험으로 상호변경 |
| 1963~1966 | 동양화재해상보험 | — |
| 1963~ | 동화백화점 | 1966년 신세계백화점으로 상호변경 |
| 1963~1973 | 동남증권 | — |
| 1963~1965 | 대한製油 | — |
| 1963 | 동화부동산 | 중앙개발로 상호변경 |
| 1963~1968 | 미풍산업 | 1968년 제일제당으로 흡수합병 |
| 1964~1967 | 한국비료 | 1967년 정부에 헌납 |
| 1965~ | 중앙일보 | — |
| 1965~ | 새한제지 | 1968년 전주제지로 상호변경 |
| 1964~1980 | 서울FM 방송 | 동양방송에 흡수합병 |
| 1968~1974 | 삼녕산업 | 1974년 삼성에 흡수병합 |
| 1969~ | 삼성전자 | 삼성 일렉트릭스(1973), 삼성-산요 일렉트로닉스(1977), 삼성〔한국〕반도체(1980), 삼성반도체통신(1988)을 흡수합병 |

자료: 삼성비서실(1988); 김영욱(1993)에서 정리.

### 4) 투자실패: 종합상사와 중화학공업

삼성은 종합무역상사(*General Trading Companies*)제도 도입에 주도적 역할을 한다. 일본 무역회사들의 성공에 고무된 삼성은 박정희 행정부가 1975년 4월 30일 "종합무역상사 지정지침"을 발표하기 이전에 종합무역상사체제 도입을 모색했다. 삼성은 이미 1970년 7월 정부측에 "종합무역상사로의 육성을 위한 대책 및 건의"를 제출했는데, 이 건의안은 일본의 대표적 종합상사인 미쓰이물산의 구조와 활동을 소개하면서 한국에서도 무역업의 재편이 필요하다는 내용을 담았다. 후에 상공부는 이 건의안의 상당부분을 받아들였다(삼성물산, 1996: 235). 그리하여 1975년 5월 19일 종합무역상사로 맨 처음 등록한 회사는 삼성이었다. 1977년에 삼성그룹은 6억 2천만 달러를 수출했는데, 이는 한국의 총수출의 6%에 달하는 양이었다(*Business Korea*, 1988. 3: 32). 삼성의 한국수출에 대한 기여는 1970년대 이후 6%대를 넘어 1990년대에는 12%까지 상승한다(〈표 6-4〉 참조).

1972년 후반, 삼성은 자신의 사업구조에서 중공업의 비중을 높이기로 결정한다. 하지만 이제까지 삼성은 박정희 유신정부가 중화학공업 부문의 투자를 한편으로는 유도하고 다른 한편으로는 압박하였음에도 불구하고 이들 부문에 대한 투자를 꺼렸다. 무엇보다도 삼성은 단지 정부의 인센티브만을 따르면서 중화학공업 부문에 투자할 시기가 아니라고 생각하면서 대신 수입대체산업으로부터 안정적 이윤을 확보하는 것을 이윤추구방식으로 정립했기 때문이다. 그리고 삼성과 박정희 정권과의 관계가 소원했다는 이유도 있다. 이리하여 삼성은 상대적으로 늦게 건설업에 진출했고 초기에는 정부발주 프로젝트 대신 해외 아파트건설에 초점을 두었다. 또한 이윤이 보장되는 방위산업에도 상대적으로 늦게 진입하였다.

〈표 6-4〉 삼성의 총수출액과 한국의 총수출액

(단위: 백만 달러)

| 연도 | 한국의 총수출 | 삼성의 총수출 |
|---|---|---|
| 1975 | 5,081 | 349( 6.9%) |
| 1976 | 8,120 | 450( 5.5%) |
| 1977 | 10,400 | 620( 6.0%) |
| 1994 | 87,333 | 10,480(12.0%) |

괄호안의 수치는 한국총수출에서 삼성의 수출 부분임.
1994년 삼성의 수출은 삼성물산 것만 집계됨.
자료: 삼성비서실, *Annual Report*(1977: 6) ; 《한국일보》(1994.7.6)

1974년부터 삼성은 제4차 5개년 경제개발계획이 강조한 중화학공업, 즉 석유화학(삼성석유화학, 1974), 중장비(삼성중공업, 1974), 정밀기계(삼성정밀, 1977), 건설(삼성건설, 1977), 조선(삼성조선, 1977)에 투자하기 시작했다. 삼성중공업은 1976년에 설립된 이후 12년 동안 적자를 보았다. 중화학공업을 촉진하려는 정부의 산업계획에 기초하여, 박정희 행정부가 기업들에게 기업전략 또는 기술수준을 염두에 두지 않은 채 특정부문에 투자할 것을 강요한 것이 실패를 배태했다. 〈표 6-5〉에서 삼성조선, 삼성중공업, 삼성석유화학의 순수익자료를 통해 보듯이 투자회임 기간이 긴 중화학에 투자한 삼성은 수익을 내지 못하고 상당기간 고전하였다.

〈표 6-6〉에서 중화학투자가 본격화된 1977년의 삼성그룹의 자회사 명단을 통하여 보듯이 삼성의 자회사의 업종은 매우 다양하다.

〈표 6-5〉 삼성조선, 삼성중공업 그리고 삼성석유화학 순수익

(단위: 백만 원)

| 연 도 | 삼성조선 | 삼성중공업 | 삼성석유화학 |
|---|---|---|---|
| 1974 | — | — | -5 |
| 1975 | — | — | -12 |
| 1976 | — | — | -5 |
| 1977 | 8,842 | -231 | -14 |
| 1978 | — | -3,957 | -33 |
| 1979 | -119 | -3,677 | -93 |
| 1980 | -9,369 | -14,487 | -6,851 |
| 1981 | -1,340 | -13,033 | -8,706 |
| 1982 | — | -7,004 | -4,633 |
| 1983 | — | -6,846 | 7,202 |
| 1984 | — | -15,890 | 10,479 |
| 1985 | — | -29,529 | 13,413 |
| 1986 | — | -46,488 | 17,302 |
| 1987 | — | -27,943 | 15,625 |
| 1988 | — | -19,191 | 31,184 |

자료: 김영욱(1993: 178)에서 정리.

〈표 6-6〉 삼성관련 업종별 기업(1977년)

(단위: 천 달러)

| 업 종 | 기 업 | 매출액 |
|---|---|---|
| 종합무역 | 삼 성 | 571,322 |
| 식 품 | 제일제당 | 162,682 |
| 모 직 | 제일모직 | 72,066 |
| 합 섬 | 제일합섬 | 77,802 |
| 전 자 | 삼성전자 | 145,693 |
| | 삼성전관 | 25,054 |
| | 삼성전기 | 12,243 |
| | 삼성반도체 | 3,161 |
| | 삼성GTE 통신 | — |
| 유 리 | 삼성코닝 | 12,728 |
| 펄프・종이 | 전주제지 | 34,994 |
| 개 발 | 중앙개발 | 8,014 |
| 백화점 | 신세계백화점 | 27,293 |
| 뉴스방송 | 중앙신문과 동양방송 | 55,870 |
| 보 험 | 동방생명 | 130,565 |
| | 안국화재해상보험 | 31,713 |
| 석유화학 | 삼성석유화학 | — |
| 기 계 | 삼성중공업 | 1,175 |
| | 대성중공업 | 8,377 |
| | 삼성정밀 | — |
| 호 텔 | 호텔신라 | 1,008 |
| 건 설 | 삼성건설 | 6,610 |
| 조 선 | 삼성조선 | — |

자료: 삼성비서실, *Annual Report*(1977: 6).

### 5) 기업주도: 반도체산업 투자

1970년대 말 정부의 권유로 삼성이 투자한 중화학공업은 거의 실패했다. 위기에 처한 삼성은 자신의 산업구조를 변화시켜 새로운 분야의 투자를 모색해야 하는 입장에 있었다. 1983년, 전자제품 수출의 한계와 중공업부문의 투자한계 때문에 삼성의 이병철은 반도체산업에 집중투자할 것을 결정한다.

반도체산업에서 삼성의 성공사례는 한국 경제발전에서 대담한 기업가정신과 기업이니셔티브의 좋은 예라 할 수 있다. 일본과 미국의 첨단기술회사들이 이미 반도체산업에서 우위를 차지했기 때문에 삼성이 반도체를 생산할 것이라고 발표했을 당시, 대다수의 회의는 당연했다. 우선, 반도체산업은 대규모투자가 필요하고 짧은 제품주기로 위험부담이 컸기 때문이다. 하지만 초창기투자로부터 10년 후 1993년 삼성반도체통신은 메모리용량에서 세계에서 가장 큰 회사가 되었다.

반도체산업에 대한 삼성의 대규모투자는 하이테크산업이 가진 잠재성을 확신한 사업가의 결단에서 가능하였다. 1984년 삼성은 국내에서 자금을 동원하기가 용이하지 않자 직접 256K 반도체칩 생산시설을 마련하기 위한 자금으로 국제금융시장에서 1억 4천만 달러의 차관을 이용했다. 1억 달러는 홍콩에 있는 10개 은행들로부터 4천만 달러는 도쿄은행이 이끄는 일본은행단으로부터 빌려왔다. 반도체산업의 위험부담을 의식한 삼성은 DRAMs의 대량생산이라는 일본의 성공사례를 따르도록 결정했다(Hobday, 1995: 81). 삼성은 1981년 64K DRAM과 1985년 256K DRAM의 대량생산에 성공했다. 시장에서의 손실과 불확실성에도 불구하고, 삼성은 제품디자인을 따라잡고자 애썼으며 제조과정을 향상시키고자 했다. 1988년 반도체산업에 총 8억 달러의 투자는 호브데이에 의하면 삼성의 도박이었다(Hobday, 1995, 82).

삼성을 포함한 한국의 반도체산업이 성공한 요인을 변병문은 다음과 같이 지적했다. 첫째, 초창기의 상당한 손실에도 불구하고 대량생산을 위한 연구와 개발, 대담한 설비투자, 둘째, 제조업자들의 메모리장치와 같은 몇몇 전략적 품목의 선택과 집중, 그리고 셋째, 동일 재벌그룹 내에서 금융을 포함한 다른 그룹계열사들의 지원, 넷째, 한국기업이 가진 양질의 인적자원, 마지막으로, 연구기술인력 훈련을 위한 정부의 보조(Byun, 1994: 710). 연구기술 인력훈련을 위한 정부의 보조를 제외하고는 정부의 지원이 반도체산업 발전에 있어 중요한 역할을 했다는 흔적을 발견하기 힘들다. 삼성그룹 내의 다른 회사를 통해 초창기 손실을 완화시키면서 내린 대담한 투자결정은 삼성의 반도체산업의 성공에 있어 결정적이었다. 이렇게 삼성의 반도체산업 성공은 기업전략(*corporate strategy*)에 기인한다고 볼 수 있다.

1980년대 삼성은 전자와 중화학부분에 중점투자하면서 기술력의 한계를 극복하기 위하여 많은 노력을 기울였다. 특히 삼성은 일본과 미국의 세계적 기업과의 합자투자를 통하여 기술과 경영방식, 시장확보 전략을 습득하고 후에 홀로 서는 전력을 구사한다. 〈표 6-7〉은 1969년부터 1989년까지의 삼성의 기술합작 현황을 보여준다. 정부가 우수한 기술인력 개발을 통하여 기술자를 양성하여 기업에 공급하는 역할을 하였다면 기업은 국내에 존재하지 않는 첨단기술을 획득하기 위하여 외국업체와 협력관계를 가졌던 것이다. 하지만 국내외의 정부주도론자들은 국가의 기술인력 양성에 공헌한 부분만을 강조할 뿐이지 기업이 선진 첨단기술을 습득하고 개발하기 위하여 노력한 부분은 주의를 기울이지 않았다. 여기서 우리는 산업이 고도화되어감에 따라 정부와 기업의 협업에 의한 역할분담이 자연스럽게 이루어지고, 결국은 대규모투자와 최첨단기술이 기업생존의 필요조건이 되었을 때 정부의 역할은 한정될 수밖에 없음을 알 수 있다.

〈표 6-7〉 삼성의 합작현황, 1969~1989

| 기업 명 | 합작시기 | 합작선 및 합작비율 |
|---|---|---|
| 삼성-산요전기 (1977년 소멸) | 1969 | 日산요전기 40%, 日스미토모 10%, 삼성전자 50% |
| 삼성-NEC (1973년 삼성전관) | 1969 | 日NEC 40% |
| 한국전산 | 1971 | 日협영생명 33.3% |
| 제일합섬 | 1972 | 日도레이 14.3%, 日미쓰이 14.3% |
| 삼성전기 (1974년의 삼성전자 부품) | 1973 | 삼성전기25; 日산요전기와 산요전기무 역 75% |
| 삼성-코닝 | 1973 | 삼성 50%, 美코닝 50% |
| 삼성중공업 | 1974 | 日이시카와지마-하리마 중공업 (IHI) 25%, |
| 신라호텔 | 1973 | 日오꾸라호텔 등 50% |
| 삼성석유화학 | 1974 | 삼성 50%, 美아모코 35%, 日미쓰이 15% |
| 삼성-GTE 통신 | 1977 | 삼성전자 51%, 美GTE 49% |
| 삼성시계 | 1983 | 삼성 3개사 51%, 日세이코 49% |
| 삼성의료기기 | 1984 | 美GE 55%, 삼성전자 45% |
| 한국휴렛패커드 | 1984 | 美휴렛패커드 55%, 삼성전자 45% |
| 삼성유나이티드항공 | 1985 | 美휴렛&휘트니항공 49%, 삼성항공51% |
| 한국신에츠실리콘 | 1986 | 日신월화학 50%, 삼성물산 50% |
| 삼성데이타시스템 | 1987 | 삼성 3개사 66.6%, 한국IBM 33.3% |
| 제일냉동식품 | 1987 | 日아지노모도 50%, 제일제당 50% |
| 삼성클라크 | 1987 | 삼성중공업 80%, 美클라크 20% |
| 삼성에머슨전기 | 1988 | 삼성전자 55%, 美에머슨전기 45% |
| 하이크리에이션 | 1988 | 日이토킨 49%, 제일모직 51% |
| 제일시바가이기 | 1988 | 스위스 시바가이기 50%, 제일합섬 50% |
| 대한정밀화학 | 1988 | 獨칼리케미 46%, 벨기에 솔베이 4%, 삼성코닝 45% |
| 삼성BP화학 | 1989 | 英BP 51%, 삼성종합화학 49% |
| 제일보젤 | 1989 | 美보젤 30%, 제일기획 70% |
| 동방생명(삼성생명) | 1989 | 日교에이 생명보험, 美링컨내셔날 |

자료: 삼성비서실(1988)과 김영욱(1993: 187)에서 정리.

## 4. 맺음말

이 글에서는 삼성의 성장과정에서 정부의 산업정책보다는 기업자체의 이윤추구에 초점을 맞추어 기업의 주도적 역할을 강조하였다. '한국자본주의는 독점을 특화한 기업자본주의'라고 한 올제의 평가는 매우 중요한 지적이다(Olge, 1990: 45). 한국재벌이 급속한 부를 축적할 수 있었던 중요한 요인 중의 하나는 '독점'(*monopoly*)적 지위라고 할 수 있기 때문이다. 문제는 그 독점적 지위가 정부가 진입장벽을 통해 만들어준 것이냐, 기업이 '블루오션'(*blue ocean*, 새로운 사업영역)의 영역을 선점한 것이냐의 판단이다. 삼성의 경우는 '블루오션' 영역의 선점 및 규모의 경제로 이득을 본 사례로 볼 수 있다. 삼성은 경영과 기술과 자금부문의 우위를 통해 독점적이거나 과점적인 시장지위를 필사적으로 유지하면서 이익을 취하였다. 국내시장에 경쟁이 생긴 경우에는 정부를 동원하던가 생산자협회에 적극적으로 활동하여 진입장벽을 구축하였다. 예를 들어, 신규회사가 제일제당 주식회사의 위치에 도전하여 독점시장을 유지할 수 없었을 때, 제일제당은 대한제당협회를 조직, 제당제조업자들의 집단적 힘을 이용하여 과점적 지위를 유지했으며 더 이상의 신규회사의 진입을 봉쇄했다(제일제당, 1984: 126). 초기 삼성의 자본축적은 대부분 독점적이고 과점적인 시장의 형성에 기인한다.

삼성의 다각화와 성공은 기업생성 초기부터 내수시장에서 경쟁이 약하고, 이윤축적의 기회는 도처에 상존했으며, 성장욕구를 충족시키기에 내수시장이 적고, 전문화에 승부를 걸 만한 핵심기술도 축적되어 있지 않은 상태에서 지속적으로 추구해온 '블루오션' 영역의 창출전략 때문이며, 정부의 산업정책을 때로는 전략적으로 추종하고 때로는 주도하면서 이루어낸 성과라고 할 수 있다. 하지만 투자에 필요한 자금을 마련하기 위하여 정부의 지원을 집요하게 받아내고, 중소기업이 담당할 만한 영역까지도 진출하였으며, 순환투자·내부거래·가족경영·부동산투기 등 헤아릴 수 없는 정당화되기 힘든 반사회적 행위를 한 것 역시 사실이다. 이러한 반사회적 행태는 삼성이 앞으로 국민기업이자 세계기업으로 자리매김하기 위하여 극복해야 할 대목이다.

## ■ 참고문헌

구범모·백종국(1990), "한국의 후발산업화 연구에 관한 문헌비평", 《한국정치학회보》 24(1).

김일영(1995), "박정희체제 18년, 어떻게 볼 것인가", 《계간사상》, 겨울.

다니우라 다카오(谷浦孝雄) (1984), "한국의 기업성장: 삼성그룹의 예", 《한국독점 자본과 재벌》, 풀빛.

박병윤(1982), 《재벌과 정치》, 한국양서.

삼성비서실(1988), 《삼성 오십년사》.

삼성전자(1989), 《삼성전자 이십년사》.

삼성중공업(1994), 《삼성중공업 이십년사》.

손호철(1995), 《해방 50년의 한국정치》, 새길.

오원철(1995), 《한국형 경제건설: 엔지니어링 어프로치》 제 1권, 기아경제연구소.

유승민(1996), "재벌의 공과", 한국산업조직학회 편, 《한국경제의 진로와 대기업집》, 기아경제연구소.

이병철(1986), 《호암자전》, 중앙일보사.

정영무(1995), "슈퍼파워 삼성", 《한겨레신문》 1995. 4. 20~22.

조갑제(1993), "박정희와 김영삼의 화해", 《월간조선》 1993. 10.

제일모직(1964), 《제일모직 십년사》.

제일제당(1964), 《제일제당 십년지》.

Amsden, Alice(1989), *Asia's Next Giant: South Korea and Late Industrialization*, New York: Oxford University Press.

Back, Jong Gook(1990), "Politics of Late Industrialization: The Origins and Processes of Automobile Industry Policies in Mexico and South Korea", Ph. D. Dissertation, Los Angeles: University of California.

Bernard, Mitchell · John Ravenhill(1995), "Beyond Product Cycles and Flying Geese: Regionalization, Hierarchy, and the Industrialization of East Asia", *World Politics* 47.

Byun, Byung Moon(1994), "Growth and Recent Development of the Korean Semiconductor Industry", *Asian Survey* 34, August.

Grajdanzev, Andrew J. (1944), *Modern Korea*, New York: Institute of Pacific Relations.

Haggard, Stephan(1990), *Pathways from the Periphery: The Politics of Growth in the Newly Industrializing Countries*, Ithaca, NY: Cornell Univ. Press.

Hobday, Michael(1995), *Innovation in East Asia: The Challenge to Japan*, Hants: Edward Elgar Publishing.

Jones, Leroy · Il Sakong(1980), *Government, Business, and Entrepreneurship in Economic Development: The Korean Case*, Cambridge: Harvard University Press.

Johnson, Chalmers(1984), *MITI and the Japanese Miracle*, Berkeley: University of California Press.

______(1987), "Political Institutions and Economic Performance The Government Business Relationship in Japan, South Korea and Taiwan", In Frederic C. Deyo, ed., *The Political Economy of the New Asian Industrialism*, Ithaca: Cornell University Press.

______(1988), "The Japanese Political Economy: A Crisis in Theory", *Ethics and International Affairs* 2.

Kim, Hyung Kook (1993), *Between State and Industrial Adjustment Strategy in Korea*, Seoul: Beebong Publishing Co.

Kojima, Kiyoshi (1977), *Japan and a New World Economic Order*, Boulder: Westview Press.

Krugman, Paul (1994), "The Myth of Asia's Miracle", *Foreign Affairs* 73(6).

Lee, Suk-Chae (1991), "The Heavy and Chemical Industries Promotion Plan (1973~79)", In Lee-Jay Cho and Yoon Hyung Kim, eds., *Economic Development in the Republic of Korea: A Policy Perspective*, Honolulu: East-West Center.

Lew, Seok-Jin (1992), "Bringing Capital Back In: A Case Study of the South Korean Automobile Industrialization", Unpublished Dissertation, Yale University.

McNamara, Dennis (1990), *The Colonial Origins of Korean Enterprise, 1910~1945*, New York: Cambridge University.

Moon, Chung-In (1987), "The Demise of a Developmentalist State?: Neoconservative Reform and Political Consequences in Korea", In Cal Clark and J. Lemco (eds.), *State and Development*, New York: E. J. Brill.

Nam, Duck Woo (1994), "Korea's Economic Takeoff in Retrospect", In Sung Yeung Kwack (ed.), *The Korean Economy at a Crossroad*, Westport, Connecticut: Praeger.

Ogle, George E. (1990), *South Korea: Dissent within the Economic Miracle*, London: Zed Books.

Rhee, Jong-Chan (1994), *The State and Industry in South Korea: The Limits of the Authoritarian State*, London: Routlege.

Scalapino, Robert A. (1993), "Democratizing Dragons", *Journal of Democracy* 34.

Schumpeter, Joseph A. (1942), *Capitalism, Socialism, and Democracy*, 3rd ed., New York: Harper & Brothers.

Shafer, D. Michael (1990), "Sectors, States, and Social Forces: Korea and Zambia Confront Economic Restructuring", *Comparative Politics*,

January.

Song, Byung-nak (1990), *The Rise of the Korean Economy*, New York: Oxford University Press.

Wade, Robert (1992), "East Asia's Economic Success: Conflicting Perspectives, Partial Insights, Shaky Evidence", *World Politics* 44(2).

White, Gorden · Robert Wade (eds.) (1985), *Developmental States in East Asia*, Brighton: Institute of Development Studies.

Weiss, Linda (1995), "Governed Interdependence: Rethinking the Government: Business Relationship in East Asia", *The Pacific Review* 8(4).

7장

# 한국의 기술정책 및 국가 기술능력 변화과정 분석

윤진효

## 1. 기술정책의 변화와 국가 기술능력

한국은 길지 않은 시간에 후진국에서 개발도상국을 거쳐서 선진국 진입의 문턱에 이르고 있다. 이러한 한국의 빠른 경제발전의 핵심기반은 한국의 근대산업의 빠른 성장과 가전, 반도체, 자동차, 디지털, 통신, 조선 등의 기술기반 첨단산업의 세계적인 경쟁력확보와 수출증진에 있다.

이러한 한국의 산업경쟁력 발전의 기반에는 한국의 전체적인 과학기술 수준의 발전이 자리한다. 따라서 한국의 경쟁성장 과정에서 과학기술 수준이 어떻게 변화했으며 한국의 기술능력이 어떻게 발전했는가를 살펴봄으로써 현재 한국의 산업경쟁력의 원천을 규명할 수 있을 것이다. 아울러 한국의 첨단산업분야의 산업경쟁력 향상을 초래한 한국정부의 적극적인 산업정책 개입, 그 중에서도 체계적이고 지속적인 기술정책 개입의 변화과정을 살펴봄으로써 그동안 우리정부의 정책개입과 국가 기술능력 발전과정의 공변화과정을 평가하고 향후 새로운 산업정책 패러다임의 핵심수단으로써의 기술정책의 방향과 내용 및 수단을 가늠해볼 수 있을 것이다.

한국이 본격적으로 산업근대화를 착수한 1960년대 중반부터 현재의 첨단산업구조가 확립된 2000년까지를 연구의 범위로 한다. 2000년 이후의 상황에 대한 분석과 평가는 정부의 개입이나 기술능력 발전의 결과가 4~5년의 시간지체를 두고 발생하는 점을 고려하여 후속연구과제로 남긴다.

그리고 구체적인 분석대상은 우선 한국정부의 산업정책 변화 중 기술에 대한 정책변화를 과학기술 전담부처인 과학기술부의 정책변화를 중심으로 살펴본다. 둘째, 이러한 정책변화 과정에서 한국의 산업경쟁력의 구체적 표상인 기술능력이 어떻게 변화했는지를 주요 계량지표값들에 대한 시계열적 변화분석을 통해 살펴보고자 한다.

이 연구방법으로, 우선 기술정책 변화에 대한 연구에서는 정부의 정책관련 발표문헌, 공보, 연감 등에 대한 문헌분석을 실시하였다. 그리고 한국의 기술능력 발전과정에 대한 연구에서는 한국의 기술능력을 나타내는 계량지표들을 도출하고 관련지표 값들을 수집한 후, 그 지표값들에 대한 기술통계분석을 실시한다.

## 2. 이론적 논의

### 1) 국가 기술능력의 개념과 측정

국가 기술능력의 개념을 정의하기에 앞서 왜 국가 기술능력인가 하는 문제를 명확히 할 필요가 있다. 기술개발이나 경제활동에 있어서 국가의 경계가 약해지는 현시점에서 국가 기술능력 개념이 유의미한가? 답은 '유의미하다'이다. 왜냐하면 지식 및 기술기반사회가 심화됨에 따라 특정국가의 산업발전을 견인하는 핵심동력으로서 해당국가의 기술능력 수준이 그 나라의 산업발전과 경쟁력을 결정하는 핵심요인으로 점점 더 중요해지기 때문이다.

그럼 국가 기술능력의 개념을 규명하기에 앞서 기술능력의 개념부터 정의해보자. 기술능력(*Technological capabilities*, TCs)이란 기술을 습득하고, 소화하고, 사용하고, 변용하고, 변화시키고, 최종적으로는 신기술을 창조하는 데 필요한 다양한 지식과 숙련을 지칭한다(이근 외, 1997: 120). 환언하면 특정산업의 기술능력이란, 해당 산업분야의 기업들이 장비, 매뉴얼, 디자인, 특허 그리고 청사진(*blue print*)을 보다 효율적으로 사용할 수 있게 하는 기술적, 경영적 그리고 제도적 솜씨와 정보를 말한다. 따라서 기술능력이란 기존기술을 흡수하고, 사용함은 물론 이를 약간 바꾸거나, 변화시킬 때에 기술지식(*technological knowledge*)을 효과적으로 활용할 수 있는 능력을 의미한다(Kim, Linsu, 1997). 따라서 기술능력을 충분히 갖추었을 때만이 변화하는 환경에 적응하는 신기술을 만들고 신제품과 신공정을 창조할 수 있다. 그리고 기술능력을 기존의 지식을 흡수하고 새로운 지식을 만들어 내는 능력인 흡수능력(*absorptive capacity*)과 상호호환하며

〈표 7-1〉 기술능력의 요소들

<table>
<tr><th rowspan="2">수 준</th><th rowspan="2">세부<br>능력</th><th colspan="2">세부능력의 특징</th></tr>
<tr><th>공통 특징</th><th>개별 특징</th></tr>
<tr><td>기 초</td><td rowspan="3">생산<br>능력</td><td rowspan="9">경제 내 연계<br><br>-기업간 연계 및 네트워크<br><br>-사업수행상의 연계<br><br>-기술능력 지원제도를 통한 연계</td><td rowspan="3">▪ 기존 기술을 효율적으로 운영하거나 유지·보수할 수 있는 능력<br>▪ 환경변화에 적응하여 기존기술을 원기술의 테두리 내에서 개선시킬 수 있는 능력</td></tr>
<tr><td>중 간</td></tr>
<tr><td>고 급</td></tr>
<tr><td>기 초</td><td rowspan="3">투자<br>능력</td><td rowspan="3">▪ 시설의 확장이나 새로운 설비설치를 위해 필요한 능력으로<br>- 초기투자의 이익 발생가능성, 세부명세화 그리고 대안의 실행가능성을 확인할 수 있는 능력 등을 말하는 투자가능성 분석능력과<br>- 프로젝트 엔지니어링, 프로젝트 관리, 인력훈련 그리고 최종적으로 초기 가동능력을 포함하는 프로젝트 실행능력을 포함한다.</td></tr>
<tr><td>중 간</td></tr>
<tr><td>고 급</td></tr>
<tr><td>기 초</td><td rowspan="3">혁신<br>능력</td><td rowspan="3">▪ 새로운 기술적 대안들을 만들어 내고 이를 경제활동에 구체적으로 적용시킬 수 있는 내재적 노력과 관련한 능력으로<br>- 발명 등으로부터의 획기적 기술혁신 (major innovation) 뿐만 아니라<br>- 기존기술의 범주를 벗어나는 수준의 점진적인 기술혁신(minor innovation)을 포함하는 광범위한 개념이다.</td></tr>
<tr><td>중 간</td></tr>
<tr><td>고 급</td></tr>
</table>

자료: Westphal, Larry, Linsu Kim, and Carl Dahlman(1985); Evenson, Robert and Larry Westphal(1994); Lall(1992) 내용 종합.

사용하기도 한다. 뿐만 아니라 기술능력을 획득하는 동태적 과정을 기술학습(*technology learning*)이라고 정의함으로써 '기술학습'과 '기술능력의 획득'을 동일한 의미로 사용하기도 한다(Kim, Linsu, 1997).

그리고 국가 기술능력(*national technological capability*)이란, 별개의 개념이 아니라 개별기업, 산업수준의 기술능력을 포함하는 총체적 개념으로 국가적 범주의 기술능력을 의미한다. 국가 기술능력이란, 한 국가의 기업들이 효과적으로 기술을 구입, 사용, 응용, 개선 그리고 창조할 수 있게 하는 솜씨, 경험 그리고 노력의 복합체로, 개별기업들의 기술능력이 기본이긴 하나 그 산술적 총계 이상이다(Lall, 2000a). 왜냐하면 국가 기술능력에는 기업간 네트워크, 사업수행상의 연계 그리고 지원제도들의 연합 등을 통한 기술능력의 3부분 즉 생산능력, 투자능력 그리고 혁신능력 발전에 필요한 정보교환 및 조정 등 비시장적 시스템[1]의 역할수행을 포함하기 때문이다.

기술능력의 세부내용에는, 〈표 7-1〉에서 설명하는 바와 같이 현존기술을 활용할 수 있는 생산능력, 시설확장이나 신규시설을 설치할 수 있는 투자능력 그리고 기존기술을 점진적으로 혹은 혁신적으로 바꾸어 적용할 수 있는 혁신능력 등이 있다. 그리고 각 세부기술능력은 단순하고 전형적인 경험에 의해 축적되는 기술능력, 응용과 모방수준의 기술능력 그리고 혁신적이고 위험을 감수하는 연구활동에 의해 축적되는 기술능력 등 3단계로 나눌 수 있다. 그리고 3가지 세부기술능력은 기술능력의 축적과 발전의 기본이 되는 지식과 정보의 이동과 확산과 관련한 '경제 내 연계'(*linkages within economy*)를 공통적 요소로 가진다.

---

1) 전통적인 신고전학파의 시각에서는 완전경쟁 패러다임을 전제하기 때문에 광범위한 외부성(*externalities*)과 암묵적 학습현상(*fuzzy learning phenomena*) 등 기술능력의 정보연계 관련 시스템적 요소를 간과한다(Lall, 2000a).

그런데 국가 기술능력 개념을 이론적으로 실재적으로 사용하기 위해서는 측정가능한 것이어야 한다. 기존의 신고전학파 경제학에서는 국가 기술능력을 비실제적인 것으로 간주하거나 국가경쟁력이라는 개념으로 대체해 사용함으로써 구체적 측정방법을 제시하지 않았다. 그러나 현실적으로 많은 학자와 국가들이 국가 기술능력의 여러 측면을 나타내는 다양한 지표를 개발하여 개별국가의 기술능력을 측정한다(Lall, 2000a ; Lall, 1990 ; Evenson and Westphal, 1994 ; Costa and Queiroz, 2000 ; NSF, 2000 ; OECD, 2000 ; 과학기술부, 2000).

랄(Lall, 2000a, 1990)은 국가 기술능력을 나타내는 직·간접적 지표로 기술수준별 수출실적지표, 인적자원 개발지표(초·중등 및 고등교육기관 등록비율, 문맹률, 고등교육기관의 기술영역별 학생 수 등), 연구개발 투자지표(GDP 대비 연구개발투자비 비율, 1인당 연구비 등) 그리고 연구인력 관련지표(인구 1백만 명당 연구개발 담당과학자 및 공학자 수, 인구 1백만 명당 연구개발 참여기술자 수) 등을 사용한다.

이벤슨과 웨스트팔(Evenson and Westphal, 1994)은 국가 기술능력의 특징적인 여러 측면들을 나타내는 기술발전지표(*Indicators of Technological Development*)로 연구개발집약도(공·사부문의 국내총생산 대비 연구개발 투자, GDP 대비 과학에 대한 투자 등), 과학자 및 공학자 집약도(GDP 대비 과학자·공학자의 수), 발명집약도(연구개발 활동에 종사하는 연구원 1인당 특허수, 국내특허 중 외국인 특허등록 비율, 내국인의 해외특허 등록 비중 등) 그리고 지적재산권 지표(지적재산권에 대한 법률적 보호강도를 나타내는 질적 지표, 국내 특허등록에 대한 권리보장 강도) 등을 제시한다.

코스타와 퀘이로즈(Costa and Queiroz, 2000)는 기업 혹은 산업부문별 기술능력을 나타내는 합성지표를 구성하고 세부지표로 '조직화·자동화지표', '점증·급진 변화지표', '체계적인 노력지표' 그리고

'생산체인 · 과학기술시스템 연계지표' 등을 제시한 바 있다.

한편 미국의 국립과학재단(*National Science Foundation*, NSF)은 매년 "과학과 공학지표"(*Science and Engineering Indicators*)를 발간하여 교육수준별 부문별 연구인력 및 정부와 민간의 연구비투자 등 투입지표 중심으로 자국뿐만 아니라 주요 기술선진국의 기술능력을 정리 · 발간한다.

경제개발협력기구(*Organization for Economic Development and Cooperation*, OECD)도 해마다 "주요 과학 · 기술지표"(*Main Science and Technology Indicators*)를 발간하여 회원국의 기술능력을 연구비, 연구인력 등의 투입지표와 특허출원 및 등록 등의 산출지표를 중심으로 발표한다.

한국도 과학기술부가 1986년부터 매년 "과학기술 활동조사 보고"를 발간하여 연구비, 연구인력 등 투입지표뿐만 아니라 특허출원 및 등록 등 산출지표를 사용해 한국의 기술능력 수준을 광범위하게 조사 · 발표한다.

이 연구에서는 국가단위의 기술능력을 측정하는 지표로 일반적으로 사용되는 연구개발비와 연구원 수와 관련한 투입지표와 특허등록과 관련한 산출지표를 선정해 국가 기술능력을 측정하고자 한다. 물론 이 지표들이 국가수준의 생산, 투자, 혁신능력을 정확하게 대표할 수 없지만, 기술과 지식이 산업생산의 핵심적 요소로 등장한 지식기반 사회에 국가수준의 연구개발투자와 연구인력 그리고 특허등록 수준은 해당국가 기업 및 산업의 생산, 투자 그리고 혁신능력 즉 기술능력의 근간이 됨에는 틀림없다.

우선 연구개발투자 관련 투입지표로는 총연구개발비, 정부부문과 민간부문의 연구개발투자, GDP 대비 총연구개발비의 비율, 연구원 1인당연구비 등과 같은 지표를 사용한다. 둘째, 연구원 수와 관련한 투입지표로는 총 연구원 수 및 인구 1만 명당 연구원 수 등의 지표를 사용한다. 마지막으로 특허등록 관련 산출지표로는 한국 내 총특허 등록 건수, 한국인의 국내 특허등록 건수 및 비율 그리고 주요 기술 선진국인 미국과 일본의 한국 내 특허등록 건수 및 비율 등을 지표로 사용한다.

그리고 한국의 기술능력의 수준을 직접적으로 나타내는 것은 아니지만 한국의 기술도입 현황파악을 통해 국가 기술능력을 간접적으로 추정할 수 있는 '기술라이센싱도입 건수' 및 '외국인 직접투자규모' 등의 지표를 한국의 기술능력을 측정하는 데 보조적으로 사용한다.

### 2) 한국의 기술정책 변화의 분석틀

국가 기술능력 발전을 위한 정책개입의 방식은 국가 기술능력이 발전함에 따라 시계열적으로 상이한 형태로 변화하는 바, 상기의 기술정책 개입방식을 토대로 기술정책의 변화과정을 〈그림 7-1〉의 네 가지의 형태의 정책개입 유형의 시계열적 변화로 파악할 수 있다.

즉, 기술수요-기술공급을 한 축으로 하고 임무지향-확산지향을 다른 축으로 하여 설정한 기술정책개입 유형화 준거틀을 통해서, 한국의 기술정책 개입방식의 변화를 보다 명확하게 파악할 수 있을 것이다. 비록 특정시기 한국의 기술정책 개입이 모두 일관되게 특정유형으로 분류될 수는 없겠지만 해당시기 한국 기술정책의 일반적 내용과 방식에 대한 정성적 판단을 통해 가장 많은 비중을 차지하는 개입유형을 중심으로 해당시기의 기술정책의 유형을 분류할 수 있다.

〈그림 7-1〉상의 각 정책유형별 특징을 살펴보면, 첫째, 기술수요 창출-확산지향적 기술정책(A)은 국가의 기술기반이 미미한 상태에서 정부가 수입대체 산업화 혹은 경공업중심의 수출촉진정책을 추진하고

〈그림 7-1〉 기술정책의 유형 및 한국의 기술정책의 시계열적 변화

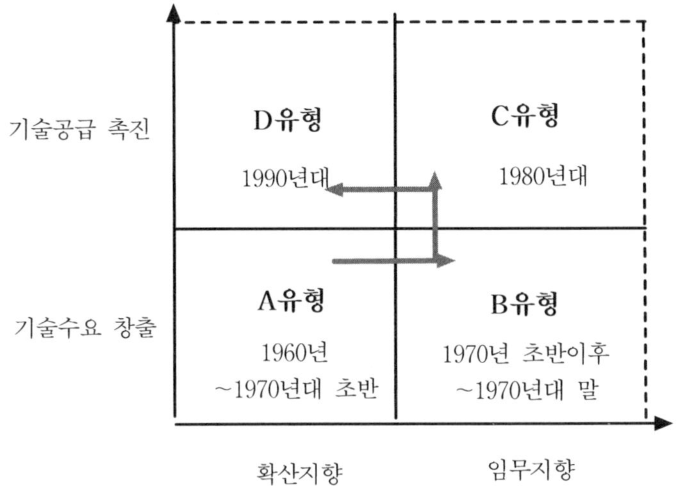


이로 인해 점증하는 산업계의 성숙기기술에 대한 수요를 외국기술의 모방, 역엔지니어링 등 비공식적 기술이전을 통해 달성하도록 정부가 관련부처, 협회, 정부 출연연구기관 등을 설립·지원하는 방식이다. 한국의 1960년에서 1970년 초반의 기술정책이 여기에 해당된다.

둘째, 기술수요 창출-임무지향적 기술정책(B)은 외국의 성숙기기술의 모방·흡수로 축적된 기술능력을 기반으로, 정부가 특정목표산업을 설정하고 동 산업발전을 적극 추진하는 과정에서 발생하는 기술수요를 충족시키기 위해 해당 기술분야에 대한 국가 연구개발 활동 집중지원, 관련 해외기술 도입의 허용, 관련 인력양성 등의 정책을 추진하는 형태의 정책개입 유형을 말한다. 한국의 1970년대 초반 이후부터 1970년대 말까지의 기술정책이 여기에 해당된다.

셋째, 기술공급 촉진-임무지향적 기술정책(C)은 기술우위의 산업발전의 기조하에, 정부 스스로 연구개발사업을 추진하거나 혹은 민

간의 자체 기술개발 노력의 촉진을 지원하되, 대상기술을 미래의 산업에 중요한 영향을 미치는 핵심기술로 집중하고 소수의 대기업중심으로 민간의 기술능력 발전을 유도하는 형태의 정책개입 유형이다. 한국의 1980년대의 기술정책이 여기에 해당된다.

넷째, 기술공급 촉진-확산지향적 기술정책(D)은 산업발전의 주요원천으로서의 기술의 중요성에 대한 인식을 기초로, 정부가 다양한 국가연구개발사업을 직접 추진할 뿐만 아니라 대학 등의 연구개발 활동에 대한 지원과 산·학·연의 협동연구 및 네트워크 강화를 통한 다양한 원천기술의 개발과 사회·경제적 확산에 초점을 맞추는 형태의 정책개입 유형이다. 한국의 1990년대의 기술정책이 여기에 해당된다.

### 3) 기술정책 유형변화와 기술능력 발전단계

한국의 산업발전 연구에서 기술정책은 그동안 크게 주목받지 못했던 것이 사실이다. 하지만, 기술정책은 한국의 산업화 초기부터 시작해서 그후 일련의 산업발전 과정에서 중요한 역할을 수행하였다. 한국의 기업들이 짧은 기간 내에 기술능력을 축적할 수 있었던 것은 한국정부의 강력한 국가 기술능력 발전정책의 추진과 기업들의 적극적인 노력이 결합한 결과이다. 한국에서 산업발전 단계별로 그에 적합한 기술정책의 형성과 추진은 기술능력 발전과정에서 일부 실수를 낳기도 했지만 상당히 효과적이었던 것으로 인정받는다(Lee, Won-Young and Teubal, 2000).

한편 한국의 기술능력 발전단계[2]을 주요 기술능력 지표와 정부의

2) 안문석(1993)은 한국의 과학기술행정을 1950년대와 1960년대의 태동기, 1960년대의 기반조성기, 1970년대의 과학기술의 정착기 그리고 1980년대의 발전기로 나눈다. 과학기술처(1997)는 한국의 과학기술정책 및 기술능력의 발전단계를 과학기술처 출범원년인 1967년부터 1979년까지를 '과학기

기술정책의 변화과정을 기준으로 모방단계, 내재화단계, 그리고 혁신진입단계로 나누고, 각 단계의 기술정책의 변화와 기술능력의 발전과정을 분석할 수도 있다. 국가 기술능력 발전추이와 기술정책의 변화를 기준으로 한 한국의 기술능력 발전단계 구분은 확고한 기준이 없기 때문에 그 자체가 어떤 의미와 가치를 가진다고 볼 수는 없지만, 한국의 기술정책의 구체적 변화과정과 기술능력 발전의 내부 동학을 밝히는 데는 유용하다.

이 연구에서는 한국의 기술능력 발전의 첫 번째 단계인 모방단계를 제 1차 경제개발 5개년계획이 시작된 1962년부터 1979년까지로 설정한다. 그리고 1980년대를 내재화단계로, 1990년대를 혁신진입단계로 설정한다.

1980년을 모방에서 내재화단계로 변화하는 시점으로 설정하는 이유는 1980년대 들어 한국기업과 정부의 기술전략에 이전 시기와 다른 급격한 변화가 일어나기 시작했기 때문이다. 뿐만 아니라 〈표 7-2〉가

---

술처의 출범과 정책의 전개'시기로, 1980년부터 1989년까지를 '기술우위정책의 전개와 첨단기술에의 도전'시기로 그리고 1990년과 그 이후를 '과학기술의 세계화와 기술혁신' 시기로 본다. Lee and Teubal (2000) 도 한국의 국가 기술능력 발전단계를 1960년대와 1970년대를 모방단계, 1980년대를 내재화단계 그리고 1990년대를 창출단계로 나눈다. 반면, Lee, Jinju et al. (1988) 은 산업발전에 따른 개발도상국의 국가 기술능력 발전단계를 모방단계, 내재화단계 그리고 창출단계로 나누어 고찰하였다. 그는 모방단계를 외국기술의 모방이 기술능력 획득의 주요한 원천인 시기로, 내재화단계를 현지의 엔지니어들이 자체 노력으로 외국기술로 생산된 것보다 우수한 플랜트구축이나 제품생산을 시작하는 시기로 그리고 마지막으로 창출단계를 해당국가가 시장-주도적 제품이나 국가적 핵심기술을 도입하는 시기로 각각 구분한다. 다른 한편 김과 달만(Kim and Dahlman, 1992) 은 개발도상국의 기술진화 경로를 숙련단계(*mature stage*), 공고화단계(*consolidation stage*) 그리고 창출단계(*emergence stage*) 로 구분한다.

〈표 7-2〉 국가 기술능력 지표를 통해 본 한국의 기술능력 발전

| 구 분 | 1965 | 1970 | 1975 | 1980 | 1985 | 1990 | 1995 | 1999 |
|---|---|---|---|---|---|---|---|---|
| 총 R&D투자 (1억 원) | 20 | 105 | 427 | 2, 117 | 11, 552 | 33, 499 | 94, 406 | 119, 218 |
| 민간R&D투자 (1억 원) | 2 | 30 | 142 | 1024 | 9, 303 | 26, 989 | 76, 598 | 87, 117 |
| 민간 R&D투자 비율(%) | 10. 07 | 28. 66 | 33. 30 | 48. 39 | 80. 53 | 80. 57 | 81. 14 | 73. 07 |
| 총 R&D 투자/ GDP(%) | 0. 26 | 0. 39 | 0. 42 | 0. 56 | 1. 42 | 1. 87 | 2. 50 | 2. 46 |
| 총 연구원 수 | 2, 135 | 5, 337 | 10, 275 | 18, 434 | 41, 473 | 70, 703 | 128, 315 | 134, 568 |
| 인구 만 명당 연구원 수 | — | 1. 75 | 2. 91 | 4. 80 | 10. 10 | 16. 40 | 28. 50 | 28. 70 |
| 연구원 1인당 연구비(천 원) | 767 | 1, 976 | 4, 152 | 11, 486 | 27, 853 | 47, 514 | 73, 573 | 88, 593 |
| 기업체 R&D 활동기관수 | — | 0 | 12 | 54 | 183 | 966 | 2, 270 | 2, 605 |
| FDI 총액(백만 $) | | 66 | 63 | 131 | 225 | 893 | 1, 362 | 10, 597 |
| 기술도입 건수 | 4 | 92 | 99 | 222 | 454 | 738 | 236 | 83 |
| 기술도입비용 (백만 $) | — | — | 27 | 107 | 296 | 1, 087 | 1, 947 | 2, 686 |
| 특허등록 건수 | 288 | 266 | 442 | 1, 682 | 2, 268 | 7, 762 | 12, 512 | 62, 635 |
| 외국인 특허등록 건수 | 113 | 76 | 230 | 1, 446 | 1, 919 | 5, 208 | 5, 937 | 19, 321 |
| 외국인 특허등록 비율(%) | 39 | 29 | 52 | 86 | 85 | 67 | 47 | 31 |

자료: 과학기술부, 《과학기술연감》, 《과학기술활동조사보고》 각 연도 ; 재무부 · 한국산업은행, 《한국외자도입 30년사》 ; 산업자원부, "외국인 직접투자 현황" 각 연도 ; 특허청, 《특허연보》, 각 연도.

보여주듯이 1980년에서 1985년 사이에 1970년대와 다른 국가 기술능력 지표의 극적인 증가가 나타난다. 가장 중요한 변화 중 하나가 1980년의 민간기업의 R&D투자가 1,024억 원이었는데 1985년에 들어서는 9,303억 원으로 국가 전체 R&D투자액의 80.53%로 급증했을 뿐만 아니라 기업체의 연구개발기관이 54개에서 183개로 급증하였다. 그리고 이 시기에 기업체들이 기존의 주문생산(OEM) 전략에서 일부 선두기업들을 중심으로 해 자기상표 생산(*Own Brand Manufacture*, OBM) 전략으로 본격적인 전환을 하였다. 현대자동차가 1975년 포니라는 자기상표 자동차를 최초로 생산한 이래, 1976년 LG전자(주)의 칼라TV 그리고 1978년 삼성의 마이크로웨이브 오븐 생산을 거치면서 1980년대 한국의 주요기업들이 본격적으로 자기상표가 붙은 제품을 생산하기 시작한 것이다.

그리고 1980년대 들어, 한국의 국가간 기술이전 정책과 추세에도 상당한 변화가 일어났다. 즉 1970년대 후반부터 시작해 1980년대 초반부터 본격적으로, 한국으로의 기술이전 방법이 기존의 역엔지니어링, 모방학습 등의 비공식적 기술이전 방법에서 기술라이센싱과 일부산업의 외국인 직접투자 등 공식적 기술이전 방법으로 중심이 전환하기 시작한 것이다(〈표 7-5〉 참조). 특히 이 시기 기술도입 건수는 1970년대와 구별되는 폭발적 증가세를 보인다. 그리고 외국인 직접투자 총액도 1975년에 6천 3백만 달러였던 것이 1980년 1억 3천 1백만 달러, 1985년 2억 2천 5백만 달러로 급증하는 등 1970년대와 다른 양상으로 증가하였다. 뿐만 아니라 1980년대에 이르러 한국 내 총 특허등록 중 내국인의 특허등록 비율이 감소세에서 증가세로 전환하여 점차 증가하기 시작했다.

그리고 1990년을 내재화단계에서 혁신진입단계로의 전환기로 설정한 이유는 1990년대 들어 한국 내 총 특허등록 중 내국인의 특허등록 비율이 급격히 상승하기 시작해 50%대 이상을 훌쩍 넘어섰을 뿐만 아니라 GDP 대비 R&D투자가 1990년의 1.87%를 시작으로 2%대로 진입함으로써 기술선진국 수준에 진입하는 등 국가 기술능력에 관한 투입 및 산출지표 모두에서 새로운 양상이 전개되었기 때문이다. 뿐만 아니라 1990년대는 한국의 기업들이 외국기술에 대한 종속전략에서 방어적 공격적 전략으로 변환한 시기이다(Lee, Won-Young and Teubal, 2000). 예를 들어, 삼성이 1989년에 세계적으로 선두그룹인 미국·일본과 거의 같은 시기에 4메가D램 반도체를 개발한 이래 한국이 1991년 대형컴퓨터 분야에서 독자모델을 생산할 수 있게 된 것을 들 수 있다.

뿐만 아니라 1990년 들어 한국 내 기업 R&D기관이 급증했는데, 1985년 183개이던 기업연구소가 1990년 966개 그리고 1995년 2,270개로 급증하였다. 이는 민주화과정을 거치면서 그 동안 억제되었던 한국의 임금수준이 1988년에서 1990년까지 연평균 17.7%씩 증가함에 따라, 한국기업들은 더 이상 값싼 임금에 기반한 가격경쟁력을 유지할 수 없게 되자 기업경쟁력의 원천으로서 기술의 중요성을 새롭게 인식한 결과이다. 그런데 1990년 이후를 혁신단계라 하지 않고 혁신진입 단계라고 하는 것은 한국 산업생산의 기술원천이 전적으로 자신의 기술혁신에 의존하지 않고 아직 상당부분을 외국의 기술원천에 의존하기 때문이다. 그리고 이 시기 한국의 해외기술 원천관련 지표에도 큰 변화가 일어나는데 기술도입 건수가 급속히 감소하는 반면, 외국인 직접투자가 현저하게 증가하였다.

이상의 국가 기술능력 발전단계 논의를 한국의 기술정책 유형의 변화와 결합하여 정리하면 〈표 7-3〉의 '한국의 기술정책 및 국가 기술능력의 발전단계'로 나타낼 수 있다.

〈표 7-3〉 한국의 기술정책 및 국가 기술능력 발전단계

| 기 간 | 기술정책 유형 | 국가 기술능력 발전단계 |
|---|---|---|
| 1962~1970년대 전반 | 기술수요창출 · 확산지향적 | 모방단계 |
| 1970년대 후반 | 기술수요창출 · 임무지향적 | |
| 1980년대 | 기술공급촉진 · 임무지향적 | 내재화단계 |
| 1990년대 | 기술공급촉진 · 확산지향적 | 혁신진입단계 |

## 3. 모방단계의 한국의 기술정책 변화와 국가 기술능력 발전

### 1) 모방단계의 한국의 기술정책 변화

한국은 경제발전 초기 수입대체 산업화와 수출지향적 산업화를 동시에 추진하였다. 이러한 과정에서 제1·2차 경제개발계획은 경공업 중심의 수출지향적 산업화에 집중하였다. 당시 한국은 수출지향적 산업화에 필요한 기술을 확보하기 위해 경제발전 초기부터 과학기술 전담부처를 설립하고 과학기술 관련협회, 한국과학기술연구소, 과학기술 정보담당 기관을 설치했을 뿐만 아니라 기업의 기술수요를 지원하는 신용할당정책을 추진하였다. 1960년대와 1970년대 초반에 한국의 이러한 전반적 기술정책 기조는 기술수요 창출-확산지향적 성격[3]이 강한 것이라 할 수 있다. 즉, 당시 한국정부는 수출지향적 산업화를 통해 인위적으로 기술수요를 창출·증가시키면서도 외국인 직접투자와 기술라이센싱 등 공식적인 국가간 기술이전 채널을 제한하고 기업들 스스로 선진국의 성숙기기술을 모방·흡수하여 기술능력을 발전시키도록 하였을 뿐만 아니라, 정부가 기업들의 기술능력 발전을 적극적으로 지원하였다.

그리고 1970년대 초반 이후, 한국정부는 중화학중심의 산업화정책을 추진하면서 일부 목표산업을 중심으로 대기업주도의 산업화에 나섰다. 이러한 중화학중심의 산업화시기 한국정부의 기술정책은 기술수요 증가상황을 인위적으로 창출하면서도 기술능력 확보 필요영역과

---

3) 한국과학기술연구소의 설치는 1960년대 말과 1970년대 초의 과학기술정책의 성격을 '수요주도 기술개발과 간접적 정부지원정책'으로 특징짓도록 한 것이었다(안문석, 1993).

수준을 분명히 제시하는 기술 수요창출 임무지향적 성격을 가진 것이었다. 이 시기에 한국정부는 중화학산업의 기술능력 확보가 단지 모방·흡수를 통해서 달성될 수 없음을 알고 동 영역기업의 기술수요를 지원하기 위해 기업의 연구개발 활동을 직접 지원하였을 뿐만 아니라 기술라이센싱을 개방하고 목표산업에 대한 외국인 직접투자도 기술도입의 목적에 부합하는 범위 내에서 선택적으로 자유화하였다.

그럼 기술능력 단계를 모방기로 정의한 1960년대와 1970년대의 한국의 다양한 세부 기술정책들을 우선 기술공급정책을 중심으로 살펴보자. 제 1차 경제개발 5개년계획 기간중인 1965년 한국의 총 R&D 투자는 20억 원 정도에 불과했으며 산업계와 대학의 연구개발 활동은 거의 전무한 상태였다. 다만 시험·검사기능을 주로 수행하는 공공연구기관이 소규모 R&D프로젝트를 수행하는 것이 전부였다. 1차 경제발전 계획기간을 끝낸 한국정부는 산업발전을 위해서는 외국기술을 실행하고 소화할 기술인력과 연구능력의 확보가 필요함을 깨닫기에 이르렀다. 그리고 집권의 정당성확보를 경제발전에 두었던 박정희 대통령이 1960년대와 1970년에 걸쳐 과학기술 기반구축이 산업발전의 근간이라는 인식하에 동 기반구축사업을 직접 주도하고 감독하였다. 그 예로 1966년 한국 최초의 종합연구기관인 한국과학기술연구소(*Korea Institute of Science and Technology*, KIST)를 미국의 지원하에 설립하였는데, 이는 당시 한국 과학기술계 및 산업계에 기술개발의 분위기를 심었고 해외 고급두뇌를 유치할 수 있는 계기를 마련하였다. 당시 한국과학기술연구소는 기업들의 외국기술의 선택·도입·소화의 지원에 초점을 두었으며, 다른 한편으로 한국 과학기술 발전의 지도적 역할을 수행하였다.

그리고 1967년 과학기술처가 경제기획원 기술관리국에서 분리되어 별도의 정부부처로 설립되어, 과학기술에 관한 종합적인 기본정책과

계획의 수립, 정부 R&D활동의 조정, 시험조사연구시설 운영 및 관련업무의 통합조정, 연구개발에 대한 국제적 협력 그리고 원자력 연구개발과 활용방안의 수립 및 집행 등을 담당하였다. 그후 과학기술처의 과학기술 기반구축작업은 1970년대 들어서도 계속되었다.

1972년 기술개발촉진법을 제정하여 기술개발준비금[4] 적립제도를 설치하였을 뿐만 아니라 연구결과 기업화관련 투자에 금융·세제상의 혜택을 부여함으로써 민간의 연구개발 능력을 높이고자 하였다. 그리고 1973년에 제정된 기술용역육성법[5] 또한 국가 연구개발 용역업무를 국내 용역업자에게 우선 의뢰토록 함으로써 민간의 연구개발 능력향상을 꾀하였다.

이와 함께 한국정부는 이공계분야의 우수한 석·박사 연구요원 양성을 위해 1971년 과학기술처 산하에 대학원과정인 한국과학원(*Korea Advanced Institute of Science*, KAIS)을 만들어 군면제, 장학금지급, 기숙사제공과 같은 다양한 혜택을 제공하여 우수한 과학기술 인재를 유치하고 교육시키고자 했으며, 외국에 있는 한국인 과학자들에게 각종 금융혜택을 제공하여 적극적으로 유치하는 역할도 수행케 하였다. 한국정부는 1973년에서 1980년까지 한국과학원의 정원을 26,000명에서 58,000명으로 증원하는 등 고급 과학기술 인력육성에 주력하였을 뿐

4) 기술개발준비금 적립제도란 기업들이 이익금의 일부를 비축, 기술·인력개발을 위해 4년 이내의 경비로 사용하도록 하여 간접적으로 기업의 기술개발투자를 유인하는 제도이다.

5) 기술용역육성법은 도입기술의 기업화단계에서 설비의 설치나 시험운용, 플랜트건설 등에 대한 국내 기술인력의 참여와 경험축적을 통해 도입기술의 신속한 소화·흡수를 촉진시키는 것을 목적으로 한다. 1977년에는 조세지원사항을 신설·추가하여 기술용역업을 영위하는 내국인에게 사업개시 후 5년간 당해사업에서 발생하는 소득세와 법인세를 50% 감면하는 포괄적 조세혜택을 부여하였다(송재복, 2000).

만 아니라, 기술고등학교와 기술전문대학을 이 기간 동안 각각 2배와 5배 증가하는 등 유능한 기술기능인력의 양성도 게을러 하지 않았다.

그리고 한국정부의 지원을 받는 많은 전문 정부출연 연구기관(*Government-funded Research Institutes*, GRIs)들이 기계·화학·전자분야 등 핵심 중화학산업분야를 중심으로 설립되었는데, 이 기관들은 1974년 제정된 특정연구기관육성법에 따라 법인세, 등록세, 재산세, 취득세, 물품세의 면세혜택을 받았다. 즉 한국정부는 중화학전략 산업분야의 전문적 기술수요를 충족시키고자 정부출연 연구기관을 설립하여 중화학공업 육성에 필요한 기술을 적극적으로 지원했던 것이다. 정부출연 연구기관들은 특히 산업계의 해외도입기술의 흡수와 도입이 여의치 않은 기술의 자체개발을 지원하기 위해서 광범위한 개량·응용연구를 수행하였다. 1980년대 초 정부출연 연구기관 통폐합 전까지 특정연구기관이 총 12개가 설립되었다. 이 기관들은 기초연구나 일반적인 과학연구가 아니라 1970년대 한국이 중화학전략 산업중심의 산업화를 추진하는 과정에 민간의 부족한 기술능력을 보충하고 민간기업들이 필요로 하는 산업기술의 개발과 공급에 주력하였다. 이들 정부출연 연구기관들의 연구영역은 전기·전자·기계·조선·화학 등 주요 중화학공업분야와 에너지, 표준 등 간접적 분야에 집중되었다. 그리고 당시 한국의 정부출연 연구기관들이 민간기업의 기술수요와 긴밀한 연계하에 운영하도록 '계약연구제도'[6]와 같은 제도적 장치가 마련되기도 하였다. 이와 같은 내용을 볼 때, 1960년대와 1970년대

6) 당시 한국의 출연연구기관들은 계약연구제도를 도입함으로써 무엇을 연구해야 할 것인가를 결정해야 하는 어려운 문제를 해결할 수 있었고, 연구소의 투자우선 순위결정이라는 어려운 일을 쉽게 해결할 수 있었다. 결국 계약연구제도는 기술개발에 있어서 (간접적인) 민간주도의 기술개발전략의 일환으로 추진된 것이다(안문석, 1993).

의 한국의 정부출연 연구기관은 기술공급의 중심기관이라기보다는 민간의 기술수요의 보조기관의 성격이 강했다.

사실 외국 선진기술의 모방단계에서 기술공급정책은 민간부문의 연구개발 수요가 크지 않았기 때문에 그 영향이 크지 않다. 하지만 한국정부는 1970년에 국가 R&D투자의 72%, 1975년에 67%를 투자하는 등 모방단계의 국가 연구개발투자의 대부분을 담당하면서 기술공급정책을 계속하였다. 그리고 과학·기술투자에 대해 강력한 신념을 가졌던 박정희 대통령은 정부출연 연구기관들에게 정부 연구개발투자의 대부분을 할당하면서도 단기적 성과를 재촉하지 않는 정책태도를 견지함으로써 정부출연 연구기관의 안정적 연구를 보장하였다. 이 시기 정부출연(연)의 가장 큰 공헌은 외국기술의 소화·흡수를 위한 과학기술 인력풀의 제공과 민간영역을 위한 계약연구의 수행이었다. 그리고 한국의 정부출연 연구기관은 외국에 있는 우수한 한국계 과학기술자들을 국내로 유치하는 기능을 수행하여 이들이 한국의 중화학산업 및 첨단산업 발전에 중추적 역할을 수행하는 계기를 마련하였다. 하지만 한국정부의 기술공급정책의 강력한 추진에도 불구하고 모방단계에서 기술공급정책이 한국의 기술능력 발전에 중요한 역할을 했다고는 할 수 없을 것이다(김영우 외, 1997).

둘째, 모방단계의 한국의 기술수요정책을 살펴보면, 이 정책은 한국기업의 기술발전의 방향과 속도에 기여한 바가 크다. 기술수요정책의 여러 측면 중 국가 기술능력 발전의 맥락에서 주목해야 할 것은 목표산업의 설정과 전략적 집중이었다. 한국정부는 이 정책을 추진하면서 기업들에게 선택적 신용제공과 보호 및 특정산업에 대한 진입제한, 산업용지 저가제공, 독점규제 완화 등의 조치와 함께 수출증진을 위한 각종 지원을 제공하였다.

한국은 1960년대에는 기술능력을 갖추었거나 쉽게 획득할 수 있는 섬유·가발·합판 등 노동집약적 산업부문의 수출에 집중하다가 1970년대 들어 대통령의 강력한 리더십하에 아직 기술능력을 충분히 갖추지 못한 중화학산업의 선택적 육성에 나서는 단계적 전략을 구사하였다. 1970년대 들어 한국이 철강, 금속, 기계, 전자, 조선, 석유화학 등의 6개 산업을 전략산업으로 지정하고 본격적으로 중화학산업화로 나아갔는데, 이와 같은 특정 중점대상산업의 설정이유는 주로 생산성향상이다.

한국의 중화학 목표산업분야에 대한 전략적 육성정책은 한국의 기술능력 향상에 중요하게 기여하였다(Lee, Won-Young, 2000). 한국의 중화학분야 전략산업 육성정책은 2가지 측면에서 기술학습과 기술능력 향상에 기여한 바가 큰데, 하나는 외국구매자나 공급자 등과의 상호작용을 통해 외국기술을 흡수할 기회를 가진 것을 들 수 있다. 당시의 한국 수출기업의 기술원천을 살펴보면, 고용자 해외훈련 파견, 부품이나 연료공급 측의 기술지원 그리고 제품구매자의 기술지원 등 통상 관련행위가 기술이전[7]의 중요한 수단이 되었다. 어떤 제품의 경우, 통상관련 접촉이 외국 기술이전 원천의 95%를 차지하기도 하였다(Westphal, Lee, and Pursell, 1981). 그리고 다른 하나는 생산의 증가가 기술학습 특히 실행에 의한 학습(*learning by doing*)의 기회를 제공하였다는 점이다. 기업들의 대규모 생산활동을 통해 외국기술을 모방·흡수하는 기회를 획득한 것이다.

그리고 한국의 모방단계의 기술수요정책이 국가 기술능력 발전에 미친 영향을 분석함에 있어서 꼭 고려해야 할 사항 중 하나는 한국

7) 이진주(2001)는 개발도상국의 기술발전단계를 도입단계, 내재화단계, 창출단계로 구분하면서, 이 단계의 전반기에 있는 국가는 비공식적 기술이전 수단, 즉 하부계약, 자본재의 구입 그리고 모방 등을 통해 외국의 선진기술을 획득한다고 한다.

정부가 수출증가를 위해 자본과 기술이 집약된 재벌을 육성하는 전략을 선택하였다는 점이다. 한국은 기술력과 자본이 부족한 상황에서 중화학공업 중심의 산업화로 이전하기 위하여 재정·금융지원과 특혜를 제공하면서 재벌을 육성하여, 재벌들로 하여금 복잡한 기술을 요하는 산업에 진출하여 기술흡수비용과 위험부담을 담당하고 세계적 규모의 연구개발 투자를 단행하여 해당산업의 기술능력을 내재화하도록 유도하였다(Lall, 1996).

사실 한국의 중화학 산업화정책에 대해서는 여러 가지 평가가 교차한다. 1970년에 한국 내에서 많은 경제학자들이 이 정책이 시장기제를 왜곡할 것이라며 비판한 바 있다. 그들은 부족한 자원을 일부에 과잉투자할 것이라고 비판하였는데, 사실 1970년대 후반 중화학 산업분야의 가동률이 70%이하로 떨어지는 등 여러 가지 부작용을 낳기도 하였다. 하지만 1980년대 들어 대규모 수출증가시기에 과잉투자 문제가 극복되었다.

셋째, 모방단계의 기술공급정책 중 특히, 국가간 기술이전에 대한 한국정부의 정책을 개략적으로 살펴보자. 한국의 경우, 외국인 직접투자나 기술라이센싱이 국가간 기술이전의 주요한 채널이라는 인식은 산업화의 초기단계에 이미 가지고 있었다. 따라서 한국정부는 산업화 초기에 이미 외국기술 도입을 위해 외자유치법, 외환관리법, 수출자유지역 형성에 관한 법, 과학기술진흥법 등 4개 법률을 제정·시행하였다. 이 중 특히 외자유치법은 외국자본과 기술을 유치하는 중요한 정책수단으로서 수입기술에 대한 기준설정, 우선순위와 절차규정 그리고 외국기술의 공급자에 대한 여러 가지 금융적·행정적 유인을 규정한다.

그러나 한국은 기본적으로 외국기업의 국내진출에 대해 제한적이고 선택적으로 허용하는 정책을 폈다. 왜냐하면 일본 식민지경험으로 외국인의 국내기업 소유에 대한 부정적 인식이 사회에 만연했기 때문이다. 이러한 맥락에서 외자도입법을 통한 외국인 직접투자에 대한 법적 규제가 시행되었다. 한국정부는 일본과의 국교가 정상화된 뒤에도 1984년까지 외국인 직접투자에 대한 규제를 계속하였다. 그리고 한국정부는 외국인 투자기업이 완전한 소유권을 갖는 것보다는 합작투자를 선호하였다. 뿐만 아니라 한국정부는 수시로 '바람직하지 않은' 투자에 대한 임의의 거부권한을 행사하고 외국인 직접투자 기업에게 국내 부품사용이나 수출할당 등의 의무를 부과하였다.

이에 반해 기술라이센싱에 대한 정책은 약간은 관대한 편이었다. 기술라이센싱은 한국정부로부터 허락을 받도록 규정되었는데 허가기준이 과도하지는 않았다. 하지만 한국정부는 기술도입에 관한 우선적인 지침을 도입, 수출시장 확대를 가져오는 기술, 제조업 및 자본재 산업의 새로운 공정개발과 관련한 기술, 시간과 비용 측면에서 한국 내에서 발전시킬 수 있는 기술, 파급효과가 비용절감과 생산성증가로 연결될 수 있는 기술의 순서로 기술도입을 승인해주는 등 상당한 제한을 가하였다(송재복, 2000 ; Enos and Park, 1988).

이 시기 한국의 기술이전정책은 외국인 직접투자에 대한 집중적 억제, 기술라이센싱에 대한 선택적 억제로 대별되는 '묶음해제전략'(*unpackaging strategy*)[8] 이라고 할 수 있다. 묶음해제전략은 외국자본

8) 묶음해제전략의 채택여부 결정에 있어서는 두 가지의 중요한 고려사항이 있다. 첫째는 묶음해제 형태로 필요로 하는 기술을 도입할 수 있느냐 하는 것이고, 둘째는 현지국에서 묶음해제 형태로 기술을 소화·흡수할 수 있느냐 하는 것이다(UN, 1999). 환언하면, 기술을 이전하는 기업은 자신들의 영업이익의 핵심이 되는 신기술보다는 이미 지대를 충분히 확보한 성숙기 기술을 이전하고자 하기 때문에 신기술의 이전에는 묶음해제전략이 적절하지 않다. 또 현지국이 성숙기기술을 소화할 수 있는 인적 물적 토대를 갖추느냐가 동 전략채택의 관건일 뿐만 아니라 현지국의 이와 관련한 흡수능력 자체가 변화하기 때문에 이 전략은 시간의 변화에 따라 변화한다.

과 외국기술의 한국 내 도입과정이 외국인 직접투자로 하나의 묶음으로 들어오는 것이 아니라, 자본과 기술이 분리되어 도입되도록 유도해 기술도입 효과를 극대화시키는 전략을 말한다(Lee, 1989). 묶음해제전략은 당시 국제이자율이 높지 않았기 때문에 한국이 낮은 비용으로 외국기술을 도입하는 데 기여했을 뿐만 아니라, 도입기술에 대한 주도권을 한국 내 기업들이 가질 수 있게 하여 기술의 소화·흡수촉진에 기여한 바 크다. 한국정부의 외국인 직접투자와 기술라이센싱에 대한 모방단계 초기의 전반적 억제정책은 1960년대 당시 기술부재 상태에서 수출을 통한 외국기술 이전효과를 극대화시키려는 목적을 담고 있었던 바, 1960년대 초·중반 한국의 기술수요는 주로 외국설비 도입에 부수되는 설비체화기술의 도입에 의해 충당되었으며 한국정부의 지원은 이들 도입설비와 기술을 생산과정에 적용할 때 발생하는 생산현장의 문제를 해결하는 수준의 것이었다(송재복, 2000).

하지만, 외국인 직접투자에 대한 억제정책이 외국자본과 기술의 한국 내 이전을 심각하게 억제하는 결과를 초래하지는 않았다. 당시 외국인 직접투자자는 어느 정도 계속해서 존재했던 반면, 1960년대와 1970년대 한국 내에 외국인 직접투자를 수용할 기업들은 많지 않았다. 그리고 외국 기술공급자의 기술이전과정 통제 정도가 심할수록 기술이전 성과가 떨어진다는 가설(Yong, 1983)에 따르면 묶음해제전략은 기술이전 주체의 통제력을 떨어뜨려 기술이전의 성과를 향상시키는 성과가 있는 것이다.

1960년대 중반에서 1970년대 중반까지 한국으로의 기술이전은 자본재수입이나 비공식적 기술이전이 주가 되었고, 외국인 직접투자와 해외로부터의 기술라이센싱 도입 같은 공식적 기술이전은 작은 규모로 이루어졌다(송재복, 2000). 그러다가 1970년대 중반, 한국이 중화학산업 육성계획을 본격적으로 추진하면서 중화학산업 육성과 관련한 외국기술도입 기준을 완화하면서, 외국인 직접투자와 기술라이센싱 도입에 의한 기술이전을 촉진하게 된 것이다.[9] 그러나 1970년대 후반의 한국에 대한 기술이전의 내용을 보면, 주로 턴키 플랜트와 기계수입이 큰 역할을 했으며, 전자나 화학산업 같은 일부분야가 주로 외국인 직접투자를 통해 기술이전이 이루어졌으며, 조선기술·종합강철기술은 기술라이센싱뿐만 아니라 턴키방식 등이 함께 적용되었다(Westpal, 1985).

모방단계의 기술정책을 요약하면 첫째, 한국정부는 기술공급 측면에서는 과학기술처 설립, 기술개발촉진법, 기술용역육성법 등 각종 법률정비, 정부출연 연구기관 설치 등 각종 과학기술 기반구축에 주력하였다. 그리고 기술수요 측면의 정책인 수출주도산업화, 중화학공업중심 산업화정책의 추진을 통하여 자체 기술능력의 추적에 주력하였다. 이어 국가간 기술이전에 대한 한국정부의 정책은 모방과 역엔지니어링 등 비공식적 이전채널의 이용에 주력하다가 1970년대 초반 이후 중화학산업화를 추진하면서 기술라이센싱을 점차 자유화하고 목표산업을 중심으로 외국인 직접투자를 선택적으로 개방하는 등 공식적 기술이전 방법을 일부 채택하였다.

---

9) 기술도입의 자유화과정을 살펴보면, 1973년 3월 개정된 외자도입법에 의해 기술도입대가가 매출액 3% 이하, 계약기간 또는 대가지불기간이 3년 이하인 계약은 외자도입심의위원회의 의결 없이 경제기획원장관이 바로 인가할 수 있도록 하였다. 그리고 1978년 4월의 기술도입 자유화조치로 기계·조선·전기·전자·금속·화학 등의 주요 중화학 전략사업 분야에 대해 계약기간이 3년 이하이고 정액기술료가 10만 달러 이하인 경우 개별심사를 폐지하였다. 그후 1979년 4월의 기술도입 자유화조치에서는 자동인가대상을 원자력분야를 제외한 전 업종에 대해 계약기간 10년 이하이거나 경상기술료 10% 이하 혹은 정액기술료 100만 달러 이하인 경우로 확대하였다. 마침내 1984년에는 기술도입관련 개별심사사항을 완전히 폐지하고 인가제도를 신고제도로 전환하였다.

### 2) 모방단계에서 한국의 기술능력 발전

모방단계에서 한국의 기술능력 변화를 투입지표인 연구개발투자와 연구인력의 증가추이 그리고 산출지표인 한국 내 특허등록 추이변화를 중심으로 분석하고자 한다. 이중 특허등록은 '새로운 지식의 발전을 나타내는 지표'(*an indicator of the development of new knowledge*)의 성격이 강한 데 반해, 연구개발투자의 상당부분은 외국기술의 흡수와 관련한 활동을 나타내는 측면이 강하다(Verspagen, 2001). 그리고 연구인력 추이는 새로운 지식의 발전, 즉 '급진적 혁신'(*radical innovation*) 뿐만 아니라 기존 선진기술의 모방·흡수 및 개량과 관련한 '점진적 혁신'(*incremental innovation*) 양자의 근간이 되는 국가 기술능력 발전의 기본토대이다(〈표 7-4〉 참조).

첫째, 모방단계의 한국의 연구개발투자 추이를 살펴보면, GDP의 0.2%(1964년)에서 0.6%(1979년)까지 증가했으며, 1979년의 연구개발비 투자가 1964년 대비 약 127배가량 증가한 1,700여억 원으로 비약적으로 증가하였다. 그리고 모방단계의 한국의 연구개발투자가 국가주도로 수행되어 이 기간 동안 매년 국가전체 연구개발비 투자의 과반수 이상에서 대부분을 정부가 담당하였다. 하지만 민간의 연구개발투자의 경우, 전년대비 평균증가율이 평균 77%로 정부의 39%보다 훨씬 높게 나타난 점에서 모방단계에 한국정부뿐만 아니라 민간기업 스스로 외국기술의 모방과 흡수에 적극적이었음을 알 수 있다.

둘째, 연구인력의 추이변화를 살펴보면, 전체 연구인력 수를 나타내는 총 연구원 수가 1964년의 1,906명에서 1979년의 15,711명으로 8배 가량 증가하였다. 15년이라는 길지 않은 기간에 연구원 수의 비약적 증가는 한국정부의 고급 과학기술 인력육성을 위한 기반구축정책이 어느 정도 성공을 거두었음을 보여준다. 같은 기간 동안 총 연구원의 전년대비 증가율이 평균이 16%에 이를 뿐만 아니라 연구원 1인당 연구비가 1964년의 721,406원에서 1979년 11,077,525원으로 15배 가량이나 증가하였다. 즉 연구원 수의 양적 증가와 각 연구원의 1인당연구비의 증가가 겹쳐짐으로써, 한국은 같은 기간 동안 모방과 역엔지니어링을 통한 외국기술의 흡수로 일정수준의 자체 기술능력을 축적할 수 있었다.

셋째, 모방단계에서의 한국 내 특허등록 추이를 살펴보면, 한국인의 특허등록이 그다지 활발하지 않았음을 알 수 있다. 한국 내 총 특허등록 수가 연간 100여 건에서 400여 건 내외를 유지하다가 1979년에 와서 갑자기 1,419건으로 전년대비 332%로 급증하였다.

같은 기간의 외국인 전체의 한국 내 특허등록 현황을 보면, 1971년, 1972년 그리고 1973년의 한국의 심각한 정치·사회 혼란기를 제외하고는 점차 증가하는 추세였으며 1979년에는 한국 내 전체 특허등록의 82%를 차지하기에 이르렀다.

그 중 한국 내 외국인 특허등록 주요국가중의 하나인 일본의 특허등록 추이를 보면, 일본의 식민지로서 장기간 존속하였던 경험으로 인해 한국정부가 기술자립 확보차원에서 일본인의 한국 내 특허등록을 상당기간 제한하여, 1974년에야 일본인의 한국 내 특허등록이 시작되었고 한국이 중화학공업화에 박차를 가하던 1979년에 일본의 한국 내 특허등록의 41%를 차지하기에 이르렀다. 한편, 같은 기간 동안 미국인의 한국 내 특허등록은 대체적으로 연평균 22%를 유지했던 것으로 나타났다.

하지만 모방단계에서 한국의 기술능력 발전은 외국기술의 비공식적 이전을 통한 적극적 모방·흡수에 기인한 것이었고, 한국인 스스로 새로운 지식과 기술을 개발하거나 외국기술을 라이센싱이나 외국인 직접투자를 통해 도입한 결과가 아니라고 할 수 있다. 국가기술

〈표 7-4〉 모방단계의 한국의 기술능력 발전

(단위: 백만 원, %, 명)

| 투입 지표 기준 | 연구비 | | | | | 연구원 수 | |
|---|---|---|---|---|---|---|---|
| | 총연구 개발비 | 총 연구비 /GDP | 정부부담 연구비 (비율: %) | 민간부담 연구비 (비율: %) | 연구원1인 당연구비 (단위: 원) | 총 연구원 수 | 인구 만 명당 연구원수 |
| 1964 | 1, 375 | 0. 20 | 1, 326 (96. 4) | 49 (3. 56) | 721, 406 | 1, 906 | — |
| 1965 | 2, 065 | 0. 26 | 1, 857 (89. 93) | 208 (10. 07) | 967, 213 | 2, 135 | — |
| 1966 | 3, 164 | 0. 31 | 2, 843 (89. 85) | 321 (10. 15) | 1, 075, 825 | 2, 941 | — |
| 1967 | 4, 845 | 0. 39 | 4, 050 (83. 59) | 795 (16. 41) | 1, 487, 109 | 3, 258 | — |
| 1968 | 6, 687 | 0. 43 | 5, 695 (85. 17) | 992 (14. 83) | 1, 646, 639 | 4, 061 | — |
| 1969 | 9, 774 | 0. 48 | 7, 997 (81. 82) | 1, 777 (18. 18) | 1, 945, 462 | 5, 024 | — |
| 1970 | 10, 548 | 0. 39 | 7, 525 (71. 43) | 3, 023 (28. 66) | 1, 976, 391 | 5, 337 | 1. 75 |
| 1971 | 10, 667 | 0. 32 | 7, 286 (68. 30) | 3, 381 (31. 70) | 2, 005, 075 | 5, 320 | 1. 62 |
| 1972 | 12, 028 | 0. 29 | 7, 966 (66. 23) | 4, 062 (33. 77) | 2, 148, 241 | 5, 599 | 1. 67 |
| 1973 | 15, 628 | 0. 29 | 8, 271 (52. 92) | 7, 357 (47. 08) | 2, 576, 752 | 6, 065 | 1. 78 |
| 1974 | 38, 182 | 0. 50 | 25, 051 (65. 61) | 13, 131 (34. 39) | 5, 027, 255 | 7, 595 | 2. 19 |
| 1975 | 42, 664 | 0. 42 | 28, 459 (66. 70) | 14, 205 (33. 30) | 4, 152, 214 | 10, 275 | 2. 91 |
| 1976 | 60, 900 | 0. 44 | 39, 462 (64. 80) | 21, 438 (35, 20) | 5, 222, 537 | 11, 661 | 3. 30 |
| 1977 | 108, 286 | 0. 60 | 51, 706 (47. 75) | 56, 580 (52. 25) | 8, 479, 054 | 12, 771 | 3. 50 |
| 1978 | 152, 418 | 0. 63 | 74, 447 (48. 84) | 77, 971 (51. 16) | 10, 334, 124 | 14, 749 | 4. 00 |
| 1979 | 174, 039 | 0. 56 | 94, 791 (54. 47) | 79, 248 (45. 53) | 11, 077, 525 | 15, 711 | 4. 20 |

자료: 과학기술부, 《과학기술연감》; 《과학기술활동조사보고》, 각 연도.

〈표 7-4〉 계속

| 산출 지표 기준 | 특허등록 | | | |
|---|---|---|---|---|
| | 총특허 등록건수 | 외국인 특허등록건수 (비율: %) | 미국인의 특허등록건수 (비율: %) | 일본인의 특허등록건수 (비율: %) |
| 1962 | 99 | 31 (31) | 19 (19) | 0 (0) |
| 1963 | 223 | 89 (40) | 58 (26) | 0 (0) |
| 1964 | 213 | 66 (31) | 44 (21) | 0 (0) |
| 1965 | 288 | 113 (39) | 86 (30) | 0 (0) |
| 1966 | 256 | 65 (25) | 42 (16) | 0 (0) |
| 1967 | 428 | 156 (36) | 81 (19) | 0 (0) |
| 1968 | 359 | 152 (42) | 69 (19) | 0 (0) |
| 1969 | 317 | 117 (37) | 55 (17) | 0 (0) |
| 1970 | 266 | 76 (29) | 50 (19) | 0 (0) |
| 1971 | 229 | 37 (16) | 18 (8) | 0 (0) |
| 1972 | 218 | 5 (2) | 2 (1) | 0 (0) |
| 1973 | 199 | 11 (6) | 6 (3) | 0 (0) |
| 1974 | 322 | 95 (30) | 79 (25) | 6 (2) |
| 1975 | 442 | 230 (52) | 192 (43) | 3 (1) |
| 1976 | 479 | 288 (60) | 232 (48) | 5 (1) |
| 1977 | 274 | 170 (62) | 64 (23) | 0 (0) |
| 1978 | 427 | 294 (69) | 80 (19) | 18 (4) |
| 1979 | 1,419 | 1,161 (82) | 324 (23) | 583 (41) |

자료: 특허청. 《특허연보》 각 연도.

능력발전의 초기에 외국인에 대한 지적 재산권 보호제도가 정비되지 않았던 때를 제외하고는 신기술에 대한 한국 내 특허등록 주체 중 한국인이 차지하는 비중은 높지 않았지만, 연구개발투자나 연구원 수 등 외국기술의 소화·흡수에 필수적인 한국 자체의 연구인프라가 지속적으로 증가한 점이 이를 뒷받침한다.

한편, 1970년대 중반 이후 외국인의 한국 내 특허등록 비중이 급격히 높아진 것은 한국의 기술능력이 점차 발전함에 따라 한국의 자국기술에 대한 모방·흡수를 경계하여 기술선진국들이 한국 내 특허등록을 촉진한 결과로 나타난 현상이다.

## 4. 내재화단계의 한국의 기술정책 변화와 국가 기술능력 발전

### 1) 내재화단계에서 한국의 기술정책 변화

1980년대 들어서면서 한국정부는 기존의 중화학산업 중심의 경제발전계획을 기술우위의 산업발전전략으로 전환하였다. 따라서 한국의 기술정책도 국가연구 개발사업 추진, 기술금융 시스템보완, 민간 연구개발 활동에 대한 조세감면 대상확대, 기술개발 준비금제도 확대, 산업계의 연구개발 활동에 대한 조세혜택 확대 등 기술공급 촉진을 위한 활동으로 나아가게 되었다. 그리고 한국정부는 국내외 시장에서 경쟁력 있는 비교우위산업을 육성하고자 몇몇 미래 핵심기술을 대상으로 국가 연구개발사업을 추진하였을 뿐만 아니라 소수의 대기업을 중심으로 미래 핵심산업 영역의 기술을 집중적으로 개발토록 하는 임무지향적 기술개발정책을 추진하였다. 따라서 1980년대 한국의 기술정책은 개략적으로 기술공급 촉진-임무지향적 국가개입으로 정의할 수 있다. 그럼 같은 시기의 한국의 구체적 기술정책들을 살펴보자.

한국경제는 적극적 산업화를 추진한 이래 1979년 처음으로 마이너스 성장을 경험하였다. 많은 산업들이 과잉투자를 경험하였으며 1980년 새로이 출범한 전두환 정부는 중화학산업화 시기의 정부의 지나친 시장개입이 초래한 여러 가지 시장질서 왜곡현상에 직면하였다. 이에 한국정부는 시장안정화 조치로 금융과 통상의 자유화와 한국의 화폐단위인 원의 가치절하를 단행하였다. 이 시기에 단행된 금융자유화는 그동안 한국정부의 산업·기술정책의 근본적 수단이었던 금융통제 권한의 상실을 의미하는 것으로 이후 정부의 산업·기술정책이 민간에 대한 직접적 통제와 유도에서 간접적 유도로 전환하는 중요한 계기가 되었다. 그리고 중점산업 육성정책도 점차 폐지되었으며, 정부의 정책방향도 '선택적 시장개입'(*selective market intervention*)에서 '기능적 시장개입'(*functional market intervention*)으로 전환하였다.

우선, 내재화단계의 기술공급정책을 살펴보면, '수출입국'과 대별되는 '기술입국'을 표방하는 신정부가 기존의 '수출드라이브 정책'을 모방한 '기술드라이브 정책'을 채택함으로써 기초·응용연구와 관련제도 정비, 과학·기술자양성 그리고 국가 연구개발사업의 추진 등을 중심으로 기술공급정책을 활발하게 추진하였다. 뿐만 아니라 모방단계의 '수출진흥확대회의'에 대비되는 '기술진흥확대회의'를 신설하여 기술우위정책의 구심체로 운영함으로써 기술혁신에 정부의 정책적 노력을 기울이고자 했다(송재복, 2000).

한국정부는 기능적 개입의 일환으로 연구·개발활동에 대한 조세혜택을 특정산업이 아니라 광범위한 산업을 대상으로 점차 확대하였다. 뿐만 아니라 한국정부는 1981년 조세감면법을 대폭 개정, 기존의 조세제도와 달리 간접감면방식으로 전환하고 민간지원 기술개발제도를 도입하였다. 이 조치에서는 조세지원 종합한도제를 신설함과 동시에 특정산업 지원세제의 적용대상이 되는 중요산업의 범위를 10개에서 6개 산업으로 축소하고, 지원방식도 특별상각과 투자준비금 등 간접적 지원으로 전환하여 기업에 대한 조세감면혜택의 범위를 대폭 축소시켰다(송재복, 2000). 반면 민간기업의 기술개발활동과 관련한 기능별 조세지원을 대폭 강화하였는데 예를 들어, 기술개발촉진법을 개정, 기존의 기술개발 준비금제도를 크게 확대하고, '기술 및 인력개발에 대한 세액공제제도'를 설치하고 기업부설연구소용 부동산에 대한 지방세를 면제하며, 국내 자체개발 선도제품에 대한 특별소비세 잠정세율 적용제도를 신설한 것 등이 그것이다. 특히 한국정부가 1982년 말에 특정 산업중심으로 허용되던 소득공제제도를 축소·

폐지함으로써 연구개발활동에 대한 조세혜택정책을 특정산업 중심에서 산업일반으로 대상으로 전환·확대하는 정책과 관련제도의 정비를 일단락하였다.

그리고 한국정부는 1980년대 초·중반의 금리자유화 조치 등으로 일반적인 정책금융 축소과정에서도 기술개발에 대한 정책금융을 확대하였다. 그리고 한국정부는 기술의 상업화를 촉진하기 위하여 1984년 한국기술금융(주)을 설립하고 중소기업을 중심으로 한 민간기업의 신기술개발과 신기술기업화에 대하여 투·융자를 확대함으로써, 한국 내 벤처캐피탈 회사의 설립과 활성화를 촉진하였다. 뿐만 아니라 한국정부는 기술관련 정책금융에 대한 관리를 공공 벤처캐피탈 회사로 이관하고 민간 벤처캐피탈 회사설립을 위한 법적 기초도 마련하였다. 사실 한국의 권위주의정권이 산업화과정의 시장통제수단으로 금융기관을 철저하게 통제했던 상황에서 이러한 기술금융 자유화조치는 민간기업의 기술개발에 상당한 영향을 주었다. 시장의 반응은 매우 적극적으로 나타나 1987년에서 1992년 사이에 50개 이상의 새로운 벤처캐피탈 회사가 설립되었다. 이러한 정책들은 후에 민간기업들의 빠른 연구개발투자를 유도하는 데 기여한 바가 크지만, 한편으로는 많은 기업들이 각종 혜택을 누리기 위해서 비연구개발투자를 연구개발투자로 위장하는 결과를 초래하기도 하였다.

내재화단계에 들어, 정부의 연구개발투자의 비중과 방향도 상당한 변화를 겪었다. 우선 연구개발투자의 총량측면에서 보면, 1980년 첫해까지 정부의 연구개발투자가 민간의 연구개발투자를 초과하였는데 1985년, 1989년의 정부 대 민간의 연구개발투자의 비율이 19.5 : 80. 5와 20.4 : 79.6으로 완전히 역전되었다.

그리고 한국정부가 과학기술처를 시발로 본격적으로 국가연구개발사업에 착수했다는 것도 이 시기 한국정부의 기술공급정책의 특징적인 사항이다. 내재화단계에서 한국의 대표적인 국가 연구개발사업은 1982년 과학기술처가 기술개발촉진법에 근거해 착수한 특정연구 개발사업과 1987년 통상산업부가 공업발전법에 근거하여 착수한 '공업기반기술 개발사업'이 있다.

특정연구 개발사업의 경우, 1970년대 의욕적인 중화학공업의 추진 과정에서 산업계의 기술수요가 질과 양의 양 측면에서 전에 비해 급증함으로써 정부가 기술공급능력을 확충하기 위한 기술기반조성의 필요성을 절감하여 과학기술처가 주도해 착수한 사업이다. 이 국가 연구 개발사업은 국가 기술수요와 연구개발을 직접 연결할 수 있는 제도적 장치를 마련했다는 점에서 큰 의의가 있었다. 즉 특정연구 개발사업을 수행함에 있어서 한국정부는 먼저 기술수요에 따라 연구과제를 선정한 후 연구수행기관을 공모하여 결정할 수 있으므로 연구개발 주체간에 경쟁을 조성하거나 보다 유연성 있게 연구개발을 추진할 수 있는 이점이 있었다(과학기술처, 1997). 1982년에서 1990년까지 특정연구 개발사업에 투입된 총 연구비가 총 7,930억 원으로 그 중 정부가 4,660억 원 그리고 민간이 3,270억 원을 부담했으며 투자대상분야를 보면, 산업기술분야 66%, 공공기술분야 21% 그리고 기초과학연구 및 연구기획 평가분야가 13%였다. 특히 이 사업에서 산업기술분야 중 반도체·컴퓨터 등 정보산업 기술분야에 가장 많은 연구비를 투자하였으며 다음으로 기계기술과 정밀화학 및 화학공정에도 비교적 많이 투자한 반면, 21세기에 핵심기술로 등장한 신소재나 생명공학 분야에 대한 투자는 상대적으로 적었다. 이 사업의 집중투자 대상산업이 현재 한국의 주력기술 집약산업으로 성장하는 것으로 보아 한국의 국가연구 개발사업을 통한 기술공급정책이 내재화단계에 착수된 점이 적절했음을 짐작할 수 있다.

공업기반기술 개발사업은 특정연구 개발사업과 다르게 산업계에서 시급히 개발을 필요로 하는 공통 애로기술로서 기업이 자체적으로 개발할 경우에 발생하는 위험을 정부가 부담해주기 위해 수요지향적인 연구개발 지원제도로서 출발해 1987년에서 1990년까지 총 621개 과제에 정부 1,026억 원, 민간 1,542억 원 등 총 2,568억 원을 투입하였다. 특정연구 개발사업에 비해 공업기반기술 개발사업이 보다 확산지향적인 국가연구 개발사업의 특징을 가졌다고 할 수 있을 것이다.

이와 같은 정부연구 개발사업의 도입은 두 가지 변화를 가져왔다. 첫째로, 국가연구 개발사업의 착수로 그동안 정부출연 연구기관에 지급되던 정부 연구개발이 축소되었으며 대학과 민간기업이 국가연구 개발사업에 참여할 수 있게 되었다는 점을 들 수 있다. 둘째로, 정부가 중점개발 기술분야를 설정하고 이에 대한 집중적인 연구개발 투자가 가능해졌다는 것이다. 사실 그전에는 정부출연 연구기관이 정부로부터 전적인 자율성을 누렸지만, 이제 정부가 연구개발사업의 기획과 집행에 주도권을 쥐게 된 것이다. 그리고 정부의 과학기술정책이 연구개발의 방향을 설정하고 주도하는 임무지향적인 것으로 전환함에 따라 관료제가 상당한 자율권을 행사하는 상황에 도래하였다.

이러한 국가주도의 연구개발사업은 여러 가지 부정적 영향도 초래하였는데 우선 장관이나 고위 행정관료의 빈번한 교체는 국가연구 개발사업의 방향과 내용의 변화를 초래해 안정적인 연구개발 환경조성에 부정적 영향을 미쳤다. 아울러 국가연구 개발사업의 추진으로 연구자들이 이 사업으로부터 연구비를 지원받고 주기적으로 연구 추진 상황을 점검받는 과정에서 행정적 부담이 과중되는 상황이 발생했다. 셋째, 한국정부가 국가연구 개발사업의 연구개발비를 분배하는 과정에 기업들을 참여시켰는데, 이 과정에서 로비력이 좋은 대기업이 중소기업보다 과도하게 많은 연구개발비 혜택을 받았다는 점이다.

그리고 이 시기 중요한 또 하나의 국가 과학기술 프로젝트는 대덕 연구단지의 건설을 들 수 있다. 이 프로젝트가 공식적으로 착수된 것은 1974년이지만, 실질적으로 건설과 연구소 입지배치 등의 작업은 1980년대에 주로 진행되었다. 프로젝트의 본래의도는 정부출연 연구기관을 대덕에 집합시킴으로써 연구기관간 협동연구를 촉진해 시너지효과를 극대화하자는 것이었지만 실제로는 서울인구를 분산할 의도도 담고 있었다. 하지만 대덕 연구단지 건설사업은 의도한 목표를 달성하지 못했다. 첫째, 정부출연 연구기관간 협동연구가 활성화되지 못함으로 해서 원래 의도했던 시너지효과를 통한 연구생산성 제고효과는 발생하지 않았다. 사실 현재까지도 출연(연)간 협동연구가 실질적 수준에서 이루어지지 않고 있다. 또한 정부출연 연구기관의 행정·지원인력이 대덕 연구단지 재배치과정에서 거의 축소되지 않았다. 그리고 대규모 산업기반이 없는 대덕에 정부출연 연구기관을 집중배치함으로써 산업계와 정부출연 연구기관간의 협력이 더욱 어려워졌을 뿐만 아니라, 산업계와의 협력을 강화하기 위하여 대덕 주위에 새로운 기술기반기업들의 육성을 촉진하고자 했으나 이 또한 그다지 소기의 성과를 얻지 못했다. 결국 대덕 연구단지 건설 이후 한국의 정부출연 연구기관이 한 곳에 집중됨으로써 역할이 제한되는 결과를 초래하였다. 그리고 1980년대 들어 한국정부의 정책방향이 바뀌어 민간이 산업기술의 주체가 되어야 한다는 정부의 뜻에 따라, 정부출연 연구기관도 민간기업이 개발하기 곤란한 분야나 개별기업이 개발하는 것이 바람직하지 않은 핵심요소기술 그리고 공공성이 강한 공공기술영역으로 연구개발활동의 방향을 전환하였다.

셋째, 내재화단계의 기술공급정책 중 외국인 직접투자나 기술라이센싱과 같은 공식적인 국가간 기술이전 채널에 대한 한국정부의 정책을 살펴보면, 일단 전반적인 정책방향이 상당부분 전환했음을 주목할 필요가 있다. 한국정부는 외국인 직접투자에 대해 점차 자유화하는 정책을 폈는데, 1984년 외자도입법 개정으로 직접투자 가능분야 규정방식에서 불가능분야 규정방식으로 전환함으로써 외국인 직접투자에 대한 개방의 폭을 대폭 확대하였다. 그리고 외국인 직접투자 인가절차도 상당히 축소되었는데, 투자제한업종이 아니고 외국인의 지분이 50% 미만이고 투자규모가 1억 달러 미만이며 세금상의 예외조항이 없는 경우, 관련장관들과의 위원회 토론 없이 재무부장관이 즉시 자동승인하도록 하였다. 그리고 외국인 직접투자 기업이 도입하는 자본재에 대한 소비세감세 등의 일부조항이 남아 있기는 했지만, 모든 외국인 직접투자 기업에 주어졌던 조세우대조항을 폐지함으로써 국내기업과 외국인 투자기업 간에 공정한 경쟁환경을 조성하고자 하였다.

한편, 이 시기 한국정부의 기술라이센싱 정책은 외국인 직접투자보다 개방의 폭이 훨씬 컸다는 것이 특징적이다. 사실 한국정부는 이미 1978년과 1979년의 규정개정으로 기술라이센싱을 상당한 범위에서 개방한 바 있다. 10년 이하의 계약기간, 총 매출액의 10%미만인 로열티 지불액, 최종지불액이 100만 달러 미만인 경우, 기술라이센싱 계약을 자동승인하도록 규정을 개정하였다. 그러다가 1984년에 한국정부는 기술라이센싱 관련 개별심사사항을 완전히 폐지하고 인가제에서 신고제로 전환함으로써 기술라이센싱에 대한 개방의 폭을 대폭 확대하였다. 따라서 기술도입을 원하는 기업은 관할장관에서 자신의 기술도입 취지를 보고하고 해당장관이 20일 이내에 반대나 추가적인 자료요구를 하지 않으면 이 기술도입건이 자동승인된 것으로 간주하였다. 한편 한국정부는 기술도입 자유화조치를 적극 추진하면서 기존에 기술도입에 대해 주어지던 조세감면 혜택을 점차 축소·폐지함으로써 국내개발이 불가능하거나 비효율적인 고도첨단산업[10] 기술분야를 제외한 일반 산업기술에 대해 국내기술 개발활동과 기술도입 간의 형평성유지의 명목으로 국내기업의 기술개발활동에 초점을 맞추는 정책을 추진하였다.

내재화단계의 기술정책의 주요한 방향은 첫째, 대규모 국가연구 개발프로젝트를 설립과 정부연구 개발투자가 민간대비 비율이 상당히 축소되는 등으로 요약되는 국가기술 공급정책의 본격추진과 위상변화라고 정리할 수 있다. 즉 정부가 연구개발분야를 선정하여 집중투자하는 시스템인 국가연구 개발프로그램의 운영을 본격화한 반면, GDP 대비 연구개발투자에 있어서 민간부문은 1980년에 0.27%(1,024억 원), 1985년 1.14%(9,303억 원) 그리고 1990년에 1.5%(26,989억 원)로 급격히 증가한 데 비해, 정부의 GDP 대비 연구개발 투자는 1980년에 0.29%(1,093억 원), 1985년에 0.28% (2,249억 원) 그리고 1990년에 0.36%(6,510억 원)로 큰 증가 없이 답보상태를 유지하고 있었다. 연구개발투자 운영방식과 투자규모의 이러한 변화는 한국정부가 연구개발투자의 규모보다 연구방향 및 달성목표 설정 그리고 추진과정을 집중관장함으로써 연구개발 투자자체뿐만 아니라 연구성과에 관심을 가지기 시작했음을 의미한다.

둘째, 민간기업 혁신능력의 제고로 요약될 수 있다. 민간기업의 연구개발투자 및 인력개발에 대한 조세·금융상의 인센티브 제공은 민간기업의 자체 기술능력을 축적하는 데 중요한 기여를 하였다. 1980년에 한국 민간부문의 연구개발투자가 1,034억 원이었는데 1985년에는 9,303억 원 그리고 1990년 26,989억 원으로 각기 1980년대 대비 9배 및 26배의 경이적 증가를 보인 데서도 정부의 민간부문 혁신능력 제고정책이 어느 정도 성공을 거두었음을 알 수 있다. 이러한

---

10) 1988년 7월부터 외자도입법의 관련규정에 따라 주무부서에 신고해야 하는 제1종 기술도입 가운데 '고도기술분야'를 제외한 모든 기술도입에 대해서 조세감면제도를 폐지하였다.

민간부문의 적극적 연구개발 활동은 이 시기 한국인의 특허등록 비율의 점진적 증가의 주요한 원인이 되었다.

셋째, 한국정부가 공식적인 국가간 기술이전 채널인 외국인 직접투자와 기술라이센싱에 대해 보다 개방적 정책으로 방향을 전환했다는 것이다. 외국인 직접투자에 대한 진입장벽을 대폭 축소했을 뿐만 아니라 기술라이센싱의 내용에 대한 규제조치를 거의 철폐하였다.

### 2) 내재화단계에서 한국의 기술능력 발전

내재화단계에서 한국의 기술능력 발전과정을 살펴보면, 민간부문의 적극적인 연구개발 투자로 인한 연구개발비 투입구조와 내용의 급격한 변화와 연구원 수의 급격한 증가로 요약될 수 있다(〈표 7-5〉 참조).

첫째, 연구개발투자를 중심으로 살펴보면, 연구개발비 투자가 1980년 GDP 대비 0.56%에서 1989년 1.90%로 급증하였고, 1989년의 총 연구개발비 투자가 2조 8,172억 5천 2백만 원으로 1980년의 2,117억 2천 7백만 원의 13.3배로 증가하였다. 그리고 민간부문의 연구개발비 투자가 1981년에 총 연구개발투자의 56.37%로 정부부문을 앞선 이래 한번도 역전되지 않고 1989년에는 총 연구개발투자의 79.5%인 2조 2,422억 3천 4백만 원에 이르렀다. 그리고 내재화단계의 민간부문 연구개발투자의 전년대비 증가율이 평균 41%로 정부부문의 22%를 2배 가량 앞서면서 민간부문이 같은 기간의 연구개발투자를 주도했음을 알 수 있다.

이는 내재화단계에 이르러 한국정부가 전략산업 우위정책에서 기술우위정책으로, 직접적이고 선택적 발전전략에서 간접적이고 기능적 발전전략으로, 정부출연 연구기관에 대한 지원중심의 국가연구개발투자에서 민간이 참여하는 국가연구 개발프로그램 중심의 연구

개발투자로 그리고 모방이나 역엔지니어링 등 비공식적 기술이전 전략에서 외국인 직접투자나 기술라이센싱 등 공식적 기술이전 전략으로 전환하면서 민간부문이 한국의 국가혁신시스템의 주요한 주체로 등장하였음을 보여주는 것이다.

둘째, 내재화단계에서 연구인력의 변화추이를 살펴보면, 총 연구원 수가 1980년의 18,434명에서 1989년의 66,220명으로 전년대비 증가율의 평균이 16%로 모방단계와 같은 높은 증가율을 유지하였다. 그리고 인구 1만 명당 연구원 수도 1980년의 4.8명에서 1989년의 15.9명으로 10년 동안 3.25배 증가하였다. 그리고 연구원 1인당 연구비도 1980년의 11,485,679원에서 1989년의 42,543,884원으로 3.7배 가량 증가해 각 연구원들이 선진기술의 모방연구를 넘어서서 점진적인 혁신연구로 나아갈 수 있는 물적 토대가 일부 마련되었다.

셋째, 내재화단계의 특허등록 추이를 살펴보면, 1980년의 총 1,682건의 특허등록과 86%의 외국인 등록비율에서 1989년의 총 3,972건의 등록과 70%의 외국인 등록비율로 변화하였다. 내재화단계의 특허등록이 1년에 1,600여 건에서 3,900여 건 내외로 점차 증가하면서 외국인의 등록비율이 1983년의 90%를 기점으로 작지만 조금씩 감소하는 점에 주목할 필요가 있다. 이는 한국 민간기업의 연구개발투자의 확대와 1인당연구비 규모의 확대로 단순모방 연구에서 이전기술의 심화·개량연구로 나아가면서 한국이 점차 이전기술을 내재화하는 단계로 확실하게 접어들었음을 보여주는 것이다. 그리고 미국인의 특허등록 비율이 연평균 총 등록건수의 23%로 안정세를 유지하는 반면, 일본인의 특허등록 비율은 총 등록건수의 43~44%에서 35~36%로 감소하는 것으로 나타났지만 한국에 대한 외국인의 특허등록의 60% 정도를 미국과 일본이 일정하게 점유하고 있어 한국의 이 양국에 대한 기술의존 비율이 상당히 높은 수준을 유지했음을 알 수 있다.

〈표 7-5〉 내재화단계의 한국의 기술능력 발전

(단위: 백만 원, %, 명)

| 투입 지표 기준 | 연구비 | | | | | 연구원 수 | |
|---|---|---|---|---|---|---|---|
| | 총연구 개발비 | 총연구비 /GDP | 정부부담 연구비 (비율: %) | 민간부담 연구비 (비율: %) | 연구원 1인당연구비 (단위: 원) | 총 연구 원수 | 인구만명당 연구원 수 |
| 1980 | 211, 727 | 0. 56 | 109, 282 (51. 61) | 102, 445 (48. 39) | 11, 485, 679 | 18, 434 | 4. 8 |
| 1981 | 293, 131 | 0. 62 | 127, 905 (43. 63) | 165, 226 (56. 37) | 114, 148, 615 | 20, 718 | 5. 4 |
| 1982 | 457, 688 | 0. 84 | 188, 941 (41. 28) | 268, 747 (58. 72) | 16, 088, 583 | 28, 448 | 7. 2 |
| 1983 | 621, 749 | 0. 97 | 170, 702 (27. 46) | 451, 047 (72. 54) | 19, 358, 875 | 32, 117 | 8. 0 |
| 1984 | 833, 894 | 1. 14 | 178, 172 (21. 37) | 655, 722 (78. 63) | 22, 475, 110 | 37, 103 | 9. 2 |
| 1985 | 1, 155, 156 | 1. 42 | 224, 893 (19. 47) | 930, 263 (80. 53) | 27, 853, 206 | 41, 473 | 10. 1 |
| 1986 | 1, 606, 910 | 1. 69 | 374, 331 (23. 30) | 1, 232, 579 (76. 70) | 34, 159, 049 | 47, 042 | 11. 4 |
| 1987 | 1, 985, 224 | 1. 79 | 490, 249 (24. 69) | 1, 494, 975 (75. 31) | 37, 611, 049 | 52, 783 | 12. 8 |
| 1988 | 2, 454, 152 | 1. 86 | 522, 945 (21. 31) | 1, 931, 207 (78. 69) | 43, 401, 751 | 56, 545 | 13. 5 |
| 1989 | 2, 817, 256 | 1. 90 | 575, 022 (20. 41) | 2, 242, 234 (79. 59) | 42, 543, 884 | 66, 220 | 15. 6 |

자료: 과학기술부, 《과학기술연감》, 《과학기술활동조사보고》 각 연도.

〈표 7-5〉 계속

| 산출 지표 기준 | 특허등록 | | | |
|---|---|---|---|---|
| | 총특허 등록건수 | 외국인 특허등록건수 (비율: %) | 미국인의 특허등록건수 (비율: %) | 일본인의 특허등록건수 (비율: %) |
| 1980 | 1,682 | 1,446 (86) | 371 (22) | 725 (43) |
| 1981 | 1,808 | 1,576 (87) | 438 (24) | 716 (40) |
| 1982 | 2,609 | 2,335 (89) | 705 (27) | 988 (38) |
| 1983 | 2,433 | 2,188 (90) | 657 (27) | 1,039 (43) |
| 1984 | 2,365 | 2,068 (87) | 614 (26) | 954 (40) |
| 1985 | 2,268 | 1,919 (85) | 583 (26) | 811 (36) |
| 1986 | 1,894 | 1,436 (76) | 365 (19) | 842 (44) |
| 1987 | 2,330 | 1,734 (74) | 472 (20) | 969 (42) |
| 1988 | 2,174 | 1,599 (74) | 464 (21) | 763 (35) |
| 1989 | 3,972 | 2,791 (70) | 858 (22) | 1,411 (36) |

자료: 특허청, 《특허연보》 각 연도.

## 5. 혁신진입단계의 한국의 기술정책 변화와 국가 기술능력 발전

### 1) 혁신진입단계의 한국의 기술정책 변화

1990년대의 한국의 기술정책은 대학 연구지원 강화, 협동연구 촉진, 여러 정부부처의 다양한 국가연구 개발사업 수행, 외국인 직접투자 촉진 등 기술공급에 관한 정책들을 수행하면서 기술능력의 확산을 통한 국가경쟁력 강화에 주목하는 기술공급 촉진-확산지향적 개입 전략을 구사하였다. 이 시기 한국의 기술정책 목표는 세계적으로 기술발전을 주도하는 선진국들과 유사한 국가혁신시스템을 갖추는 것이었다(Lee, Won-Young, 2000). 산업계, 대학 그리고 공공연구기관간의 균형 잡힌 연구능력을 갖추는 것이 중요한 정책목표였으며 아울러 국가연구 개발활동의 주요행위자들간에 네트워크 형성의 필요성이 한층 강조되었다. 이러한 기술정책 목표는 1992년에서 1996년까지의 제 7차 경제·사회 발전계획[11]에 명확히 반영되었다.

첫째, 혁신진입단계의 기술공급정책을 살펴보면, 우선 선진국 과학기술자와 대등하게 경쟁할 수 있는 창조적 역량을 가진 과학기술인재를 양성하고자 대학의 연구능력을 제고하는 것이었다. 그동안

11) 1992년 3월 제 7차 경제사회발전 5개년계획(1992~1996)이 발표되었지만, 이 7차계획은 1992년 12월 대통령선거에서 김영삼 대통령이 당선됨으로써 1993년 '신경제 5개년계획'으로 대체되었다. 이 신경제계획의 상당부문이 7차계획과 유사하지만, 기존의 계획이 시장보완적 계획으로서 경제성장을 위한 프로그램의 종합이라면, 신경제계획은 기존의 경제계획들이 가져다준 시장경제질서의 왜곡을 제거하고 시장경제를 구축하기 위한 개혁 프로그램의 성격이 강했다(강광하, 2000). 따라서 신경제 5개년계획에 담겨진 기술정책의 방향도 기본적으로 시장경제에 근거한 기술발전을 추구한다.

대학은 한국 내 주요 과학·공학 연구인력의 대부분을 흡수했음에도 불구하고, 연구활동은 거의 하지 않고 교육기관으로서의 역할에 치중하였다. 1990년 중반 현재 한국 내 과학과 공학분야 박사학위자의 80% 이상을 점하고 있음에도 불구하고 대학은 한국정부 연구개발투자의 7%만을 수행했던 것이다.

이에 한국정부는 대학 내 연구인력의 역량제고와 대학 자체의 연구능력을 강화하고 학·연·산의 협력을 촉진하고자 1994년 협동연구개발촉진법을 제정하여 협동연구 개발사업에 대한 우선적인 연구개발비 지원뿐만 아니라 인력교류 활성화를 위한 연구요원의 파견 및 겸직허용, 연구개발시설의 공동이용 촉진 등에 관한 사항을 규정하였다. 뿐만 아니라 과학기술처는 대학의 연구개발 활동을 지원하기 위하여 1990년 과학연구센터(*Science Research Center*, SRC)와 공학연구센터(*Engineering Research Center*, ERC)를 설치하여 대학의 연구개발활동에 대한 본격적인 지원에 나섰다. 교육부 또한 연구중심 대학원을 육성한다는 취지로 5개 대학의 이공계열 대학원 6개를 선정하여 5년간 매해 40억 원씩 총 200억 원을 각 대학원에 지원함으로써 대학의 연구활동 지원계획을 수립·착수하였다.

그런데 한국정부의 대학 연구능력 제고정책은 여러 가지 이유로 성공하지 못했다. 왜냐하면, 첫째, 정부의 연구개발투자를 관장하고 있던 각 부처가 대학의 연구개발 활동에 대한 투자보다는 자기부처 소관의 정부출연 연구기관에 대한 투자를 선호했던 것이다. 둘째, 한국정부의 예산배정에 대한 엄격성이 대학의 연구능력 제고를 위한 투자증가의 중요한 방해요인으로 작용하였다. 즉 한국정부의 국가연구개발사업 할당방식이 크게 변하지 않음으로 해서 1990년 국가 연구개발투자의 90%를 점하던 정부출연 연구기관이 1994년에도 한국정부의 총연구개발투자의 79%를 점하는 등 국가연구 개발투자 관행이 크게 개선되지 않았다. 셋째, 대학 스스로 새로운 연구환경에 대한 적응이 매우 더디게 진행되었다. 이는 대학행정의 비효율, 우수학생 유치 노력부족 그리고 교수 정년보장에 따른 교수의 연구노력 부족 등 여러 가지 측면에서 대학들이 새로운 환경에 대한 적응능력과 의지가 모두 부족했기 때문이다(Lee, Won-Young, 2000).

이밖에 혁신진입단계의 기술공급 측면에서 한국 기술정책의 중요한 변화 중 하나는 국가 연구개발 프로그램이 다양화되었다는 것이다. 많은 정부부처가 자신들의 연구개발프로그램을 출범시켰다. 1982년 과학기술처가 기술개발촉진법에 의거해 착수한 이래 1990년대 들어 발전적으로 개편한 특정연구 개발사업, 1987년에 착수해 1990년대 더욱 다양화된 통상산업부의 공업기반 기술개발사업, 범부처적 참여 속에 1991년 공식출범한 선도기술 개발사업, 정보통신부의 정보통신 연구개발사업, 보건복지부의 보건의료기술 연구개발사업, 농수산부의 농림·수산연구 개발사업 등 다양한 국가연구 개발사업이 1990년대의 한국의 기술정책의 새로운 조류로 자리잡았다. 이 시기 정부부처의 다양한 국가연구 개발사업 착수는 각 부처들이 자신들의 정책목적의 중요한 달성수단의 하나로 연구개발사업을 인식하기 시작했다는 것을 의미한다.

그 중 과학기술부가 주도하는 6개 프로그램중 대표적인 연구프로그램인 선도 기반기술 개발사업 일명 G7 프로젝트를 살펴보면, 정부투자기관 및 산·학·연 협동으로 전략적으로 중요한 산업기술들을 개발하는 것을 목표로 하여 신의약·신농약, 차체대자동차 등 4개 제품기술 개발과제와 차세대반도체, 신에너지기술, 환경공학 등 7개 원천기반 기술과제의 개발에 착수되었다. 이 사업은 초창기부터 과학기술처뿐만 아니라 통상산업부, 환경부, 건설교통부 등 6개 부처가 과제발굴과 기획단계에서부터 적극 참여하였고 연구관리에 있어서도 각 부처의 책임하에 수행되었다. 이 사업의 또 다른 특징 중의 하나는 기획단계부터 민간기업의 참여를 확대하기 위하여 기업의 자금부담비율을 약 30~60% 정도로 의무화하였다. 대신에 사업의 연구성과에 대한 소유권을 기업들이 확보할 수 있도록 보장한 정부-기업 간 대규모 협동연구 프로그램의 첫 사례이다.

그밖에 정보통신부에서 주관하는 '정보통신 연구개발사업'의 예를 살펴보면, 이 사업은 가장 규모가 큰 국가연구 개발사업의 하나로 BISDN이나 CDMA 등 한국 경제발전에 결정적으로 영향을 미친 대표적인 성공사례를 낳았다. 정보통신 연구개발사업은 사실 다른 국가연구 개발사업에 비해 2가지 강점이 있었는데, 그 하나는 사업자금이 정부가 아니라 공기업인 (주)한국통신에서 제공되는 관계로 많은 양의 연구개발투자를 좁은 영역에 집중시킬 수 있었던 점이고 다른 하나는 연구개발 성과물의 마케팅이 구매·조달정책에 의해 강력하게 뒷받침되었다는 점이다(Lee, Won-Young, 2000). 즉 정보통신부와 공공부문이 정보통신장비의 최대구매자 역할을 했던 것이다.

그리고 많은 정부부처가 국가연구 개발사업을 직접 추진하면서 부처간 협력문제가 새로운 쟁점으로 부상함에 따라, 과학·기술투자에 참여하는 전 부처장관들이 참석하고 국무총리가 주재하는 과학기술장관위원회(*Interministerial Council on Science and Technology*)가 부처간 조정기구로 부상하였다. 하지만 재정경제부 장관소관인 예산청이 위원회의 권고를 존중해주지 않음에 따라 위원회가 제 기능을 충분히 수행할 수 없었다. 이러한 문제를 해결하기 위해 한국정부는 1996년 예산부처를 소관으로 두는 부총리인 재정경제원 장관을 의장으로 하는 과학기술장관회의를 조직하였다.

사실 혁신진입단계에 들어서면서 기술공급정책이 가속화되면서 한국정부 내의 여러 부처간의 과학기술정책에 대한 조정과 협조문제가 핵심쟁점으로 떠오름에 따라, 국가연구 개발프로그램에 대한 조정임무를 공식적으로 부여받는 과학기술부의 정책수행 효율성이 국가연구 개발활동의 생산성제고의 새로운 관건으로 대두되었다. 하지만 과학기술부 자체가 국가연구 개발사업을 추진하면서 예산확보를 위해 다른 부처와 경쟁해야 하는 상황이었기 때문에 여러 부처간의 국가연구 개발사업 조정역할수행의 중립성에 대한 신뢰를 충분히 확보할 수 없었다. 과학기술정책 및 예산배분의 조정과 협조에 대한 필요성이 높아지고 과학기술부의 조정기능에서 한계가 드러남에 따라, 한국정부는 결국 대통령직속으로 국가과학기술위원회를 설치하고 관련 정부부처 장관과 민간의 학계, 산업계 그리고 연구계의 전문가도 일부 참여시켜 국가연구 개발사업에 대한 조사·분석·평가 등을 토대로 전 부처의 국가연구 개발사업을 조정함으로써 정부연구 개발투자의 효과성을 제고시키고자 노력하였다.

둘째, 혁신진입단계의 기술수요정책은 민간주도의 기술혁신체제를 정착시키고자 이를 위해 정부의 역할을 재정립하는 데 맞추어졌다. 1990년대 이후부터 민간부문이 총 국가연구개발비의 80% 이상을 담당하게 됨으로써 국가경쟁력 강화의 성공여부는 민간기업의 기술혁신 성공여부에 의존하게 되었다. 따라서 한국정부는 민간기업의 기술수요를 원활하게 충족시킬 수 있도록 제도를 보완하는 데 초점을 맞추어 정부규제 완화, 기술개발 및 지원제도 선진화 등을 위한 시책을 과학기술관련 부처의 가장 중요한 임무로 상정·추진했을 뿐만 아니라 정부의 각종 정책결정과정에 민간의 의사를 반영하려는 노력을 대폭 확대하였다.

기술수요정책의 의미를 기술수요의 최종수요자인 기업이 새로운 기술을 생산요소의 하나로 투입할 수 있도록 하는 직접적 유인의 제반정책으로 협소하게 해석할 때(과학기술정책관리연구소, 1998), 기업들의 적극적인 기술수요 활동인 기업연구개발 활동을 촉진하는 정책이 중요한 의미를 가진다. 1990년대 한국정부는 다양한 제도를 통해 기업들의 연구개발 활동을 적극적으로 지원한 바 있다. 첫째, 기술개발 투자증가를 유도하기 위해 R&D투자 증가분에 대한 세액공제를 종전 25%에서 50%로 크게 확대했으며, 둘째, 연구시험용 시설투자에 대해서는 세액공제 또는 특별상각을 택하도록 하되 국산기자재 사용에 더 많은 혜택을 주어 국산기자재 사용을 유도하였고, 셋째, 기술개발준비금 손비산입과 기술 및 인력개발비 세액공제 대상에 연구개발업을 포함시키는 정책을 추진하였다(과학기술정책관리연구소, 1997). 뿐만 아니라 기업들이 연구소부지를 준농림지에 설립할 수 있도록 기존의 규제를 완화하고 병역특혜 연구요원의 상한을 확대하였을 뿐만 아니라 중소기업의 병역특혜 업체선정에서 연구요원 확보의 하한선을 낮추었다.

그리고 한국정부는 기업들이 사내기술대학(원)을 설치하여 기술재교육·평생교육제도를 육성·발전시키도록 적극 지원함으로써 기업들의 기술수요를 기업자체에서 확대되고 충족되도록 함으로써 기업의 기술혁신을 제고하고자 하였다.

뿐만 아니라 한국정부는 혁신진입단계인 1990년대에, 과학기술 정보생산 및 보유기관 중심으로 구축되었던 연구개발 데이터베이스를 과학기술정보종합DB(KRISTAL)로 통합해 연구전산망(KREONet)을 통해 산·학·연에 서비스함으로써 궁극적으로 기업의 기술수요 욕구를 조장해 기업들이 보다 적극적으로 기술혁신에 나서는 계기를 마련하였다.

셋째, 혁신진입단계에서 한국의 기술공급정책 중 국가간 기술이전에 대한 정책의 주요특징을 살펴보면, 세계화의 급속한 진전으로 정부와 기업의 경계선이 기업으로 파격적으로 이동한 것으로 요약할 수 있다.

우선 한국정부의 외국인 직접투자정책의 변환과정과 내용을 보면, 1994년 12월 외자유치법을 개정하여 첨단기술분야의 투자유치를 위한 조세유인을 제공하는 등 처음에는 국가 기술능력 발전의 관점에서 외국인 직접투자정책에 접근하는 태도를 견지하기도 하였다. 하지만 김영삼 대통령의 세계화시책을 정부부처들이 경쟁적으로 추진하는 상황에서 WTO체제의 출범[12]과 OECD가입으로 인한 외부의 압력이 겹치면서, 외국인 직접투자정책이 정부개입과 규제완화를 위한 간접관리로 후퇴하여 이 분야에서 정부와 기업의 경계선이 기업쪽으로 갑자기 기울어졌다(안문석, 2001 ; 과학기술처, 1997). 즉 1995년부터의 한국의 외국인 직접투자정책은 1995년을 기점으로 진행된 개방과 세계화추세 즉, 1995년의 WTO체제 출범, 1996년의 OECD가입 그리고 1997년 외환위기 직후의 IMF와 맺은 협약에 따라 급격한 개방과 촉진으로 나아갔다.

이러한 맥락하에서 한국정부는 1990년대 중반을 기점으로 외국인 직접투자에 대한 적극적인 유치정책으로 정책을 전환하였다. 이 기간에 시행된 외국인 직접투자의 전면적 자유화와 적극적인 투자촉진은 기존 한국정부의 의도적이고 주도적인 노력의 결과로 나타난 정책전환과 근본적으로 다른 것으로, 외부의 요구와 압력에 의해 급속도로 진행된 것이었다. 사실 이런 정책전환의 효과는 정확하게 예측할

12) WTO 체제의 출범은 국제무역환경을 기존체제와 완전히 다른 모습으로 바꾸어 놓았다. 뿐만 아니라 국경선이 무의미해지는 정보화사회가 급속히 진전되면서 한국의 경제체제는 역사상 유례가 없을 정도의 개방체제를 향해 나가고 있다. 이러한 개방은 외국인 직접투자정책에 대한 제한의 철폐를 포함한 한국의 행정개혁의 기본틀 형성에 결정적인 역할을 하였다(안문석, 2001).

수 없는데, 국내 기술능력의 잠식이나 위축의 가능성과 함께 한국의 거대기업들이 국제적인 기술네트워킹[13]에 보다 적극적으로 편입하는 계기를 마련하는 등 긍정적·부정적 가능성을 동시에 가진다.

다음으로 혁신진입단계의 기술라이센싱에 대한 한국정부의 정책을 살펴보면, 1984년에 승인체제를 신고체제로 전환한 이후 기술도입 계약은 거의 예외 없이 자동으로 허가되었으며, 최근에 이르기까지 자유화의 범위와 정도가 지속적으로 확대되었다. 현재에는 원자핵기술과 방위기술과 같은 극소의 예외를 제외하고는 거의 모든 기술을 정부에 신고하지 않아도 도입할 수 있다(과학기술정책관리연구소, 1998).

혁신진입단계의 국가간 기술이전에 대한 한국정부의 정책을 논의함에 있어서 국제적 변화를 수용하고자 하는 한국정부의 정책적 대응인 '세계화정책'의 기술에 관한 사항들을 살펴볼 필요가 있다. 우선 이 정책에서 한국정부는 외국연구자들에 대한 구체적인 개방의 범위는 제한적이었지만 국가연구 개발사업을 외국에 개방하였다. 뿐만 아니라 한국정부는 외국과학자·공학자초빙 프로그램을 대폭 확대하였다. 그밖에 한국정부는 기술분야에서 세계화정책의 일환으로 지적재산권보호를 국제수준으로 대폭 보강하였다. 사실, 한국의 국가기술능력이 모방에서 내재화를 거쳐 혁신진입단계에 이르자 지적 재산권보호가 이미 한국의 기술전략 변화의 맥락에서 새로운 관심사로 대두했던 것이다. 모방단계에서는 한국인이 특허나 다른 유형의 지적

13) 1980년대 후반과 1990년대 초반의 한국을 포함한 동아시아 전자산업의 급속한 발전의 가장 큰 원인 중 하나가 바로 국제 기술혁신 네트워크의 가입을 통한 외국기술의 적극적인 흡수에 기인한 것이라는 견해가 있다(Ernst and O'Conner, 1992). 사실 한국의 대표적인 재벌기업인 삼성의 반도체 생산과정의 기술발전 분석에서도 국제적인 기술원천과 네트워킹이 결정적인 역할을 하였다(Choi, 1994).

재산권을 창출하는 경우가 많지 않았기 때문에 지적 재산권보호가 중요한 정책대상이 되지 못했다. 따라서 이 시기에는 지적 재산권 관련 법률이나 규제도 국제적 표준을 최소한으로 충족시키는 수준에서 제정되었다. 하지만 한국의 국가기술능력이 혁신진입단계에 이르자 상황이 많이 바뀌었다. 우선 한국의 향상된 기술능력으로 자신들의 지적 재산권 침해를 우려한 기술선진국들이 한국에 대한 지적 재산권 보호압력을 가중시켰다. 그리고 한국내부에서도 기술혁신 주체들이 점점 더 많은 지적 재산권보호의 필요성을 제기하기에 이르렀다. 사실 한국은 1980년대 후반부터 지적 재산권에 대한 보호를 점차 강화하였다. 한국은 1986년 물질특허 카테고리를 도입하였고, 1987년 컴퓨터프로그램보호법을 제정하였으며, 1995년에 들어 새로운 특허법을 공포하기에 이르렀다.

혁신진입단계에서 한국의 기술정책은 정부의 국가연구 개발사업의 다양화와 확대, 대학의 연구활동 지원을 통한 기술혁신과 확산의 기본적 역량강화, 기업중심의 국가혁신 체제정착을 위한 기업 연구활동에 대한 지원체제 정비 그리고 외국인 직접투자정책에 대한 정부·기업관계의 급격한 변화, 즉 시장중심의 외국인 직접투자 환경의 급격한 도입 등으로 요약할 수 있다.

### 2) 혁신진입단계의 한국의 기술능력 발전

혁신진입단계의 한국의 기술능력 발전은 GDP 대비 총연구개발비 비율뿐만 아니라 연구인력의 양 측면에서 세계 최고수준[14]에 이르는

14) 스위스 국제경영개발원(IMD) (1999, 2000)에 따르면, 1998년 기준으로 인구 천 명당 전업연구원 수에서 한국이 이탈리아에 이어 총 49개국 중 9위를 기록하였다. 그리고 1997년 기준으로 한국의 GDP 대비 연구개발투자의

등 투입부문의 국가 기술능력이 성숙하였을 뿐만 아니라 특허등록 건수의 급격한 증가 및 내국인의 특허등록 비율상승 등으로 대별되는 한국인의 혁신능력 향상으로 설명할 수 있다(〈표 7-6〉 참조).

첫째, 혁신진입단계의 연구개발투자 추이를 살펴보면, 총 연구개발비 투자가 1990년의 GDP 대비 1.87%인 3조 3,498억 6천 4백만 원에서 2000년의 2.69%인 13조 848,5억 원으로 증가해 GDP 대비 총연구 개발투자의 비율 면에서 세계 최고수준에 이른다.

또 한가지 주목할 점은 혁신진입단계 동안 한국의 민간부문 연구개발투자의 전년대비 증가율이 평균 17%로 정부부문의 20%에 비해 뒤지는 상황이 발생했다는 것이다. 이는 김영삼 대통령이 1995년 전년대비 45% 증가에 이르는 기록적인 정부연구 개발투자 증가를 단행한 점 그리고 1997년 한국이 IMF 구제금융 위기상황에서 민간부문의 연구개발투자가 전년대비 11% 격감한 점 등에서 원인을 찾을 수 있겠으나 근본적으로는 혁신진입단계의 민간주도 국가기술능력 발전과정에서 나타나는 과도기적 현상에 기인하는 것이라 하겠다. 즉 민간기업에서 기술이 기업이익의 핵심원천이라는 인식이 정착되는 과정에서 외환부족이라는 경제위기 상황과 전반적 경기침체가 겹치면서 일시적으로 한국 민간부문의 연구개발투자가 정부부문의 그것에 뒤쳐지게 된 것이다. 하지만 여러 가지 어려운 여건에도 불구하고, 혁신진입단계 동안 한국 민간부문의 전년대비 연구개발투자 증가율이 평균 17%라는 것은 상당히 높은 수치이다. 그리고 연구개발투자와 관련해서 또 한가지 주목할 점은 한국이 외환위기를 겪으면서 정부와 민간부문의 연구개발투자가 다같이 위축되었으나 2000년 들

---

비율은 스웨덴과 핀란드에 이어 총 47개 조사대상 국가 중 3위를 기록한 바 있다. 한편 1996년과 1997년을 기준으로 한 내국인의 자국 내 특허등록 획득 수에 대한 평가에서는 한국이 총 47개국 중 6위를 기록하였다.

어 양자 모두 전년대비 19%의 투자증가세를 보이며 빠르게 회복되었다는 사실이다. 이는 한국의 정부와 민간 모두 연구개발투자를 통한 국가 기술능력 특히 혁신능력의 향상이 국가경쟁력 제고에 필수적이라는 것을 확고하게 인식하는 단계에 이르렀음을 보여준다.

둘째, 혁신진입단계의 연구인력 추이를 살펴보면, 총 연구원 수가 1990년의 70,503명에서 2000년의 159,973명으로 그리고 인구 1만 명당 연구원 수가 1990년의 16.4명에서 1999년의 28.7명으로 증가해 기술선진국형 연구인력 구조의 외관을 갖추었다. 즉 1992년 한국의 인구 1만 명당 연구원 수가 20명대에 접어듦에 따라 영국과 프랑스가 1987년, 독일이 1981년, 일본이 1973년 그리고 미국이 1965년 이전에 1만 명당 연구원 수가 20명이 넘어 선 것에 비하면 다소 늦은 편이지만 한국의 인구대비 연구인력의 규모가 기술선진국에 접근한 것이다.

셋째, 혁신진입단계의 특허등록 추이를 살펴보면, 한국 내 특허등록 총 건수가 1990년의 7,762건에서 1999년의 62,635건으로 급격히 증가한 데 비해 외국인의 특허등록 비율이 1992년의 71%에서 1999년의 31% 그리고 2000년의 34%로 급속히 감소한 것이 특징적이라고 할 수 있다. 이는 혁신진입단계의 한국의 혁신능력 제고가 한국인의 특허등록 비율증가로 나타났음을 보여주는 것이다. 특히 미국과 일본의 한국 내 특허등록 비율이 1990년에 각각 15%와 45%에서 2000년에 9%와 19%로 급감한 것은, 한국의 기술혁신 능력에서 미국과 일본에 대한 의존이 감소하고 상당부분 한국의 자체 기술능력을 통한 기술혁신으로 기술혁신의 원천이 전환했음을 보여주는 것이다.

〈표 7-6〉 혁신진입단계의 한국의 기술능력 발전

(단위: 백만 원, %, 명)

| 투입 지표 기준 | 연구비 | | | | | 연구원 수 | |
|---|---|---|---|---|---|---|---|
| | 총연구 개발비 | 총연구비 /GDP | 정부부담 연구비 (비율: %) | 민간부담 연구비 (비율: %) | 연구원1인 당연구비 (단위: 원) | 총연구 원 수 | 인구 만명당 연구원 수 |
| 1990 | 3,349,864 | 1.87 | 651,005 (19.43) | 2,698,895 (80.57) | 47,513,780 | 70,503 | 16.4 |
| 1991 | 4,158,441 | 1.92 | 815,840 (19.62) | 3,342,601 (80.38) | 54,535,501 | 76,252 | 17.6 |
| 1992 | 4,989,031 | 2.03 | 878,485 (17.61) | 4,110,546 (82.39) | 56,205,568 | 88,764 | 20.3 |
| 1993 | 6,152,983 | 2.22 | 1,038,998 (16.89) | 5,113,985 (83.11) | 62,299,856 | 98,764 | 22.3 |
| 1994 | 7,894,746 | 2.44 | 1,260,204 (15.96) | 6,634,542 (84.04) | 67,220,220 | 117,446 | 26.4 |
| 1995 | 9,440,606 | 2.50 | 1,780,900 (18.86) | 7,659,706 (81.14) | 73,573,674 | 128,315 | 28.5 |
| 1996 | 10,878,051 | 2.60 | 2,431,348 (22.35) | 8,446,703 (77.65) | 82,395,121 | 132,023 | 29.0 |
| 1997 | 12,185,800 | 2.69 | 2,862,500 (23.49) | 9,323,300 (76.51) | 88,023,520 | 138,438 | 30.1 |
| 1998 | 11,336,600 | 2.55 | 3,060,200 (26.99) | 8,276,400 (73.01) | 87,361,194 | 129,767 | 27.9 |
| 1999 | 11,921,800 | 2.46 | 3,210,100 (26.93) | 8,711,700 (73.07) | 88,593,128 | 134,568 | 28.7 |
| 2000 | 13,848,500 | 2.69 | 3,451,800 (24.93) | 10,396,700 (75.06) | 86,567,733 | 159,973 | — |

자료: 과학기술부. 《과학기술연감》, 《과학기술활동조사보고》 각 연도.

〈표 7-6〉 계속

| 산출 지표 기준 | 특허등록 | | | |
|---|---|---|---|---|
| | 총특허 등록건수 | 외국인 특허등록건수 (비율:%) | 미국인의 특허등록건수 (비율:%) | 일본인의 특허등록건수 (비율:%) |
| 1990 | 7, 762 | 5, 208 (67) | 1, 198 (15) | 3, 475 (45) |
| 1991 | 8, 690 | 6, 137 (71) | 1, 307 (15) | 4, 025 (46) |
| 1992 | 10, 502 | 6, 932 (66) | 1, 527 (15) | 4, 346 (41) |
| 1993 | 11, 446 | 6, 901 (60) | 1, 527 (13) | 4, 415 (39) |
| 1994 | 11, 683 | 5, 909 (51) | 1, 355 (12) | 3, 697 (32) |
| 1995 | 12, 512 | 5, 937 (47) | 1, 344 (11) | 3, 552 (28) |
| 1996 | 16, 516 | 8, 195 (50) | 1, 930 (12) | 4, 728 (29) |
| 1997 | 24, 579 | 10, 082 (41) | 2, 630 (11) | 5, 420 (22) |
| 1998 | 52, 900 | 17, 000 (32) | 4, 351 (8) | 9, 208 (17) |
| 1999 | 62, 635 | 19, 321 (31) | 5, 027 (8) | 10, 230 (16) |
| 2000 | 34, 893 | 12, 005 (34) | 3, 135 (9) | 6, 694 (19) |

자료: 특허청. 《특허연보》 각 연도.

〈주요통계 출처〉

| 구 분 | 출 처 | 기 간 | 비 고 |
|---|---|---|---|
| 특 허 | 특허연보<br>(경제기획원 조사통계국) | 1965~1972 | 1973, 1974, 1975년은 앞뒤 연감 참조 |
| | 특허청 연보(통계청) | 1975~2000 | |
| 외국인 직접투자 기업현황 | 한국에 대한 외국인 직접투자 기업현황<br>(산업자원부) | 각 연도 | 국내 법령상의 외국인 직접투자 기업 대상 |
| 연구개발투자 | 과학기술연감<br>(과학기술처 등) | 1965~1985 | 정부투자중 'R&D투자' 별도 계산 |
| | 과학기술활동조사 보고<br>(과학기술부 등) | 1986~2000 | |
| 연구개발 인력 | 과학기술연감<br>(과학기술처 등) | 1965~1985 | '인구 1만 명당 연구원 수'통계 중 일부는 자체 계산 |
| | 과학기술활동조사 보고<br>(과학기술부 등) | 1986~2000 | |
| GDP, 임금 | 한국의 사회지표<br>(경제기획원, 통계청) | 1979~2000 | 두 자료 불일치 영역은 한국은행 참조 |
| | 한국은행 통계 DB | 1990~2000 | |

## ■ 참고문헌

과학기술정책관리연구소(1997), 《한국 과학기술정책 50년의 발자취》, 과학기술정책관리연구소.

______(1998), 《한국의 국가혁신체제: 경제위기 극복을 위한 기술혁신정책의 방향》, 과학기술정책관리연구소.

과학기술처(1997), 《과학기술 30년사》, 과학기술처.

김 견(1994), "1980년대 한국의 기술능력 발전과정에 관한 연구", 서울대학교 경제학과 박사학위논문.

김대래 · 조준현 · 최성일(2000), 《현대 자본주의와 동아시아》, 신지서원.

김선근(1998), 《한국의 국가혁신체제: 경제위기 극복을 위한 기술혁신정책의 방향》, 과학기술정책관리연구소.

김성훈(1998), "정부의 산업정책과 기업의 기술혁신 전략: 한국 자동차산업을 중심으로", 고려대학교 행정학과 박사학위논문.

김영우 외(1997), 《한국 과학기술정책 50년의 발자취》, 과학기술정책관리연구소, 정책연구, 97-01.

김현구(1989), "기술이전의 경로와 측정".

박우희 외(2001), 《기술경제학 개론》, 서울대학교 출판부.

서영길(2000), "정책환경의 변화와 조직대응의 제도화: 정보통신부의 조직발전 분석", 고려대학교 행정학과 박사학위논문.

송위진(1999), "기술선택의 정치과정과 기술학습: CDMA 이동통신 기술개발 사례연구", 고려대학교 행정학과 박사학위논문.

송재복(2000), 《한국발전행정론: 제도 · 국가 · 성장/위기》, 대왕사.

송하중 외(2000), 《과학기술발전을 위한 최고정책결정자의 역할》, 국가과학기술자문회의.

송호근(1992), "경제안정과 성장의 정치경제학: 1980년대 산업구조 재조정에 대한 비판적 검토", 《시장과 이데올로기》, 문학과지성사.

안문석(2001), 《정부와 기업 그리고 시민사회: 지식정보화 사회의 행정과 규제개혁》, 박영사.

윤진효(2001), "한국의 기술능력과 외국인 직접투자의 변화 연구", 고려대학교 행정학과 박사학위논문.

이 근 외 역(1995), OECD 편, 《과학과 기술의 경제학》, 경문사.

이 근 외(1997), 《한국산업의 기술능력과 경쟁력》, 경문사.

이 근 · 임채성(2001), "개발도상국 산업의 기술비약: 한국의 사례", 박우희 외, 《기술경제학 개론》, 서울대학교 출판부.

이진주(2001), "개발도상국 모델", 박우희 외, 《기술경제학개론》, 서울대학교 출판부.

임윤철(1998), "기술공급정책", 이공래 외, 《한국의 국가혁신체제: 경제위기 극복을 위한 기술혁신정책의 방향》, 과학기술정책관리연구소.

조현대(1997), 《기술추격국의 기술획득과 전략적 제휴: 모형개발과 사례분석》, 과학기술정책관리연구소.

한국산업은행(1991), 《기술도입의 효과분석》.

함성득(1998), "우리나라의 국가과학기술 종합조정 및 자문기구의 변천사: 통치권자 관심 따라 기구명칭 · 위상 각각: 자문과 정책조정기구간 역할정립 안돼", 《과학과 기술》 제 31권 제 7호, 한국과학기술단체총연합회.

함성득 · 남유진(1999), 《미국정치와 행정》, 나남출판사.

홍성걸(2003), 《국가와 산업경쟁력: 정보통신산업 발전의 정치경제학》, 국민대학교 출판부.

Abernathy, W. · J. Utterback(1978), "Pattern of Innovation in Technology", *Technology Review* Vol. 80, No. 7, pp. 40~47.

Bell, M. · K. Pavitt(1993), "Technological Accumulation and Industrial Growth: Contrasts between Developed and Developing Countries", *Industrial and Corporate Change* Vol. 2, No. 2, pp. 157~210.

Canter, Uwe · Andreas Pyka(2001), "Classifying Technology Policy from an Evolutionary Perspective", *Research Policy* Vol. 30, pp. 759~775.

Cantwell, J. (1989), *Technological Innovation and the Multinational Corporation*, Oxford: Blackwell.

Chang, Ha-Joon(1993), "The Political Economy of Industrial Policy in Korea", *Cambridge Journal of Economics* Vol. 17, pp. 131~157.

Cooms, R. · P. Saviotti · V. Walsh (1987), *Economics and Technological Change*, Totowa: Rowman & Littlefield Publishers.

Costa, Ionara · Sergio Robles Reis de Queiroz (2001), *FDI and Technological Capabilities in the Brazilian Industry*, DRUID-Nelson and Winter Conference.

Deyo, F. (ed.) (1987), *The Political Economy of New Asian Industrialism*, Ithaca: Cornell University Press.

Dodgson, Mark (2000), "Policies for Science, Technology, and Innovation in Asian Newly Industrializing Economies", In Kim, Linsu and Richard R. Nelson (eds.), *Technology, Learning & innovation: Experiences of Newly Industrializing Economies*, Cambridge: Cambridge Univ. Press, pp. 229~268.

Evenson, Robert E. · Larry E. Westphal (1994), *Technological Change and Technology Strategy*, In Un/Intech Working Pager No. 12.

Freeman, C. (1987), *Technology Policy and Economic Performance: Lessons from Japan*, London: Pinter Publisher.

Geddes, Barbara (1991), "Paradigms and Sand Castles in Comparative Politics of Developing Areas", In William Crotty (ed.), *Political Science: Looking to the Future*, Chicago: Northwestern University Press, pp. 45~75.

Hahm, Sung Deuk · L. Christopher Plein · Richard Florida (1994), "The Politics of International Technology: Lessons from the Korean Experience", *Policy Studies Journal* Vol. 22, No. 2, pp. 311~321.

Hahm, Sung Deuk · L. Christopher Plein (1997), "After Development", *The Transformation of the Korean Presidency and Bureaucracy*, Washington, DC: Georgetown University Press.

______(1997), "Technology Transfer Strategies and Economic Development in South Korea", In Lee, Yong S. (ed.), *Technology Transfer and Public Policy*, London: Quorum Books.

Kearns, Allan · Frances Ruane (2001), "The Tangible Contribution of R&D-Spending Foreign-owned Plants to Host Region: a Plant

Level Study of the Irish Manufacturing Sector(1980~1996)", *Research Policy* Vol. 30.

Kim, Linsu · C. Dahlman(1992), "Technology Policy and Industrialization: An Integrative Framework and Korea's Experience", *Research Policy* Vol. 21, pp. 437~452.

Kim, Linsu(1991), "Pros and Cons of International Technology Transfer: A Developing Country's View", In Tamir Agmon and Mary Ann Von Glinow(eds.), *Technology Transfer in International Business*, New York: Oxford University Press.

______(1994), "National Systems of Industrial Innovation: Dynamics of Capability Building In Korea", In Nelson, R. (ed.), *National Innovation System: A Comparative Analysis*, Oxford: Oxford University Press.

______(1997), *Imitation to Innovation: The Dynamics of Korea's Technological Learning*, Boston: Harvard Business School Press.

Kim, Linsu · R. Nelson(eds.) (2000), *Technology, Learning & innovation: Experiences of Newly Industrializing Economies*, Cambridge: Cambridge Univ. Press.

Kohno, Masaru(1992), "Rational Foundations for the Organization of the Liberal Democratic Path in Japan", *World Politics* Vol. 44, pp. 369~397.

Lall, Sanjaya(1992), "Technological Capabilities and Industrialization", *World Development* Vol. 20, No. 2, pp. 165~186.

______(2000a), "Technological Change and Industrialization in the Asian Newly Industrializing Economies: Achievements and Challenges", In Kim, Linsu and R. Nelson(eds.), *Technology, Learning & Innovation: Experiences of Newly Industrializing Economies*, Cambridge: Cambridge Univ. Press, pp. 13~68.

______(2000b), "The Technological Structure and Performance of Developing Country Manufactured Exports, 1985~98", *Oxford Development Studies* Vol. 28, No. 3, pp. 337~369.

Lee, Jinju · Jong-Tae Bae · Dong-Kyu Choi (1988), "Technology Development Process: A Model for a Developing Country with a Global Perspective", *R&D Management* Vol. 18, No. 3.

Nelson, R. (eds.) (1994), *National Innovation System: A Comparative Analysis*, Oxford: Oxford University Press.

Nelson, R. · S. Winter (1982), *An Evolutionary Theory of Economic Change*, Cambridge, MA: Belknap Press.

OECD (2000), *Main Science and Technology Indicator.*

Patel, P. · K. Pavitt (1994), "The Nature and Economic Importance of National Innovation System", *OECD STI Review* No. 14.

Schumpeter, A. (1946), *Capitalism, Socialism and Democracy*, New York: Harper and Row.

Wei, Liu (1995), "International Technology Transfer and Development of Technological Capabilities: A Theoretical Framework", *Technology In Society* Vol. 17, No. 1, pp. 103~120.

8장

# 새로운 국가혁신체제 구축전략

## 모방에서 창조로

송위진

## 1. 국가혁신체제의 구조적 변화

한국 국가혁신체제는 새로운 전환기를 맞고 있다. 그동안의 산업화과정에서 형성된 기술혁신체제의 전환이 요구되기 때문이다. 산업화과정에서 한국 혁신체제가 주로 수행한 일들은 이미 상업화되어 있는 외국기술을 도입·소화·개량하는 활동이었다. 따라서 이미 문제와 답이 주어진 상황에서 우리의 조건에 맞게 변형시켜 문제를 해결하는 것이 기술혁신활동의 중심을 이루었다.

그런데 반도체, TFT-LCD, 휴대전화 등 몇 몇 분야에서 선진국을 제치고 선두로 진입하는 분야들이 나타남에 따라 해결해야 하는 문제의 성격이 바뀌기 시작하였다. 이제는 선진국도 해결하지 못한 문제를 풀어야 하거나 스스로 문제를 만들어서 해결해야 하는 상황이 전개되는 것이다. 또 다른 한편으로는 중국을 필두로 한 후발공업국들의 추격이 가속화되었다. 우리의 모방형전략을 모방하면서 급속하게 성장하는 이들 국가들로 인해 전통적인 산업에서 지속적인 경쟁우위 확보가 점점 어려워졌다.

이와 같은 환경변화는 혁신주체들이 '재빠른 추격자'(*fast follower*)를 넘어 '혁신선도자'(*innovation leader*)로 전환할 것을 요구한다. 이러한 새로운 기술혁신패턴은 과거와는 다른 새로운 일하는 방식을 필요로 한다. 이제는 '추격체제'를 벗어나 '탈(脫)추격체제'의 혁신체제 구축이 필요한 것이다.

이 글에서는 한국혁신체제가 그동안의 산업화과정에서 선진국을 추격하면서 구축한 혁신체제의 특성과 문제점을 살펴보고, 새로운 환경변화에 대응하기 위한 혁신체제의 전환방향을 제시하는 것을 목표로 한다. 또 개별요소들에 대한 분석을 수행하고 그것을 평면적으로 나열하는 기존연구(이공래 외, 1998 ; Nelson, 1993)와는 달리 기술혁신모델을 중심에 위치시키고 그것을 토대로 해서 혁신체제 구성요소들의 기능과 역할을 살펴보는 접근을 취할 것이다.

그동안의 산업화과정에서 형성된 한국 국가혁신체제의 구조적 특성을 '모방형 · 각개약진형' 기술혁신모델로 개념화하고, 이 모델을 통해 외국기술을 모방하는 기업의 기술혁신활동을 중심으로 국가혁신체제의 구조가 형성되는 양상들을 다룰 것이다. 그리고 앞으로 지향해야 할 혁신체제의 특성을 '창조형 · 혁신공동체' 기술혁신모델로 개념화할 것이다. 외국기술의 모방을 넘어 자생적인 원천기술 창출능력을 가진 기업의 기술혁신활동을 중심으로 국가혁신체제가 조직화되어야 한다는 관점에서 각 혁신주체들과 제도들이 지향해야 하는 방향이 논의될 것이다. 이와 함께 좀더 구체적인 수준에서 혁신체제의 이행을 위한 몇 가지 주요과제들을 다룰 것이다. 여기에서는 시스템전환을 위한 예시적인 시범사업들을 다루고자 한다.

## 2. 분석의 관점

### 1) 국가혁신체제론

혁신체제론,[1] 좁게는 국가혁신체제론은 1980년대 후반에 등장한 논의로서 기존의 신고전파적 접근과는 다른 시각에서 기술혁신과 과학기술정책을 파악한다(Coombs et al., 1997; Lundvall, 1992; Nelson, 1993; Edquist, 1997; Freeman and Soete, 1997; Tidd et al, 1997; Metcalfe, 2001, Pavitt, 2002). 혁신체제론은 영국의 SPRU(*Science Policy Research Unit*)를 모태로 이루어진 기술혁신연구와 넬슨과 윈터(Nelson & Winter, 1982)로부터 시작된 진화론적 경제학을 이론적 자산으로 하여 조절이론 등과 같은 제도주의 경제학, 그리고 자원기반 전략경영론(Barney, 1991; Montgomery, 1995; Teece et al., 1997) 등

1) 혁신체제는 여러 수준에서 이야기할 수 있다. 국가수준에서 혁신체제를 본다면 국가혁신체제를 다루는 것이고 산업수준에서 혁신체제를 이야기한다면 산업혁신체제(*sectoral innovation system*), 또는 혁신 클러스터(*innovation cluster*)를 논한다. 기업수준에서도 기업혁신체제를 다룰 수 있다. 따라서 혁신체제론은 분석수준보다는 혁신을 분석하는 독특한 관점과 시각에 의해 구별되는 이론이라고 할 수 있다. 혁신체제론은 기술적 측면과 조직적 측면에서의 혁신, 즉 기술혁신과 조직혁신 모두를 대상으로 한다. 새로운 기술만이 아니라 ERP(*Enterprise Resource Planning*), SCM(*Supply Channel Management*) 등과 같은 새로운 조직과정과 기법의 도입도 혁신체제론의 분석대상이다. 그러나 조직과정과 기법들도 조직기술로 정의할 수 있으며(Nelson and Sampat, 2001), 이러한 입장을 취한다면 조직혁신도 넓은 의미에서 기술혁신의 일부분으로 볼 수 있다. 혁신체제론의 관점에서 한국과 미국의 행정혁신체제를 비교분석한 연구로는 박명수 외(1997)를 참조할 것.

과 상호작용을 통해 발전하였다. 현재 OECD나 EU에서 활용되는 국가혁신체제론은 기술혁신과 과학기술정책을 분석하는 지배적 패러다임이 되었다(OECD, 1992; OECD, 1998; Caracosta and Muldur, 1998).

국가혁신체제(*National Innovation System*)는 "새로운 기술을 획득하고 개량하며 확산시키기 위하여 기술개발 관련행동과 상호작용을 수행하는 공공 및 민간부문 조직들간의 네트워크"(Freeman, 1987) 또는 "기술혁신의 성과에 영향을 미치면서 주된 역할을 수행하는 조직체들의 집합"(Nelson and Rosenberg, 1993)으로 정의된다. 즉 국가혁신체제는 일국 내에서 경제적으로 유용한 지식과 정보를 창출·확산·활용하는 데 영향을 미치는 조직들 및 그들의 관계로서 구성된 시스템이라 할 수 있다. 기업과 대학, 연구소 등과 같이 직접적으로 지식을 창출·확산·활용하는 조직과 함께 이들 조직들에게 필요한 물적·인적자원을 공급하는 금융기관, 교육기관, 그리고 산업협회와 같이 여러 주체들의 활동을 조정해주는 역할을 담당하는 조직들이 국가혁신체제의 구성요소에 포함된다.[2)]

국가혁신체제론에 따르면 혁신의 성과는 혁신주체들이 혁신활동을 수행하는 방식, 혁신주체들이 상호작용하는 방식 등 혁신이 이루어지는 조직과 제도의 구조적 특성에 크게 영향을 받는다. 혁신에 필요한 인력과 자금과 같은 자원의 공급만이 아니라 그것이 조직되고 활용되는 방식에 의해 혁신의 성과가 결정된다는 것이다. 이러한 측면에서 접근하면 혁신정책은 혁신을 촉진시킬 수 있는 제도적 틀을 구축하는 데 초점이 맞추어진다.

---

2) 혁신체제의 작동을 통해서 혁신이 이루어진다. 다시 말하면 혁신체제는 혁신을 창출하는 시스템으로, 종속변수인 혁신의 방향과 성과에 영향을 미치는 독립변수로서의 역할을 한다고 볼 수 있다.

따라서 국가혁신체제론에서는 기업 내에서 기술혁신이 이루어지는 패턴, 기업간 상호작용을 통해 기술혁신이 이루어지는 패턴, 기업과 대학, 공공연구소의 상호작용을 통해 기술혁신이 이루어지는 패턴, 금융기관으로부터 기업들에게 기술혁신 관련금융이 공급되는 패턴, 대학이나 교육·훈련제도를 통해 기술혁신 관련인력들이 공급되는 패턴, 산업협회나 업계모임들을 통해 기술지식이 창출되고 공유되는 패턴에 많은 관심을 둔다.

국가혁신체제론에서 정부의 역할은 시스템의 실패를 해결하는 데 있다. 국가혁신체제론에서 정의하는 시스템실패(*system failure*)는 혁신체제가 가진 구조적 문제로 인해 혁신의 창출·확산이 제약되는 것이다. 즉 혁신주체들의 창의적 활동에 의한 "기술적 다양성의 생성 → 선택 → 유지·확산"이라는 과정을 제약하는 제도적 문제점과 함정들을 시스템실패라고 주장한다.

시스템실패를 극복하기 위해서는 다양한 아이디어를 활발하게 만들어내고 그것들을 효과적으로 활용하고 확산시킬 수 있도록 제도와 구조를 구축하는 것이 필요하다. 국가혁신체제가 지닌 구조적 문제가 해결되지 않은 상태에서는 자원이 아무리 많이 투입된다 하더라도 소기의 성과를 얻을 수 없으며 오히려 비효율적 시스템을 계속해서 온존·확장시키는 결과를 낳는다. 결국 시스템실패를 극복하고 혁신을 활성화할 수 있는 시스템으로 전환시키는 것이 국가의 역할이라고 할 수 있다.

### 2) 시스템전환

그렇다면 시스템의 전환은 어떻게 이루어지는가? 일반적으로 혁신체제를 구성하는 제도들이 안정성을 확보하면 혁신주체들은 그 제도에 따라 행동하고, 또 이 행동을 통해 그 제도들을 재생산한다. 이 제도들은 관성을 가지기 때문에 쉽사리 변화하지 않으며 경로의존성을 가진다(David, 1994).

경로의존성이 존재하는 상황에서는 특정제도들이 형성되면 환경의 변화에 맞추어 그것을 변화시키는 것은 매우 어렵다. 특히, 형성된 제도들이 상당기간 동안 성공적인 결과를 가져왔을 경우 더욱 그러하다. 과거에 성공적인 결과를 가져왔기 때문에 혁신주체들은 과거의 패턴에 따라 기술혁신을 수행하는데, 그것은 앞으로도 성공적인 결과를 가져올 것이라 생각하기 때문이다. 이러한 측면들은 '성공의 실패'라는 개념이나 핵심경직성(*core rigidity*) 등의 개념으로 표현된다(Miller, 1993 ; Leonard-Barton, 1992). 이는 특정분야에서 성공했기 때문에, 또는 특정분야에서 핵심능력을 가졌기 때문에, 그 분야에서 활용하던 문제해결 방식과 조직운영 방식을 환경이 바뀌었음에도 불구하고 계속해서 고수함으로써 환경에 대한 대응력을 상실해 실패한다는 것을 의미한다.

또한 새로운 시스템의 구축과정은 다른 측면에서 본다면 기존지식의 폐기과정이라고 할 수 있으며, 이 과정은 기존체제의 재편을 요구한다. 이때 기존체제에서 기득권을 누리던 집단이 권력을 상실하는 경우가 많기 때문에 정치적 갈등이 발생한다. 그리고 새로운 기술패러다임에 입각해서 기술개발을 수행하거나 새로운 조직과정을 도입하는 것은 매우 높은 불확실성을 내포하기도 하다.

이러한 상황에서 새로운 시스템을 구현하기 위한 방안 중의 하나는 소규모의 시범사업을 추진하는 것이다(Leonard-Barton, 1992). 신기술과 새로운 조직방식에 입각한 소규모의 시범사업은 기존의 자원배분 구조 및 규모에 큰 변화를 가져오지 않기 때문에 기득권집단의 문제제기를 비켜갈 수 있다. 소규모로 사업이 추진되기 때문에 여러 복잡한 변수들을 통제할 수 있으며 다양한 형태의 신기술개발과 조직혁신을 시도할 수 있다. 그리고 이 과정을 통해 학습이 이루어져 다음번에 더 큰 규모의 사업을 시도할 때 활용할 수 있는 사전적 지식을 축적함으로써 대규모사업을 추진할 때 감수해야 하는 불확실성을 낮출 수 있다. 이 시범사업을 통해 성공적 결과가 얻어졌다면, 새로운 기술의 수용과 시스템혁신에 대한 정당성을 제고시킬 수 있으며, 또 사업추진의 경험을 통해 불확실성을 낮춤으로써 시스템전환에 대한 정치적 반대와 위험을 줄일 수 있다.

이 글에서는 이러한 관점에 입각해서 기존의 모방형·각개약진형 시스템에서 창조형·혁신공동체형으로 전환하는 과정에서 추진할 수 있는 시범사업의 사례들을 검토할 것이다.

### 3) 시스템의 정합성

조절이론 등 제도주의 경제학의 전통에 서있는 국가혁신체제 연구자들은 국가혁신체제를 구성하는 제도와 조직들의 보완성(*complementarities*)과 정합성(*coherence*)에 초점을 맞추어 논의를 전개한다 (Coriat and Weinstein, 2002 ; Amable, 2003).

기존의 국가혁신체제에 대한 연구들은 주로 국가혁신체제의 개별 구성요소들을 중심으로 분석을 전개하였다(Nelson, 1993 ; 이공래 외, 1998). 국가혁신체제의 개별 구성요소들인 기업·대학·출연연구소의 기술능력과 혁신활동이 어떻게 발전했으며, 어떤 문제점을 지녔는가들을 다루었던 것이다. 이렇게 개별요소들의 성장과 발전과정을 중심으로 분석이 이루어지다 보니 이들 요소들이 다른 요소들과 맺는 관계에 대해서는 깊이 있는 논의가 전개되지 못했다.

제도들간의 보완성을 강조하는 접근들은, 시스템을 구성하는 제도들간에 보완성이 존재해야만 그 시스템이 안정적으로 작동하며, 일정한 성과를 거둘 수 있다는 점을 강조하면서 기존의 요소별접근을 비판한다. 이러한 접근은 개별요소들의 구체적 내용과 발전과정에 대한 분석을 세밀히 전개하지 못하는 약점은 있지만 시스템차원에서 형성된 국가혁신체제의 구조적 특성을 파악하는 데에는 상당한 기여를 할 수 있다.

여기에서는 제도적 보완성을 강조하는 조절이론적 접근을 토대로 한국 혁신체제의 특성을 논의할 것이다. 이를 위해 국가혁신체제의 핵심주체인 기업의 기술혁신 활동을 중심에 놓고 이 활동과 출연연구기관, 대학, 인력훈련시스템, 금융시스템이 맺는 상보성(*complementarities*)을 중심으로 분석을 수행할 것이다. 이러한 작업을 통해 한국 국가혁신체제가 지닌 구조적 특성으로서 기업의 기술혁신 과정과 각 혁신주체들이 상호작용하는 방식이 드러날 것이다.

## 3. 한국 혁신체제의 특성과 문제점 : 모방형 · 각개약진형

혁신체제의 구조적 특징은 기업의 기술혁신 행태와 혁신주체들의 상호작용의 측면에서 찾아볼 수 있다. 1960년대 이후 산업화과정에서 형성된 한국 혁신체제의 특징은 모방형 기술혁신과 혁신주체들의 각개약진으로 요약할 수 있다. 압축성장기를 거쳐 1990년대 초에 완성된 이러한 혁신체제가 현재 각 주체들의 행태를 규정한다. 그러나 최근 한반도를 둘러싼 환경변화로 기존시스템의 문제점이 드러났으며 새로운 혁신체제로의 전환이 요구되고 있다. 이하에서는 모방형 · 각개약진형 기술혁신모델의 특성을 간단하게 정리한다.

### 1) 모방형 기술혁신모델

#### (1) 기업의 기술혁신 행태: 모방을 통한 기술능력의 축적

한국의 기업은 그동안 외국에서 도입한 원천기술을 소화 · 개량해 상업화하는 과정을 통해 혁신능력을 축적하였고, 생산능력과 제품화 능력을 고도화시켜 재빠른 추격자로 발전하였다.

재벌계 대기업인 조립생산업체들은 1970~1980년대에 해외기술 도입과 역행엔지니어링(*reverse engineering*)을 통해 생산기술력을 획득하였다. 외국에서 구입한 기술을 우리나라의 조건에 맞게 구현 · 모사하는 과정에서 효과적 학습을 통해 고속으로 성장할 수 있었다. 더 나아가 1990년대에는 선진국의 원천기술을 활용해 고객의 요구를 반영한 차별화된 부가기능을 신속하게 개발하는 제품화 기술력을 획득하였다. 이러한 기술능력 축적과정을 통해 국내기업들은 휴대전화, 반도체, TFT-LCD, 자동차 등에서 세계적인 경쟁력을 확보할 수 있었다.

그러나 국내기업은 이런 기술학습 과정에서 원천기술과 핵심부품, 설비를 외국에 의존할 수밖에 없었다. 국내기업과 대학·연구소 등 혁신주체들이 관련기술을 개발할 수 있는 능력이 낮아서 제품을 자체 개발할 때까지 기다리는 것보다 이미 외국에 존재하는 기술과 부품을 구입해 재빠르게 제품을 개발·생산하는 것이 효과적이었다. 이로 인해 국내의 원천기술 및 핵심부품 개발활동이 취약해졌으며, 원천기술 공급기능을 담당하는 대학과 출연(연)에 대한 직접적인 연구수요가 형성될 수 없었다. 이는 원천기술 및 핵심부품의 개발기회와 능력을 저하시키는 결과를 낳았다. 또한 조립대기업들이 외국의 핵심부품을 선호했기 때문에 범용부품을 제외하고는 고부가가치의 핵심부품시장이 형성되지 않았다. 부품기술 개발에 대한 동기부여 약화로 핵심부품의 해외의존이 지속되는 결과를 낳았다.

한편 이러한 의존형 기술개발로 조립대기업의 기술혁신 활동이 폐쇄적 형태를 띠었다. 대학이나 출연(연), 부품생산업체, 경쟁기업과의 교류나 공동기술 개발활동의 기회가 극히 적었다. 또한 기술을 도입한 외국기업들과의 관계에서도 기술구매와 구현과정에서 발생하는 문제해결을 위한 협력은 있었지만 공동 기술개발은 거의 없었다. 기술수준이 낮은 것도 원인이 되었지만 기술개발 활동을 내부에서만 수행하려는 경향이 이를 더욱 가속화시켰다.

### (2) 혁신자원의 조달과 활용

모방형 기술혁신 활동에서 자본과 노동의 공급방식은 독특한 모습을 보였다. 기술혁신에 투입되는 리스크자본(*risk capital*)은 주로 은행중심의 정책금융과 계열사의 투자를 통해 동원되었다. 기술혁신이나 설비투자에 투입가능한 자본의 부족과 금융시장의 미성숙으로 정부가 자본조달과 투자리스크를 감당하게 되었으며 이는 정책자금의 형태로 투입되었다.

한편 투자활동은 이미 존재하는 기술을 도입해 구현하는 활동과 관련된 것이기 때문에 기술적 리스크가 상대적으로 낮았다. 기술적으로 가능하면서도 이미 시장이 형성된 분야에 대한 투자였기 때문에 정부가 특정분야를 선택하는 과정에서 수반되는 불확실성은 상대적으로 낮았다. 또한 투자과정에서 정부와 기업들 간의 밀접한 정보교류로 인해 정부의 정보처리 능력미숙으로 발생하는 정부실패의 가능성도 상대적으로 낮았다. 한편 정부는 수출성과를 기준으로 하는 금융자원 배분의 선별 메커니즘을 통해 기업의 지대추구 행위를 규율할 수 있었고 정부실패의 가능성을 어느 정도 해소할 수 있었다. 그러나 이러한 정책금융을 통한 자본할당은 소수의 재벌기업집단에 투자가 집중되는 경제력집중 문제를 야기했다. 또한 정부주도의 정책금융으로 은행이 기술혁신 투자의 수익성이나 성과를 검토하는 능력을 축적할 수 있는 학습기회가 제약되어 투자심사 능력 및 자본시장의 발전이 한계에 부딪힐 수밖에 없었다.

인력양성과 활용방식의 측면에서, 모방형 기술혁신모델은 창의성을 가진 인력보다는 도입된 기술의 소화·개량에 적합한 숙련인력을 선호했다. 다시 말해, 기업들은 새로운 개념개발이나 문제정의 능력을 가진 인력보다도 규범과 지침을 정확히 이해하고 주어진 문제를 효과적으로 해결할 수 있는 인력을 선호했던 것이다.

또 도입된 기술을 소화할 수 있는 엔지니어들을 중심으로 공정혁신이 수행된 반면 생산현장의 노동자들이 기술혁신 과정에 참여할 수 있는 통로는 배제되어 구상과 실행이 엄격히 분리되었다. 모방형 기술혁신이란 선진국에 이미 존재하는 기술을 국내의 조건에 맞게 개선하는 것이기 때문에 도입된 지식과 기술을 잘 해석하고 현실에서 구현할 수 있는 엔지니어 중심으로 기술혁신 활동이 이루어졌고, 현장의 숙련지식이 혁신과정에 통합될 필요성이 적었던 것이다. 한편 이런 구상과 실행의 분리상황은 배제와 대립을 특징으로 하는 노사관계 속에서 더욱 강화되었다. 구상업무를 담당하는 기술인력과 경영인력의 경우, 기업성장 및 기술발전의 목표가 선진국 발전경로를 빠르게 추격하는 것이었기 때문에 새로운 발전경로를 탐색하는 전략적 기획 능력에 대한 요구도 크지 않았다.

작업장에서의 노사관계와 기술혁신 과정의 특성은 교육·훈련체제에도 영향을 미쳤다. 교육·훈련의 목표도 창의력 있는 인력을 양성하는 것보다 매뉴얼과 지시에 따라 작업을 효과적으로 수행할 수 있는 생산인력의 양성과 도입된 기술의 구현과정에서 발생하는 문제를 해결할 수 있는 중급수준의 기술자육성에 맞추어졌다.

### (3) 공공부문의 기술개발

공공부문의 기술개발 활동도 모방형 기술개발모델에 의해 규정되었다. 대학 및 출연(연)의 연구개발 방향을 규정지었던 국가연구 개발사업은 새로운 프론티어 개척이 아닌 선진국연구의 모방을 지향했다. 이러한 연구개발 활동은 기업의 기술혁신 활동과는 깊은 연계가 없었다. 기업의 기술혁신 활동은 외국기술의 도입과 재빠른 상업화에 초점이 맞추어졌기 때문이다. 또한 출연(연)이나 대학의 연구활동은 대부분 연구자들이 유학한 나라에서 하던 연구를 그대로 수행하는 경우가 많았다. 결국 대학과 출연(연)의 연구활동과 기업이 요구했던 지식 사이에 괴리가 존재했다.

그러나 출연(연)과 대학의 연구자들의 기여가 전혀 없었던 것은 아니다. 외국에서 훈련받은 문제해결 방식을 활용해 기업의 외국기술 도입과정에서 적절한 기술선택과 관련기술의 소화·흡수에 필요한 자문을 제공했다. 연구개발 활동이 아닌 일반적인 문제해결 능력을 통해 기업의 기술도입 활동을 지원한 것이다. 공동연구 개발이나 수요자의 요구를 반영한 연구개발은 미흡했지만 일반적 성격을 지닌 지식기반에 기초해서 기업의 혁신활동 지원이 이루어졌던 것이다.

(4) 해외시스템과의 관계

외국 선진기술의 도입을 통한 경제성장 과정에서 선진국의 기업과 교류가 강화되었지만, 고급지식/기술교류를 위한 글로벌 연구개발 네트워크 구축은 미진했다. 외국과의 기술협력 형태가 공동연구 개발이나 인력의 교류보다는 기계장비 및 설비, 기술도입 등 명시화된(*codified*) 지식의 수입이 대종을 이루었기 때문이다. 이로 인해 암묵적 지식(*tacit knowledge*)이나 기술개발 방식 등 소프트웨어적 지식이전은 활발하지 못했다.

(5) 기술적 리스크의 회피

모방형 기술혁신모델에서는 기술혁신에 따른 리스크에 수반되는 사회적 부작용들을 어느 정도 피해갈 수 있었다. 도입된 기술은 이미 선진국에서 구현되는 과정에서 위험성이 검토되었기 때문에 리스크를 초래할 가능성이 낮았고 또 문제가 발생한다고 해도 처방까지 함께 수입할 수 있었다. 그러나 도입된 기술이 구현되는 과정에서 비용이나 편의성 등의 이유로 규칙준수가 제대로 이루어지지 않아 문제가 발생하는 경우도 많았다. 성수대교 붕괴나 환경문제, 작업장 안전문제 등이 바로 그러한 사례라고 할 수 있다.

### 2) 각개약진형 기술혁신모델

각개약진형 기술혁신 방식은 모방형 기술혁신모델의 확산으로 나타난 결과라고 할 수 있다. 앞서 살펴보았듯이 모방형 기술혁신 과정에서 기업이 필요로 하는 기술지식과 출연(연)이나 대학이 공급할 수 있는 지식 간의 부정합(*mismatch*)이 존재하고, 지식연계 메커니즘이 미약하여 혁신주체들의 각개약진 현상이 나타난 것이다.

출연(연)과 대학의 연구자들의 경우 기업의 직접적인 요구와 동떨어진 분야를 연구할 수밖에 없는 구조적 조건이 있었다. 출연(연)과 대학이 연구를 통해 획득한 지식은 당시 기업들이 필요로 했던 지식과 차이가 있었으며 또 유용한 기술지식을 기업의 생산활동과 연계하는 메커니즘이 부재했다. 기업도 출연(연)이나 대학보다는 현장경험을 축적한 외국기업을 더 선호했다. 대학, 연구소, 기업의 혁신주체들은 기술혁신 과정에서 밀도 높은 상호작용 없이 각개약진형으로 발전하여 혁신주체들간의 지식자산 교환과 효과적인 공동학습이 제약되었다.

이러한 양상은 혁신주체간의 낮은 인력유동성과 형식적인 공동연구를 통해 더욱 강화되었다. 대학은 교수들, 출연(연)은 연구원들, 기업은 내부의 인력들을 중심으로 폐쇄적이고 고립된 집단을 형성하였다. 이로 인해 출연(연)과 대학이 다양한 영역에서 도입·창출한 기술지식을 효과적으로 활용할 수 있는 메커니즘이 부재했다.

### 3) 모방형·각개약진형 기술혁신모델의 평가

우리나라 기업은 모방형·각개약진형 기술혁신모델을 통해 선진국에서 도입한 핵심기술과 핵심부품을 활용해서 몇몇 분야에서는 추격에 성공하였다. 반도체, 이동전화, TFT-LCD 분야에서 신속한 제품

〈그림 8-1〉 모방형 · 각개약진형 혁신체제의 구조

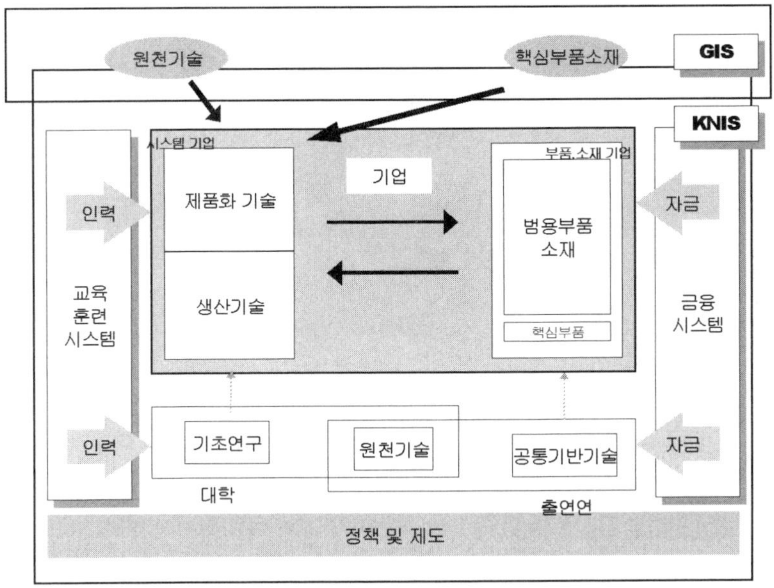


KNIS: Korean National Innovation System
GIS: Global Innovation System

개발력과 고도의 생산능력을 바탕으로 선진국과 어깨를 겨룰 수 있는 경쟁력을 확보했다. 그러나 이러한 성과에도 불구하고 추격이 이루어진 분야는 광범위한 기술분야의 일부영역에 불과하며, 또 선두에 나선 기술분야에서도 지속적인 리더십유지가 쉬운 일이 아니다.

한편 혁신주체들의 각개약진형 발전과정에서 기업과 대학 · 출연(연)은 공동학습을 효과적으로 수행하지는 못했지만, 기술혁신 활동을 제대로 수행할 수 있는 자원과 능력을 지닌 혁신주체로 발전할 수 있었다. 1970년대에는 출연(연)이 연구개발 활동을 본격적으로 수행하기 시작했고, 1980년대에는 기업의 연구개발이 강화되었으며, 1990년대에 이르러 대학도 연구를 수행하면서 국가혁신체제의 핵심주체들로서 전문적인 연구개발 활동이 가능해졌다. 이러한 발전과정에서 한국 혁신체제는 기술혁신을 제대로 수행할 수 있는 인력과 자금 및 지식의 임계규모를 확보할 수 있었다. 자생력 있는 시스템으로 발전할 수 있는 혁신체제가 구축된 것이다. 이제는 그동안의 발전과정에서 축적한 자원과 지식의 효과적 연계와 활용이 향후 경제성장 및 사회발전을 위한 핵심과제가 되었다.

## 4. 한국 혁신체제의 발전방향 : 창조형 · 혁신공동체형

기술혁신을 둘러싼 내외부 환경은 급격히 변화하였다. 이와 같은 환경변화에 대응하기 위해서는 기업의 기술혁신 행태와 혁신주체 사이의 관계에서 새로운 변화가 필요하다.

기술의 변화속도가 가속화되고 IT, BT, NT 등과 같은 기반기술과 다양한 기술들이 융합되는 기술환경 변화에 대응하기 위해서는, 자체의 내부지식만이 아니라 다른 조직의 기술지식을 통합 · 활용할 수 있는 능력이 요구된다. 혼자만의 능력과 자원으로 급속한 변화와 기술적 다양성에 대한 요구를 충족시키는 데 한계가 있을 수밖에 없기 때문이다. 이는 기존의 각개약진형 기술혁신모델과는 다른 접근방식을 필요로 한다.

또 원천기술을 외국에 의존하는 기존의 모방형 기술혁신모델로는 중국을 필두로 우리와 유사한 모방전략을 구사하는 신흥개발도상국의 추격에 대응하는 데 한계가 있다. 그리고 선진국이 기술이전을 기피하고, 어떤 분야에서는 프론티어 분야에 접근해 모방할 수 있는 원천기술이 존재하지 않는 경우도 발생한다. 이러한 상황에서 과거와는 다른, 내생적으로 원천기술을 창출할 수 있는 혁신체제가 요구되는 것이다.

다음에서는 이러한 환경변화에 대응한 한국 혁신체제의 발전방향을 '창조형 · 혁신공동체형'으로 정의한다. 이는 국가혁신체제를 고도화하고자 하는 다양한 정책과 노력들을 특정방향으로 이끄는 '전략적 의도'(*strategic intent*) 차원에서 제시된 것으로 혁신체제의 발전비전을 제시한 것이다.

### 1) 창조형 기술혁신모델

#### (1) 기업의 기술혁신 행태: 원천기술의 내생적 창출능력 확보

창조형 기술혁신모델은 원천기술 및 기술플랫폼의 내생적 창출(*self-generating*) 역량이 확보된 국가혁신체제의 기술혁신모델을 의미한다. 원천기술은 제품이나 상품개발에 필요한 핵심적인 기술지식으로 이 지식이 없으면 제품개발이 불가능하다. 원천기술을 보유하고 있으면 시장에서 경쟁우위를 누릴 수 있으며 높은 부가가치를 창출할 수 있다.[3]

한편 원천기술의 내생적 창출능력을 가졌다고 해서 국내에서만 모든 것을 개발하고 생산·사용한다는 것을 말하는 것은 아니다. 기술혁신 과정에서 필요한 원천기술과 핵심부품, 관련지식을 저렴한 비용으로 신속하게 확보할 수 있다면 당연히 글로벌한 차원의 접근이 필요하다. 재빠른 기술의 상업화와 저렴한 상품가격은 경쟁우위 확보의 핵심이 되기 때문이다. 그러나 원천기술 창출능력을 내생적으로 가지고 있는 상태에서 외부조달을 하는 것과 내생적 능력이 없는 상태에서 해외에 의존하는 것에는 큰 차이가 있다. 내생적 능력을 가지고 있다면 해외조달 조건이 악화될 때에 효과적으로 대응할 수 있으며 또 기술이나 부품의 조달가격을 낮출 수 있다.

원천기술을 자생적으로 창출하기 위해서는 기초연구 수준의 제고만이 아니라 응용 및 개발과정에서의 독특한 기술능력 확보도 중요하다.

---

3) 원천기술을 확보하면 기술을 상용화하는 과정에서 발생하는 불확실성이 감소하고 지속적인 부가가치를 창출할 수 있다. 또한 이 원천기술을 바탕으로 다른 기업들과의 전략적 제휴를 통해 네트워크 형성에서 주도권을 확보할 수 있다. 그리고 이러한 주도권은 기술플랫폼 리더십을 강화시켜 산업을 이끌어갈 수 있는 자원을 제공해준다.

과학기반산업이나 신기술산업에서 원천기술을 확보하기 위해서는 기초연구나 과학적 지식의 효과적 활용이 중요하다. 그러나 혁신의 원천을 생산과정이나 고객과의 상호작용에서 오랫동안 축적된 암묵지(暗默知, *tacit knowledge*)에 두고 있는 기계산업과 같은 전통주력산업의 경우에는 응용이나 개발과정에서 축적된 차별화된 지식이 원천기술의 토대가 될 수 있다.

이러한 점을 고려해볼 때 창조형 기술혁신모델에서 이루어지는 기업의 기술혁신 양상은 모방형 기술혁신모델과는 상당히 다른 모습을 보인다. 우선 기업 자체적으로 원천기술과 핵심부품을 개발하거나 대학 및 출연(연)과의 협력을 통해 원천기술과 핵심부품을 개발하는 활동이 활성화된다. 그리고 이는 부품·소재업체의 경우 핵심부품 개발을 촉진하는 인센티브가 되어 기술개발 활동을 활성화시킨다. 또한 이 과정에서 창의적, 학제적 능력을 보유한 인력에 대한 수요가 증대된다. 기술변화의 속도가 매우 빠르고 다양한 기술분야들의 융합이 이루어지는 상황에서 원천기술을 개발하기 위해서는 새로운 능력을 가진 인재가 필요하기 때문이다.

(2) 혁신자원의 조달

원천기술을 개발하고 상업화하는 활동은 이미 존재하는 기술을 상업화하는 것과는 차원이 다른 불확실성이 높은 활동이다. 따라서 이러한 기술개발 활동에 효과적으로 금융자원이 공급되기 위해서는 매우 높은 리스크를 감내할 수 있고 불확실성을 효과적으로 관리할 수 있는 리스크자본이 필요하다. 이를 위해서는 특정분야의 기술혁신에 대한 상당한 지식과 네트워크를 확보하고 있어 고도의 투자심사 능력과 함께 기업들의 경영활동 및 기술네트워킹 활동을 지원할 수 있는 능력을 지닌 금융공급주체가 육성되어야 한다. 고도의 위험을 감수하고 관리할 수 있는 능력을 지닌 은행과 벤처캐피탈의 육성이 필요한 것이다.

인력양성과 활용에서도 큰 변화가 필요하다. 원천기술 창출능력을 확보하기 위해서는 새로운 개념을 개발하고 문제를 새롭게 정의할 수 있는 능력을 가진 인력, 새로운 발전경로를 탐색할 수 있는 전략적 기획능력을 가진 인력, 다양한 분야의 통합적 지식을 지닌 인력이 필요하기 때문이다. 이러한 능력을 가진 인력을 양성하기 위해서는 창의성을 함양할 수 있는 새로운 교육시스템이 요구된다.

한편 내생적으로 새로운 기술을 개발하고 현장에서 구현하기 위해서는 구상부문과 실행부문의 통합이 필요하다. 현장에서 공정혁신이 원활히 진행되기 위해서는 생산현장의 지식이 기술혁신 과정에 효과적으로 통합되어야 하기 때문이다. 이는 노사관계에서도 변화를 요구한다. 대립적 노사관계에서는 현장의 지식과 능력을 효과적으로 활용하기 어렵기 때문이다. 혁신친화적 노사관계의 구축이 요구되는 것이다.

### (3) 공공부문의 기술혁신과 산학연 관계

원천기술을 국가혁신체제 내부에서 내생적으로 창출하기 위해서는 국내기업들이 필요로 하는 기술적 지식을 출연(연)과 대학이 공급할 수 있어야 한다. 또 출연(연)과 대학의 기술상업화 능력과 산학연연계 메커니즘을 강화시켜 기업의 지식요구분야와 출연(연), 대학의 연구분야가 부합될 수 있는 토대구축이 필요하다.

이를 위해서는 무엇보다는 연구중심대학 육성을 통한 대학의 연구능력 강화가 절대적으로 필요하다. 동시에 기업들이 필요로 하는 기술수요에 대한 지식과 정보를 지속적으로 접할 수 있는 시스템의 구축이 필요하다.

출연(연)의 경우 특정분야의 핵심기술을 개발하는 전문화된 능력개발이 필요하다. 선택과 집중을 통해 특정분야에서는 세계적 수준의 기술을 확보하고 다른 기술분야에 대한 기술지식은 타 출연(연) 및 대학과의 네트워크를 통해 확보하여 탁월성과 네트워킹이 작동하는 시스템의 구축이 필요하다.

특히 IT, BT, NT 등과 같이 신기술의 상업화와 함께 기술융합이 이루어지는 경우 여러 영역에서 활동하는 조직들의 참여를 촉진하고 이들을 공동체로 조직화해야 한다. 기술융합이 활발히 전개되는 상황에서는 제품과 서비스를 개발하고 상업화하는 데 다양한 형태의 지식과 기술이 요구되기 때문에, 개별기업이 가진 능력만으로 기술융합화에 대응하는 데에는 한계가 있다.

이러한 공동체형 산학연협력을 활성화하기 위해서는 관련조직들이 공유하는 지식기반과 신뢰를 향상시킬 수 있는 사전적 협력인프라(*ex-ante cooperative system*)를 구축하는 것이 필요하다. 기존의 산학연협력은 연구활동의 수행에만 맞추어져 공동연구가 진행되기 전의 사전적 활동에 대한 관심은 소홀했다. 그러나 협력을 활성화하기 위해서는 사전적 기반을 구축하는 것이 무엇보다도 중요하다.

#### (4) 혁신주체의 분화 및 영역간 균형확보

그동안의 모방형 기술혁신모델에서는 기업, 대학, 출연(연) 등 대부분의 혁신주체가 응용·개발영역에 자원을 집중하였다. 또 개별 혁신주체들은 밀접한 상호작용을 통해 기술혁신을 수행하기보다는 각개약진하는 형태를 취하여 대학과 출연(연)은 거의 비슷한 내용의 연구개발 활동을 수행하였다. 그러나 신기술산업이 등장하고 원천기술 확보의 필요성이 증대되면서 응용 및 개발활동뿐만 아니라 기초연구활동의 중요성이 증대하였다. 이러한 변화에 대응하기 위해서는 주체별로 기능별 역할분화가 좀더 이루어져 대학은 기초연구나 과학적 지식에 기반 한 연구수행을 확대하고 출연(연)은 원천기술 개발 및 플랫폼 창출활동과 같은 연구활동을 확대하는 것이 요구된다. 또 각 대학이나 출연(연) 등 각 주체들 내부에서도 선도기업이 필요로 하는 원천기술과 관련된 기초연구나 응용연구를 수행하는 대학 및 출연(연)과, 기업의 기술개발활동에 필요한 기반기술과 기술지원에 특화하는 대학 및 출연(연)으로의 역할분화가 필요하다.

(5) 개방성에 기초한 국가혁신체제 확립

앞서 언급했지만 원천기술의 자생적 창출능력 확보가 국내에서 모든 것을 개발하고 생산·사용해야 한다는 것을 의미하는 것은 아니다. 오히려 창조형 기술혁신모델이 제대로 기능하기 위해서는 국가혁신체제와 세계혁신체제(*Global Innovation System*)의 관계에서 새로운 교류방식과 내용이 필요하다. 외국과의 관계에서 장비 및 부품·소재도입과 같은 체화된 기술지식의 도입뿐만 아니라 해외 혁신주체와의 협력연구, 인력교류를 통한 암묵지(暗默知, *tacit knowledge*) 도입과 공동학습이 필요하다. 이를 위해서는 해외인력과 연구소 등을 직접적으로 유치하여 암묵적 지식을 교류할 수 있는 계기를 마련하는 것이 필요하다. 이러한 활동은 국내 혁신주체들의 새로운 일하는 방식을 요구한다. 과거의 폐쇄적 시스템을 개방하여 국내외에 개방된 시스템으로 기술혁신을 추진해야 한다는 것이다.

## 2) 혁신공동체형 기술혁신모델

### (1) 집합적 혁신과 혁신공동체

국가혁신체제에서 '혁신공동체형' 모델은 각 혁신들이 기술개발과정에서 축적된 지식을 통합하여 공동체 차원에서 '집합적 혁신'(*collective innovation*)을 추진하는 체제를 갖추는 것을 의미한다. 혁신공동체는 각 참여조직들이 경쟁과 동시에 협력하면서 혁신을 수행하는 혁신관련 조직들의 집합으로 공통의 지식기반을 형성해 보유한다.

특히 IT, BT, NT 등과 같은 분야와 같이 신기술의 상업화와 함께 기술융합이 이루어지는 경우 여러 영역에서 활동하는 조직들의 참여를 촉진하고 공동체로 조직화하는 활동이 필요하다. 개별기업이 가진 능력만으로 기술융합화에 대응하는 데에는 한계가 있기 때문이다.

기술융합을 위해 다양한 요소기술들을 가진 조직들을 조직화하고 통합해 제품과 서비스를 개발하기 위해서는, 혁신주체들간의 시장을 통한 거래와 계약을 넘어 네트워크 관계형성이 필요하다. 조직간 네트워크는 시장과 위계의 중간적 형태를 지닌 조직형태로서 조직들간 암묵적 지식의 공유를 촉진할 수 있다.

### (2) 사회주체간 균형적 발전을 통한 사회통합 추구

창조성과 지속적 학습이 강조되는 기술혁신모델에서는 수익체증 현상이 광범위하게 나타난다. 이 때문에 환경변화에 대응해서 새로운 지식을 흡수·창출하는 능력이 부족한 노동계층이나 낙후지역들은 경제·사회의 발전과정에서 배제되는 사회적 분리(*social devide*)가 확대되는 경향이 있다.

시스템이 안정성과 지속성을 갖추기 위해서는 기술흡수 능력이 취약한 개인·조직·집단의 학습능력 향상을 통해 경제·사회의 발전과정에서 탈락되는 것을 방지하여 사회통합을 유지해야 한다. 이를 위해서는 취약계층의 학습능력 강화와 지역의 혁신능력 함양을 통해 경제·사회의 성장과 사회통합을 동시에 구현할 수 있는 정책개발이 필요하다.

(3) 기술리스크에 대한 대응

기술혁신이 모방형에서 창조형으로 변화되면서 기술적 리스크 발생가능성이 증대하기 때문에 이것을 통제하기 위한 새로운 접근이 필요하다. 그동안 우리나라는 모방형 기술혁신을 수행하면서 어느 정

〈그림 8-2〉 창조형·혁신공동체형 국가혁신체제의 구조

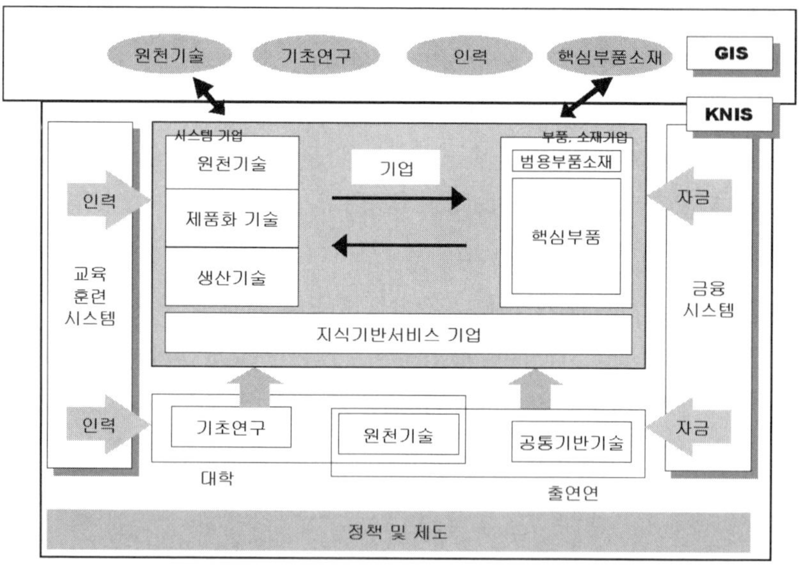


KNIS: Korean National Innovation System
GIS: Global Innovation System

도 리스크가 검증된 기술을 소화·흡수하여 활용하였다. 그러나 창조형 혁신체제에서는 이제 스스로 개발한 기술에 대한 리스크를 검토하고 관리하는 활동이 요구된다. 이러한 상황에서 기술적 리스크를 관리하고 신기술의 도입과정에서 발생할 수 있는 사회적 갈등에 사전적으로 대응하기 위해서는 기술개발 과정에서 사용자인 시민사회와의 상호작용을 촉진하고 신기술의 구현과 활용에서 시민사회의 참여를 활성화하는 방안을 강구해야 할 것이다.

## 5. 이행을 위한 정책과제

다음에서는 창조형·혁신공동체형 혁신체제로 이행을 촉진할 수 있는 몇 개의 시범사업들을 예시적으로 다룬다. 앞서 이야기한 바와 같이 새로운 시스템으로의 전환은 지식의 부족과 정치적 반대에 의해 많은 어려움에 봉착한다. 이러한 난관을 극복하기 위해서는 새로운 시스템의 맹아를 담은 시범사업들을 성공적으로 추진하여 그것을 확산시키는 방안들이 필요하다.

이하에서는 협동성을 강화하기 위한 과제로서 공동연구 개발의 사회적 기반을 구축하고 수요자 지향성을 강화하는 방안을 제시하고, 창조성을 강화하기 위한 과제로서 플랫폼 리더십을 구축하는 방안을 제시하였다.

### 1) 산·학·연 공동연구 개발을 촉진할 수 있는 사회적 기반구축

그동안 정부는 국가연구 개발사업을 통해 산학연 공동연구 개발을 촉진하기 위해 많은 노력을 해왔다. 각개약진의 방식으로 연구개발 활동을 수행했던 혁신주체들을 조직화하기 위해 국가연구 개발사업 참여시 산학연 공동연구방식을 필수적으로 요구하거나 과제선정시 가점을 줌으로써 산학연 공동연구개발을 의도적으로 유도하였다. 현재 정부가 6조 원 이상의 예산으로 추진하는 국가연구 개발사업은 민간부문과 정부부문이 협력하여 연구개발을 수행하는 최대의 장으로, 현재 민간기업이 공공부문과 같이 참여하는 과제가 1만 개에 달할 정도로 규모가 커졌다.

이렇게 국가연구 개발사업에서 산학연 공동연구가 활성화되어 있지만 이것은 형식적 측면에 그치는 경우가 많다. 공동연구 개발의 형식을 띠지만 연구개발 과정을 통해 지식이 공유되고 공통의 지식이 창출되는 과정은 매우 제한적인 것이다.

현재 국가연구 개발사업에서 공동연구 개발이 추진되는 과정은 일반적으로 산·학·연 혁신주체들의 '공동연구사업 수주→과제분할 및 분산연구 수행→결과취합'의 방식을 취한다. 이러한 과제분할 방식을 통해서는 개별 혁신주체의 지식창출 활동은 이루어지겠지만 공동연구 참여조직들간의 지식공유가 제대로 이루어질 수 없다. 각 혁신주체들은 각자 분할된 과제를 수행하고 그 결과만을 공유하기 때문이다. 물론 과제를 수행하는 과정에서 어느 정도의 조정이 이루어지기 때문에 각 주체들간의 정보교환이 있기는 하지만 공동학습을 추진해서 공통의 지식을 창출하고 암묵적 지식을 공유해나가는 활동은 매우 미흡할 수밖에 없다. 형식은 공동연구 개발의 모습을 띠지만 실제적 내용은 세분화된 연구를 각자 수행하고 그것을 총괄연구기관이 종합하는 방식으로 연구개발활동이 추진되는 것이다.

이러한 현상의 배경에는 다양한 요인들이 자리잡는다. 공동연구 개발 파트너의 의도와 능력에 대한 믿음의 부족, 공동연구 개발과정에서 지식유출의 가능성, 성과배분과 관련된 규칙의 미비로 인한 불확실성 등을 그 원인으로 들 수 있다. 그러나 가장 근본적 이유는 공동연구개발에 참여하는 조직간의 신뢰나 공통 지식기반(*shared knowledge base*)의 부족 등 사회적 자본의 취약성을 들 수 있다. 파트너의 행태와 그들의 기술개발 능력에 대한 믿음이 없기 때문에 상호작용은 최소한으로 한정된 채, 정부의 연구개발자금 획득에 필요한 요건을 맞추기 위해서 공동연구 개발을 추진하고 있어 많은 사업들이 형식화되는 것이다.

이러한 공동연구 개발의 형식화를 해결하기 위해서는 공동연구 개발에 참여하는 조직들이 공통의 지식기반과 신뢰를 향상시킬 수 있는 사전적 협력인프라(*ex-ante cooperative system*) 구축이 필요하다. 기존의 공동연구 개발에 대한 정책적 관심은 연구활동의 수행에만 맞추어져 공동연구가 진행되기 전의 사전적 활동에 대한 관심은 소홀했다. 그러나 사회적 자본을 형성하기 위해서는 사전적 기반을 구축하는 것이 무엇보다도 중요하다. 그리고 이런 사전 정지작업을 통해 사회적 자본이 형성되어 실질적인 공동연구 개발이 활성화되고 성공적 결과를 산출하면 공동연구 개발을 위한 사전적 기반을 더욱 공고히 할 수 있다.

이렇게 공동연구를 촉진하기 위한 사전적 인프라를 활성화하기 위해서는, 기술테마를 중심으로 산학연 연구자 및 기술인들을 조직화할 수 있는 새로운 형태의 중간조직을 구축할 필요가 있다.

현재 중간조직의 대표적 형태로서 산업계의 이해를 대표하고 업체들의 활동을 조직화하는 역할을 담당하는 조직은 업계단체라고 할 수 있다. 업계단체는 그동안 정부정책의 집행기능을 수행하였다. 이렇게 정책을 집행하는 기능을 주로 담당하다보니 소속사들이 필요로 하는 지식과 정보를 창출해 확산하는 기능은 크게 발전하지 못했다(김갑수, 1998).

한편 이러한 중간조직과는 달리 다양한 형태의 업계모임과 연구회들이 근래에 많이 활성화되었다. 정기적, 비정기적으로 만나 정보를 교류하고 친목을 도모하는 연구회모임들이 그것이다. 그러나 이들 모임들은 기본적으로 친목과 인간관계 형성에 초점이 맞추어지는 경우가 많다. 특정주제에 대한 정보를 조사·연구·확산하는 말 그대로의 연구회 기능을 하는 모임들은 그리 많지 않다.

이러한 상황에서 공동연구개발을 촉진하기 위한 사전적 기반을 구축하기 위해서는 한 축으로는 기존협회의 혁신과 함께 다른 한 축으로는 연구개발활동을 중심으로 새롭게 형성되는 기술관련 포럼이나 연구회활동을 촉진하는 것이 필요하다. R&D 중간조직이라고 명명할 수 있는 이들 조직은 기존의 중간조직과는 달리 연구개발관련 지식과 정보의 조사·분석·확산에 초점을 맞춘 조직이 되어야 한다. 이들 조직들은 회원들간의 단순한 인간관계 형성을 지향하는 모임들을 넘어 공동으로 연구와 조사업무를 수행하는 조직체로 연구주제 탐색 및 기술기획의 토대를 제공하는 역할을 해야 할 것이다.

### 2) 수요자 중심형 국가연구 개발사업 추진

그동안 국가연구 개발사업에는 수요자인 기업보다 공급자인 출연(연), 대학 등 공공부문이 기획 및 수행과정을 주도하는 공급자중심 추진체제가 발전하였다. 따라서 국가연구 개발사업의 결과가 기업들의 수요와 부합되지 않는 경우가 많으며, 기업이 활용할 수 있는 형태로 구체화되지 않은 채 결과물이 공급되었다고 비판받았다. 이로 인해 그동안 주요 정책과제로 국가연구 개발사업의 수요자 지향성 강화가 이야기되었다.

여기서 수요자 지향성을 강화한다는 것은 산업기술을 중시하고 그 분야에 대해 투자우선 순위를 둔다는 의미가 아니라 현재와 미래의 수요자인 기업의 실질적 참여를 통해 그들의 필요와 요구사항이 반영되는 연구개발사업이 기획·추진되어야 함을 의미한다.

현재 기업들의 정부연구 개발사업에 대한 참여건수는 매우 높으나 많은 경우 단순한 수혜자로 참여하는 경향이 있다. 정부연구 개발사업 과제에 대한 기업참여 건수는 연간 1만 건을 넘을 정도로 상당히 높으나, 이것이 실제로 연구개발과제가 수요자의 이해를 반영하여 효과적으로 추진되었음을 의미하는 것은 아니다. 대부분의 기업들은 자신들의 연구개발수요 국가연구 개발사업에 반영하여 기업운영에 의미 있는 결과를 창출하려는 노력보다는 형식적 참여를 통해 정부로부터 연구비를 지원받는 데 더 큰 의미를 부여하는 것으로 보인다(김갑수, 2002).

수요자의 요구를 반영한 연구개발사업이 추진되기 위해서는 우선 연구개발사업 기획과정에 산업계의 수요가 수렴·반영되는 시스템구축이 필요하다. 현재의 연구개발사업 기획시스템은 정부가 전략적 차원에서 정한 목표를 달성하기 위한 연구과제 선정에만 초점이 맞추어져 있다. 즉 개발해야 할 기술을 선정하는 데만 중점을 둘 뿐 실질적인 상호학습을 촉진하기 위한 혁신주체들의 조직화방안에는 크게 신경을 쓰지 않는 실정이다. 또한 많은 경우 기술기획과정 자체가 공공부문에 의해 주도되어, 민간부문은 주변적 위치를 차지한다. 기술기획 능력이 있는 대기업들은 연구개발사업의 효과성에 의문을 제기하면서 기술기획 과정에 적극적으로 참여하지 않으며 중소기업들의 경우에는 기술기획 능력이 떨어져 적극적으로 자신의 의견과 요구를 기획과정에 반영하는 데 한계가 있다. 결국 민간부문의 이해반영 활동이 미진하거나 제대로 이루어지지 않아 공공부문 주도로 국가연구 개발사업의 기술기획이 이루어지는 것이다. 각 기술기획 관련위원회에 민간기업이 참여하지만 실제적 과정에서는 주변화되는 경우가 많다.

그렇지만 기술기획을 수행하고 연구과제를 선정하는 과정은 새로운 지식이 창출되는 과정인 동시에 새로운 관계가 형성되어 관계적 자산(*relational assets*)이 발전하는 과정이기도 하다. 기술기획 과정을 효과적으로 재설계하면 대기업들은 자신들의 활동을 보완해줄 수 있는 연구과제를 국가연구 개발사업에 반영할 수 있으며 중소기업들은 기술기획 과정을 통해 기술지식 및 기술관리 지식을 향상시킬 수 있는 계기를 마련할 수 있다. 일회적 기술선택 과정에 초점을 맞추기보다는 참여주체들의 기술지식을 향상하고 협력인프라를 구축할 수 있는 기술기획시스템이 요구되는 것이다.

이를 위해서 현재 각 연구관리기관들이 수행하는 국가연구 개발사업 기술기획 활동의 새로운 변화가 필요하다. 관련사업의 기술기획을 위해 일회성위원회를 설치하여 기술기획 결과산출에 중점을 두는 방식보다는 장기적 관점에서 관련기술 분과별로 공식·비공식위원회를 구성하고 그 분야의 기술발전 동향과 과제분석, 대안발굴을 지속적으로 수행할 수 있는 상시적 기획공동체 풀을 유지하는 것이 필요하다.

### 3) 세계적 경쟁력을 갖춘 플랫폼 리더십구축

플랫폼(*platform*)은 여러 기업들이 보완적 제품과 서비스를 축적하고 개발할 수 있는 기반(제품, 기술, 서비스 등)이다. 플랫폼 리더십을 보유한 기업은 이 플랫폼을 발전시켜가면서 관련기업과 소비자들에게 상당한 영향력을 행사하여 막대한 수입을 거둘 수 있다(Gawer and Cusumano, 2002). 플랫폼 리더는 개별기업이 될 수도 있고, 기업 컨소시엄 혹은 정부·민간 파트너십이 될 수도 있는데, 플랫폼 리더에 의해 경쟁력 있는 플랫폼이 형성되면 국내 관련분야 기업들의 연계가 강화되어 혁신공동체 형성이 촉진된다. 또 이와 같이 차별화된 플랫폼이 제공되면 해외기업들의 플랫폼 참여가 활성화되어 글로벌 네트워크 구축이 용이해질 수 있다.

플랫폼 리더십의 예는 정보통신산업에서 쉽게 찾을 수 있다. 잘 알려진 바와 같이 PC산업에서 인텔과 마이크로소프트는 마이크로프로세서와 운영체제를 토대로 PC 전반의 플랫폼을 구축하여 관련 하드웨어, 소프트웨어 기업들의 공동진화를 주도하면서 절대강자로 군림하였다. 노키아의 경우도 단말기분야에서 디스플레이, 키패드, 배터리, 칩 등 주요부품을 공유하는 소수의 기본모델을 플랫폼화함으로써 규모의 경제실현, 제품의 적기개발 및 출시, 제품 라인업 다양화 등의 효과를 거두었다.

플랫폼이 기술개발에서 중요해지는 이유는 무엇보다도 기술·경제환경의 변화속도가 빨라지고 다양한 산업·기술분야가 융합되는 경향이 광범위하게 나타나면서 새로운 제품과 서비스의 아키텍처 설계가 기술개발의 중요과제로 등장하기 때문이다. 자동차와 인터넷의 결합이나 방송과 인터넷의 통합이 이루어지면서 새로운 단말기와 서비스시스템이 등장하는데, 이에 대한 아키텍처 설계가 중요과제로 부상하였다. 이때 아키텍처를 장악할 수 있는 플랫폼을 구축하면 새로운 산업과 서비스를 주도할 수 있기 때문에 플랫폼 리더십을 유지할 수 있게 된다.

플랫폼 리더십은 전체 시스템의 구성요소들 중에서 경쟁우위 분야를 확보하는 것에서 시작한다. 이 경쟁우위 분야를 중심으로 새로운 기술을 부가하여 기반을 만들고 다른 기업들과 조직들이 이를 바탕으로 새로운 서비스나 부품, 관련기술을 개발하는 양상들이 전개되면 플랫폼이 형성되며 플랫폼 리더십을 지닌다. 다른 관련기술과 서비스가 지속적으로 발전할 수 있는 기술적 기반과 그것을 가능하게 하는 조직적 네트워크가 구축되었을 때 플랫폼이 형성되고 리더십이 행사되는 것이다.

우리나라는 그동안의 정보화를 통해 경쟁우위를 가진 유·무형의 정보통신 하부구조를 구축하였다. 그리고 몇몇 분야에서는 핵심 경쟁우위 기술을 확보하기도 했다. 이 때문에 우리나라는 세계 최고수준의 정보통신 관련 테스트베드를 가졌다고 평가받는다. 새로운 제품과 서비스가 안착하기 위해 필요한 통신 하부구조와 서비스능력, 그리고 그것을 효과적으로 사용하고 검증할 수 있는 소비자들이 존재하는 것이다. 이러한 것들은 새로운 기술과 서비스를 개발해서 그것을 누구보다도 먼저 테스트해볼 수 있는 기회를 제공해준다. 우리나라 혁신주체들이 가진 기술과 서비스를 재빠르게 통합해 국내 테스트베드에서 구현해 보고, 이를 통해 외국의 선진기업들을 국내로 불러들여 네트워크를 형성하며, 이를 토대로 동북아시장, 해외시장으로 진출할 수 있는 통로를 구축할 수 있다면 이 테스트베드는 플랫폼을 개발·구축·확산하는 데 훌륭한 하부구조의 역할을 할 수 있다.

현재 새롭게 추진되는 차세대 성장동력사업들 중 일부는 이 테스트베드의 장점을 활용하여 경쟁우위를 가진 분야를 중심으로 플랫폼 리더십 확보가 가능하다고 볼 수 있다. 휴대인터넷, 홈네트워킹, 텔레메틱스 등과 같은 정보통신 네트워크 기반사업의 경우 이미 확보한 요소기술, 서비스능력 등을 통합해 플랫폼을 구축하고 시범사업을 전개한다면 리더십을 확보할 수 있는 교두보를 마련할 수 있다.

특히 이들 플랫폼은 기술의 성장주기상 성장·성숙기에 속하는 기술들로 구성되는 비즈니스 플랫폼이기 때문에 관련 요소기술의 개발에 초점을 맞추는 연구개발 사업형식보다는 기술통합시스템 구현에 초점을 맞추는 플랫폼구축 시범사업의 형식으로 추진하는 것이 타당할 것이다. 그동안에 부처간 이견이나 대기업 계열간 경쟁으로 통합될 수 없었던 기술과 서비스를 통합하는 사업이 필요하다.

플랫폼 리더십구축과 관련해서 논의할 수 있는 또 다른 방안은 국가연구 개발사업에 플랫폼형성을 지향하는 패키지형 기술기획 및 추진체제를 도입하는 것이다. 그동안 국가연구 개발사업은 여러 가지 형태의 기술기획 작업들이 있었지만 각 연구사업들이 전체적 틀에서 조직되고 사업과제들간의 연계성과 위계성들이 고려되면서 사업들이 추진되지 못했다. 전체기술을 시스템차원에서 고려하면서 플랫폼을 구축하고 그 위에서 관련기술들을 개발하는 방식을 취하지 않았던 것이다. 각 과제들은 개별과제의 형태로 수행되었으며 연구과제들간의 연계성이나 플랫폼 구축과정에서의 보완성들은 고려되지 못한 채 각 개약진형으로 기술개발이 이루어졌던 것이다.

이러한 상황에서 플랫폼형성을 지향하는 연구개발 활동이 이루어지기 위해서는 국가연구 개발사업 기획시 플랫폼개발과 확산이라는 관점에서 핵심기술과 보완적 기술, 부품, 서비스를 종합적으로 고려한 기술기획 및 개발체제가 구축되어야 할 것이다. 동시에 개발기술과제를 패키지형태로 구성하여 다양한 형태의 기술, 부품, 서비스의 연관관계와 보완관계를 고려해야 할 것이다.

앞서 논의한 정보통신 하부구조를 활용한 플랫폼구축이 비즈니스 플랫폼구축이라고 한다면 국가연구 개발사업을 통해 기술개발을 패키지형태로 추진하는 것은 기술플랫폼 구축이라고 할 수 있다. 전자가 이미 존재하는 요소기술과 서비스들을 종합하고 체계화하는 플랫폼구축이라고 한다면 후자는 아직 존재하지 않은 요소기술들과 서비스들을 기획하여 연구개발사업 추진시부터 연계성과 위계성을 고려해 연구과제를 추진하는 것이다.

## 6. 맺음말

이 글에서는 한국 혁신체제가 그동안의 산업화과정에서 선진국을 추격하면서 구축한 혁신체제의 특성과 문제점을 살펴보고 새로운 환경변화에 대응하기 위한 혁신체제의 전환방향을 다루었다.

그리고 한국 국가혁신체제를 구성하는 제도와 조직적 요소들의 정합성에 초점을 맞추어 현 시스템의 문제점과 앞으로의 발전방향을 살펴보았다. 이러한 접근은 개별요소들의 구체적 내용과 발전과정에 대한 분석을 세밀히 전개하지 못하는 약점은 있지만 시스템차원에서 형성된 한국 국가혁신체제의 구조와 특성을 파악하는 데에는 상당한 도움을 줄 수 있다.

이를 위해 이 글에서는 국가혁신체제의 핵심주체인 기업의 기술혁신 활동을 중심에 놓고 이 활동과 출연연구기관, 대학, 인력훈련시스템, 금융시스템이 맺는 보완성을 중심으로 분석을 수행하였다.

그리고 그동안의 산업화과정에서 형성된 한국 국가혁신체제의 구조적 특성을 모방형·각개약진형 기술혁신모델로 개념화하고 앞으로 지향해야 할 혁신체제의 특성을 창조형·혁신공동체 기술혁신모델로 개념화하였다. 그리고 내생적으로 원천기술을 창출할 수 있는 능력을 지닌 새로운 혁신체제로 전환하기 위한 시범사업들도 살펴보았다. 모든 영역을 아우르는 대안들은 아니지만 정부의 주요정책수단인 국가연구 개발사업을 효과적으로 활용해 새로운 시스템을 구축하기 위한 방안들을 다루었다.

## ■ 참고문헌


김갑수(1998), 《국가연구개발사업의 연구기획시스템》, 과학기술정책관리연구소.

______(2002), 《연구기획시스템의 베스트프랙티스 모형에 관한 연구》, 과학기술정책연구원.

박명수 · 박홍식 · 전종섭(1997), "국가행정의 혁신 및 확산 메커니즘의 한 · 미간 비교", 《한국행정학보》 Vol. 31, No. 2.

송위진 외(2004), 《한국 국가혁신체제의 발전방안 연구》, 과학기술정책연구원.

이공래 외(1998), 《한국의 국가혁신체제: 경제위기 극복을 위한 기술혁신정책의 방향》, 과학기술정책관리연구소.

Amable, B. (2003), *The Diversity of Modern Capitalism*, Oxford University Press.

Barney, J. (1991), "Firm Resources and Sustained Competitive Advantage", *Journal of Management* Vol. 17, No. 1.

Caracostas, P. · Muldur, U. (1998), *Society, the Endless Frontier: A European Vision of Research and Innovation Policies for the 21st Century*, European Communities.

Coombs, R. · Saviotti, P. · Walsh, V. (1992), *Economics and Technological Change*, Rowman & Littlefield.

Coriat, B. · Weinstein, O. (2002), "Organization and Institutions in the Generation of Innovation", *Research Policy* Vol. 31, No. 1.

David, P. (1994), "Why are Institutions the 'Carriers of History'?: Path Dependence And the Evolution of Conventions, Organizations and Institutions", *Structural Change and Economic Dynamics* Vol. 5, No. 2.

Dodgson, M. · Bessant, J. (1996), *Effective Innovation Policy: A New Approach*, International Thomson Business Press.

Edquist, C. (ed.) (1997), *Systems of Innovation: Technology Institutions and Organizations*, London: Pinter.

Freeman, C. · Soete, L. (1997), *The Economics of Industrial Innovation*, 3rd edition, The MIT Press.

Gawer, A. · Cusumano, M. (2002), *Platform Leadership*, Harvard Business School Press.

Johnson, B. (1992), "Institutional Learning", in Lundvall (ed.), *National System of Innovation: Toward a Theory of Innovation and Interactive Learning*, Pinter Publishers.

Leonard-Barton, D. (1992), "Core Capabilities and Core Rigidities: A Paradox in Managing New Product Development", *Strategic Management Journal* Vol. 13, pp. 111~125.

Lundvall, B. (1992), *National System of Innovation: Toward a Theory of Innovation and Interactive Learning*, London: Pinter Publishers.

Metcalfe, S. (2001), "Technology and Economic Development: a Comparative Perspective", *CRIC Working Paper* No. 10.

Miller, D. (1993), "The Architecture of Simplicity", *Academy of Management Review* Vol. 15, No. 2.

Montgomery, C. (ed.) (1995), *Resource-based and Evolutionary Theories of the Firm: Towards a Synthesis*, Boston, Massatusetts, Kluwer Academic Publishers.

Nelson, R. (ed.) (1993), *National Innovation Systems: A Comparative Analysis*, Oxford University Press.

Nelson, R. · Sampat, B. (2001), "Making Sense of Institutions as a Factor Shaping Economic Performance", *Journal of Economic Behavior and Organization* Vol. 44, pp. 31~54.

Nelson, R. · Winter, S. (1982), "An Evolutionary Theory of Economic Change", *Harvard University Press*, Cambridge, MA.

OECD (1992), *Technology and Economy: The Key Relationship*, Paris: OECD / 이근 외 역, 《과학과 기술의 경제학》, 경문사.

OECD (1998), *National Innovation Systems*, Paris: OECD.

Pavitt, K. (2002), "Innovating Routines in the Business Firm: What

Corporate Tasks Should They be Accomplishing", *Industrial and Corporate Change* Vol. 11, No. 1.

Stoneman, P. (ed.) (1995), *Handbook of the Economics of Innovation and Technological Change*, Oxford: Blackwell.

Teece, D. · Pisano, G. · Shuen, A. (1997), "Dynamic Capabilities and Strategic Management", *Strategic Management Journal* Vol. 18, No. 7.

Tidd, J. · Bessant, J. · Pavitt, K. (1997), "Managing Innovation: Integrating Technological", *Market and Organizational Change*, John Wiley & Sons.

# 찾아보기

## ㄱ



## ㄴ~ㅁ

ㅂ~ㅅ



ㅇ~ㅈ

## ㅊ ~ ㅎ



## 기 타

## ■ 필자 약력 ■

(게재순)

유 석 진

서울대 정치학과를 졸업하고, 미국 예일대학에서 정치학 박사를 취득하였다. 세종연구소를 거쳐, 현재 서강대 정치외교학과 교수로 재직중이다. 관심분야는 국제정치경제, 비교정치, 정보화와 정치 등이며, 주요 논저로《정보화와 국가전략》, "금융자유화의 정치: 1980년대 한국사례를 중심으로" 등이 있다.

한 영 빈

서강대 정치외교학과를 졸업하고, 독일 베를린자유대학에서 정치학 박사를 취득하였다. 현재 서강대 사회과학연구소 연구원으로 재직중이며, 관심분야는 정치경제학, 금융정책 및 정보정책 등이다. 주요 논문으로 "국가와 시장의 새로운 관계", "정보화와 스웨덴의 국가전략" 등이 있다.

홍 성 걸

고려대 행정학과를 졸업하고, 미국 노스웨스턴대학에서 정치학 박사를 취득하였다. 통신개발연구원(현 정보통신정책연구원)을 거쳐, 현재 국민대 행정학과 교수로 재직중이다. 관심분야는 정치경제학, 산업정책, 정보통신정책 등이며, 주요 논저로는《국가와 산업경쟁력》, "한국 행정학계에서의 산업정책 연구: 성과와 과제" 등이 있다.

홍 동 표

서울대 경제학과를 졸업하고, 미국 텍사스대학(오스틴)에서 경제학 박사를 취득하였다. 캐나다 웨스턴 온타리오대학 조교수, 정보통신정책연구원을 거쳐, 현재 김&장 법률사무소 경제자문으로 재직중이다. 관심분야는 디지털경제, 정보통신산업, 전자상거래 등이며, 주요 논저로 《디지털경제에서의 기업 및 산업구조와 정책연구》, "한국 IT산업의 성장요인과 생산성 분석" 등이 있다.

심 상 민

연세대 경제학과를 졸업하고, 미국 조지워싱턴대학에서 MBA, 연세대에서 경영학 박사를 취득하였다. 한국경제신문, 삼성경제연구소, 호서대를 거쳐 현재 성신여대 문화정보학부 교수로 재직중이다. 관심분야는 컴퓨터 미디어와 온라인 커뮤니케이션, 콘텐츠 비즈니스, 미디어 산업전략 등이며, 주요 논저로 《블루콘텐츠 비즈니스》, "컴퓨터 매개 커뮤니케이션을 활용한 집단토의에서 미디어 조건의 차이가 토의성과에 끼치는 영향" 등이 있다.

윤 석 만

중앙대 행정학과를 졸업하고, 연세대 행정대학원에서 행정학 석사 학위를 받았다. 1974년 포스코(POSCO)에 입사하여 홍보·마케팅 등 주요 부서를 거쳤으며, 중앙대학교에서 행정학 박사를 취득하고, 2006년 현재 사장으로 재직중이다. 주요 논문으로 "포스코의 건설과 성장을 위한 기관형성전략", "포스코와 한일경제협력" 등이 있다.

김 인 영

서강대 영문과를 졸업하고, 미국 뉴욕시립대학에서 정치학 석사, 하와이대학에서 정치학 박사를 취득하였다. 현재 한림대 정치외교학과 교수로 재직중이다. 관심분야는 시민운동, 권력구조, 경제발전과 기업 등이며, 주요 저서로 《한국의 경제성장: 국가주도론과 기업주도론》, 《시민운동 바로보기》 등이 있다.

윤 진 효

고려대 정치외교학과를 졸업하고, 서울대 행정대학원에서 행정학석사, 고려대 과학기술학 협동과정에서 과학기술정책학 박사를 취득하였다. 한국과학기술기획평가원을 거쳐, 현재 대구경북과학기술연구원 선임연구원으로 재직중이다. 관심분야는 기술 및 산업정책, 기술사업화 및 기술경영, 기술위험 및 환경정책 등이며, 주요 논저로 《한국기술정책론》, "한국의 기술능력과 외국인 직접투자의 변화 연구" 등이 있다.

송 위 진

서울대 자연과학대학을 졸업하고, 고려대 대학원 행정학과에서 행정학 박사를 취득하였다. 현재 과학기술정책연구원 연구위원으로 재직중이다. 관심분야는 기술혁신이론, 국가혁신체제론, 과학기술과 거버넌스 등이며, 주요 논문으로 "혁신체제론의 과학기술정책", "디지털 전환기의 후발국의 기술추격 패턴 분석: 디지털 TV의 사례" 등이 있다.

# 나남커뮤니케이션스 ⑦

나남신서 나남출판사의 책은 쉽게 팔리지 않고 오래 팔립니다 2006. 4

1055 **사회과학 데이터 분석법 ③: 인자분석·Q방법론·MDS·생존분석·LISREL**
오택섭·최현철(고려대) 공저
1056 **시각영상 커뮤니케이션**
신항식(홍익대 겸임교수) 저
1058 **범죄학 이론**
로널드 L. 에이커스·크리스틴 S. 셀러스/민수홍(경기대) 외 공역
1059 **공영방송론: 한국의 사회변동과 공영방송**
강형철(숙명여대) 저
1060 **한국의 내일을 묻는다**
정범모(한림대 석좌교수) 저
1063 **뛰는 스포츠, 나는 마케팅**
에비즈카 오사무/휘닉스커뮤니케이션즈마케팅 플래닝본부 역
1064 **9·11의 충격과 미국의 거대전략**
존 L. 개디스/강규형(명지대) 역
1065 **에로스와 문명**
허버트 마르쿠제/김인환(고려대) 역
1066 **대한민국 어디로 가야 하나**
김진현(세계평화포럼이사장) 외 공편
1068 **변화하는 세계 바로보기**
하영선(서울대) 외 공저
1069 **21세기 동북아 국제관계와 한국**
이승철(한양대) 외 공저
1071 **한국 원민족 형성과 역사적 전통**
신용하(한양대 석좌교수) 저
1073 **김일성시대의 중소와 남북한**
오진용(포스코경영연구소 연구자문위원) 저
1074 **한국전쟁과 미국 외교정책**
윌리엄 스툭/서은경(AFX NEWS) 역
1075 **한국 경제의 인프라와 산업별 경쟁력**
이근(서울대) 외 공저
1076 **열린 통상대국**
안세영(서강대) 외 공저
1077 **인적 자원의 확충과 보호**
안종범(서울대) 외 공저
1078 **한국사회의 세대문제**
박재흥(경상대) 저
1079 **사람이 나라의 미래**
중앙인사위원회 편
1080 **가족복지론**
김연옥(서울시립대) 외 공저
1081 **시각영상기호학**
신항식(홍익대 겸임교수) 저
1082 **천도반대운동의 사회학**
김형국·최상철(서울대) 공편
1083 **디지털시대의 방송미디어**
김규(서강대 명예교수)·전환성(청주대)·김영용(서강대) 공저
1084 **도시와 인간**
여홍구(한양대) 외 공저
1085 **김대중 정권의 흥망**
〈비화 국민의 정부〉 동아일보 특별취재팀 저
1086 **정책·행정 서비스의 업그레이드**
송하중(경희대) 외 공저
1088 **사회복지조사방법론**
최성재(서울대) 저
1090 **프로젝트 청계천: 갈등관리 전략**
황기연·변미리(서울시정개발연구원)·나태준(연세대) 공저
1091 **한국영화 정책사**
김동호(동서대 객원교수) 외 공저
1094 **시각영상 세미나 ③, ④**
신항식(홍익대 겸임교수) 저
1097 **떠날 것인가 남을 것인가**
앨버트 O. 허쉬만/강명구(아주대) 역
1099 **영화마케팅 PR론**
이수범(인천대) 저
1101 **재벌의 사업구조와 경제력 집중**
송원근(진주산업대)·이상호(참여사회연구소) 공저
1102 **재벌의 재무구조와 자금조달**
이윤호(순천대) 저
1103 **재벌의 소유구조**
김진방(인하대) 저
1104 **재벌의 경영지배구조와 인맥 혼맥**
김동운(동의대) 외 공저
1105 **재벌의 노사관계와 사회적 쟁점**
강신준(동아대) 외 공저
1106 **동아시아 안보공동체**
한용섭(국방대) 외 공저
1107 **법·정치와 현실**
안경환(서울대) 외 공저
1109 **사회복지자료분석론**
최성재(서울대) 저
1110 **설득 커뮤니케이션**
김영석(연세대) 저
1111 **지역사회복지론**
감정기(경남대) 외 공저
1113 **새로운 한국경제발전사**
이대근(성균관대) 외 공저
1114 **현대중국의 이해**
김익수(고려대) 외 공저
1116 **새로운 제국-중국**
로스 테릴/이춘근(자유기업원 부원장) 역
1118 **한국현대사: 진실과 해석**
전상인(서울대) 외 공저
1123 **학문의 조건**
정범모(한림대 석좌교수) 저
1124 **한국 보수세력 연구**
남시욱(세종대 석좌교수) 저
1125 **미국의 대전략: 외교정책과 군사전략**
로버트 J. 아트/김동신(前 국방부장관)·이석중(국방대) 공역
1126 **위기의 교육과 교육시장**
앤드류 코울슨/서은경(AFX NEWS) 역
1128 **지역사회복지실천론**
강철희(연세대), 정무성(숭실대) 공저
1129 **사회복지정책론**
이태복(사) 인간의 대지 이사장), 심복자(사) 인간의 대지 상임이사) 공저
1130 **공정거래정책혁신론**
신광식(연세대 겸임교수) 저
1131 **의사소통행위이론 1, 2권**
위르겐 하버마스/장춘익(한림대) 역
1135 **일본의 국가전략과 안보전략**
배정호(통일연구원 선임연구위원) 저
1138 **땅은 사유재산이다**
김정호(자유기업원 원장) 저